西藏民族学院经管学术文库
Tibet Institute for Nationalities

西藏农牧特色产业发展：事实与战略

杨西平 张志恒 等 著

厦门大学出版社 国家一级出版社
XIAMEN UNIVERSITY PRESS 全国百佳图书出版单位

目 录

导 论 ··· 1
  一、研究背景 ·· 1
  二、研究意义 ·· 2
  三、研究方法 ·· 2
  四、研究内容 ·· 3
  五、主要观点 ·· 4

第一篇　理论与实证

第一章　研究述评与产业概述 ··· 6
  第一节　国外研究述评 ·· 6
    一、绝对优势理论 ·· 6
    二、比较优势理论 ·· 7
    三、要素禀赋理论 ·· 8
    四、规模经济理论 ·· 8
    五、成本区位理论 ·· 9
  第二节　国内研究述评 ·· 9
    一、比较优势运用研究 ·· 10
    二、西藏与比较优势理论 ·· 11
  第三节　西藏农牧特色产业概述 ······································ 12
    一、特色产业界定 ·· 12
    二、特色产品类型 ·· 13
    三、特色产品特征 ·· 14

第二章 西藏农牧特色产业发展条件 …… 17
第一节 资源基础 …… 17
一、自然资源 …… 18
二、经济资源 …… 21
三、农牧资源 …… 22
四、其他资源 …… 26
第二节 区情与区划 …… 28
一、特殊区情 …… 28
二、经济条件 …… 29
三、产业区划 …… 34
第三节 制约因素分析 …… 36
一、环境资源因素 …… 36
二、人文经济因素 …… 41

第三章 西藏农牧特色产业发展现状 …… 45
第一节 特色产业发展综述 …… 45
一、改革开放以前 …… 45
二、改革开放以来 …… 47
三、现实意义 …… 49
四、经验总结 …… 51
五、挑战与机遇 …… 54
第二节 特色产业带综述 …… 55
一、藏东产业带 …… 56
二、藏中产业带 …… 57
三、藏西北产业带 …… 59
四、产业带培育 …… 60

第四章 西藏农牧特色产业比较优势分析 …… 65
第一节 区位商分析 …… 65
一、模型构建 …… 65
二、计量分析 …… 67
三、种植业优势考察 …… 68
四、畜牧业优势考察 …… 69

第二节　Fisher 判别法分析 ··· 70
　一、Fisher 判别法概述 ··· 71
　二、样本隶属度 ··· 72
　三、产业优势分析 ·· 73
第三节　理论评析 ··· 75
　一、结论一致性 ··· 75
　二、理论性判断 ··· 75

第五章　西藏农牧特色产业发展关联性分析 ············· 77
第一节　关联性分析的必要性 ··································· 77
　一、世界经济发展的要求 ······································· 78
　二、西藏特点的决定作用 ······································· 78
　三、农产品过剩的影响 ·· 78
　四、援藏的决定作用 ··· 79
第二节　关联性分析的基础 ······································· 79
　一、发展现状是关键 ··· 80
　二、农牧民增收是核心 ·· 87
　三、产业提升是推动力 ·· 88
第三节　特色产业发展与扶贫开发 ····························· 90
　一、特色产业的扶贫功能 ······································· 90
　二、特色产业的扶贫效益 ······································· 94
　三、特色产业的扶贫潜力 ······································· 97
　四、特色产业的扶贫空间 ······································· 99
第四节　特色产业发展与新农村建设 ·························· 101
　一、产业区新农村建设概述 ···································· 101
　二、产业发展与社区建设 ······································· 102
　三、产业发展与社会事业 ······································· 103
　四、加工型新农村建设 ·· 107
第五节　特色产业发展与对外贸易 ····························· 108
　一、对外贸易现状与问题 ······································· 109
　二、对外贸易影响因素 ·· 109
　三、对策措施建议 ·· 110

第二篇 战略与对策

第六章 西藏农牧特色产业发展政策分析 114
  第一节 中央赋予西藏的特殊优惠政策 114
    一、产业促进政策 115
    二、西藏工作座谈会确定的优惠政策 116
    三、产业发展的配套政策 119
  第二节 西藏自治区的产业发展政策 120
    一、符合西藏特点的发展之路 121
    二、西藏优惠产业政策落实综述 122
  第三节 西藏各地市制定的特色产业促进措施 125
    一、拉萨市的政策措施 126
    二、林芝地区的政策措施 126
    三、日喀则地区的政策措施 127
    四、那区地区的政策措施 127
    五、山南地区的政策措施 128
    六、昌都地区的政策措施 128
    七、阿里地区的政策措施 129
  第四节 相关部门制定的特色产业促进政策 130
    一、涉农部门制定的政策措施 130
    二、金融部门制定的政策措施 131
    三、科技部门制定的政策措施 132
    四、财政部门制定的政策措施 133

第七章 西藏农牧特色产业发展相关问题分析 134
  第一节 特色产业发展与农牧民增收 134
    一、农牧民收入现状 134
    二、农牧民收入构成 136
    三、农牧民增收的关键 136
  第二节 特色产业发展与区域经济 138
    一、特色产业的经济贡献 139
    二、区域经济促进产业发展 140

第三节　特色产业发展与农牧区社区建设 ………………… 146
　一、理论考察 …………………………………………… 146
　二、实践经验 …………………………………………… 147
第四节　特色产业与社会事业发展 ………………………… 148
　一、社会事业发展概括 ………………………………… 148
　二、教科文卫事业 ……………………………………… 153
第五节　特色产业发展与公共事务 ………………………… 154
　一、产业发展与基层组织 ……………………………… 154
　二、产业发展与公共财政 ……………………………… 158

第八章　西藏农牧特色产业发展战略分析 ……………… 164
第一节　特色畜牧业产业化发展概述 ……………………… 164
　一、草地资源与利用 …………………………………… 164
　二、产业化趋势 ………………………………………… 168
　三、产业化制约 ………………………………………… 170
　四、畜产品流通 ………………………………………… 173
　五、畜产品市场分析 …………………………………… 174
第二节　特色畜牧业产业化发展战略 ……………………… 176
　一、发展的必要性 ……………………………………… 176
　二、发展的可行性 ……………………………………… 177
　三、指导思想与基本原则 ……………………………… 178
　四、发展目标 …………………………………………… 179
　五、对策建议 …………………………………………… 180
第三节　特色饲草产业化发展战略 ………………………… 183
　一、指导思想 …………………………………………… 183
　二、基本原则 …………………………………………… 183
　三、发展重点 …………………………………………… 184
　四、对策建议 …………………………………………… 185
第四节　牦牛改良发展战略 ………………………………… 186
　一、指导思想 …………………………………………… 186
　二、目标与布局 ………………………………………… 186
　三、对策建议 …………………………………………… 187

第五节 特色畜产品加工业发展战略……188
　一、指导思想……188
　二、发展定位……188
　三、对策建议……189

第九章 西藏农牧特色产业发展的对策建议……191
第一节 立足优势调结构……191
　一、立足地方实际……191
　二、加快科技进步……192
　三、立足产业特色……193
　四、培育龙头企业……194
第二节 加强营销促发展……194
　一、加快市场建设……194
　二、培育营销主体……194
　三、扩大农牧区消费……195
　四、实施走出去战略……195
第三节 其他对策建议……196
　一、重点领域求突破……196
　二、建标立制发展……197
　三、夯实基础保发展……197
　四、强化服务利发展……200

参考文献……202
后　记……204

导　论

一、研究背景

西藏自治区（以下简称西藏）农牧特色产业是指依托西藏特殊自然条件、气候条件以及地理环境而形成的一系列具有地方特色的农牧业生物种群及与此相关的加工工业的统称。西藏农牧特色产业不是由某一种生物资源或者几种生物资源构成的，而是由众多生物种群资源构成的种群族以及与之有关的加工工业群。和平解放以来，经过几十年的发展，西藏农牧特色产业领域不断拓展，对地区经济的贡献不断提高，农牧民来自农牧特色产业的收入不断增加，农牧特色产业的重要地位不可动摇。以21世纪以来西藏农牧特色产业发展事实为例，自治区党委、政府为了加快西藏第一产业发展，2003年以来逐步建立起了藏北和藏东北特色畜牧业生产基地，藏东林下资源特色产业基地，以及藏中一江两河流域特色种植业和特色养殖业基地，到2010年末这些农牧特色产业带和产业基地已经成为地方经济发展的增长点、农牧民增收奔小康的助推剂。以2006年为例，该年西藏第一产业生产总值51亿元，其中农牧特色产业产值为3.68亿元，占第一产业生产总值的7.21%；当年农牧民人均纯收入中有238元来自特色农牧业收入，占人均收入的9.8%，农牧特色产业项目区农牧民人均纯收入中有660元来自农牧特色产业，比重达到27%，初步形成了经济得发展、产业得壮大、群众得实惠的良性发展局面。

与此同时，由于西藏特殊的地理位置、独特的生态环境、薄弱的发展基础，再加上技术储备不足、技术人才较少、资金相对匮乏，导致西藏农牧特色产业与国内其他农业发达地区相比还存在着实力弱、层次低、效益差等问题。这些问题与西藏全面贯彻落实十八大提出的坚决走中国特色社会主义新型农业现代化道路，与西藏各族人民群众日益增长的物质文化需要，与全面建设小康社会宏伟目标对农牧特色产业发展的客观要求之间仍然存在着不小的差距。如何进一步因地制宜、总结成绩，加快推进符合"中国特色、西藏特点"要求的农牧特色产业更快、更大、更好发展，形成有利于促进小康西藏、平安西藏、和谐西藏、生态西藏建设的农牧业发展新模式、新格局,已经成为西藏各级党委、政府亟待解决的重要问题。

基于此,本书作者从和平解放以来西藏农牧特色产业发展事实入手,全面总结了和平解放以来西藏农牧特色产业发展的物质条件、取得的显著成效、存在的主要问题,运用实证分析方法解析了西藏农牧特色产业的比较优势,探讨了西藏农牧特色产业发展与相关领域的内在联系、西藏农牧特色产业发展战略和对策建议。本书作者认为:西藏农牧特色产业一定要坚持科学发展、可持续发展和循环发展,坚持保护与开发相结合,坚持一般与特殊相统一,坚持政府主导和市场配置相协调,立足具有西藏特点的特殊区情,立足国家生态屏障建设的总体布局,立足生态西藏建设的宏伟目标。在彰显特色、做足优势、突出环保、强化绿色、实现富民上做文章,求突破,摈弃农牧特色产业发展领域单纯求规模、提速度的现象,坚决制止农牧特色产业发展中的一刀切、一窝蜂,以加快农牧特色产业重点建设项目为推手,切实加快产业结构调整,加强市场营销,加速产业化步伐,实现西藏农牧特色产业快速健康协调发展,夯实西藏实现经济社会跨越式发展和长治久安的产业基础。

二、研究意义

本书研究立足西藏农牧特色产业发展实际,借助国内外优秀的产业发展研究成果,综合对西藏农牧特色产业发展概况、比较优势、相关领域的分析,探索进一步促进西藏农牧特色产业发展的有效途径和对策建议,对于丰富和发展民族经济理论、民族地区农牧特色发展理论是有意义的。

与此同时,本书作者提出的促进西藏农牧特色产业发展的对策建议对于有效促进西藏农牧特色产业健康发展,增加农牧民收入,实现产业强区、产业富民,构筑西藏六大基地等均是有帮助的。

三、研究方法

本书以辩证唯物主义和历史唯物主义为指导,采用实证分析与规范分析相结合、定性分析与定量分析相结合、比较分析法、理论联系实际等研究方法。其中主要采取了规范分析法、实证分析法以及比较分析法。通过对西藏农牧特色产业进行实证研究,探索西藏农牧特色产业的比较优势,总结西藏农牧特色产业发展的成功经验,并结合西藏实际寻求加快推进西藏农牧特色产业更快、更好发展的对策措施。

四、研究内容

基于以上考虑,本书作者在回顾西藏农牧特色产业发展历程的基础上,阐述了西藏农牧特色产业的规模现状及其在国民经济中的地位、作用,西藏农牧特色产业的结构、布局,提出了西藏农牧特色产业发展的重点、难点及战略,主要内容如下:

1. 研究西藏农牧特色产业的科学基础。国内外学者研究农牧特色产业的理论很多,形成的优秀研究成果也很丰富,本书作者立足西藏农牧特色产业优势,选择比较优势理论作为解读西藏农牧特色产业发展的基本工具,阐述了国内外学者关于比较优势理论的研究成果和测算方法,探讨了比较优势理论及其测算方法在西藏农牧特色产业发展研究上的可行性。在此基础上,运用比较优势理论提供的测算方法,对西藏农牧业产值与全国农业产值进行比较分析进而导出西藏农牧特色产业发展的区位优势;对西藏主要农作物种植面积、平均单产与全国农作物种植面积、平均单产进行对比分析进而导出西藏农作物种植业发展的比较优势;对西藏畜牧业牲畜年底存栏数、平均单产与全国畜牧业牲畜年底存栏数、平均单产进行比较分析,进而导出西藏畜牧业生产的比较优势,根据分析结果得出西藏发展农牧特色产业是有比较优势的结论,从理论上支持了西藏农牧特色产业发展。

2. 西藏农牧业特色产业发展的关联性研究。本书作者在对西藏农牧特色产业发展与三次产业发展、扶贫开发、新农村建设、对外贸易等相关领域进行研究的基础上,揭示了西藏农牧特色产业发展与上述领域的内在联系,以期在相关领域寻求推进农牧特色产业发展的对策措施。

3. 西藏农牧特色产业发展政策研究。本书作者从和平解放以来西藏农牧特色产业发展的政策措施入手,分别介绍了党中央、国务院、自治区党委、自治区政府、西藏七地市以及相关部门在促进农牧特色产业发展上采取的一系列重要政策措施,通过解读这些政策措施证明西藏农牧特色产业促进政策的共性是:围绕特点、立足特色,因地制宜、科学推进。

4. 西藏农牧特色产业发展相关问题研究。西藏农牧特色产业发展与农民经济专合组织建设、农牧民收入构成、区域经济发展、农牧区社区建设、农牧区社会服务设施建设以及基层政权组织建设均有密切的关系,因此要不断壮大西藏农牧特色产业实力,夯实西藏农牧特色产业发展基础,就必须从上述各方面寻求突破,实现产业发展和农民经济专合组织建设、农牧民收入构成改善、区域经济发展、农牧区社区建设、农牧区社会服务设施建设以及基层组织政权建设协调统一,和谐推进。

5. 西藏农牧特色产业发展的战略研究。本书作者立足农牧特色产业发展已形成的理论成果及实践经验,在分析西藏农牧特色产业开发与科技投入的关系基础上,探讨了西藏农牧特色产业发展途径与重点领域,提出了促进西藏农牧特色产业发展的战略措施。

本书共8章。第一章简要介绍西藏农牧特色产业研究背景、意义与研究方法。第二章深入、系统地阐述国内外学者关于比较优势理论的研究成果和测算方法,探讨比较优势理论和其测算方法在西藏农牧特色产业研究上的可行性。第三章简要叙述和平解放以来特别是改革开放以来西藏农牧特色产业的发展现状。第四章运用比较优势理论的测算方法,全面分析了西藏发展农牧特色产业的区位优势、资源优势和产业优势。第五章对西藏农牧特色产业发展与三次产业发展、扶贫开发、新农村建设、对外贸易等相关领域进行研究,揭示农牧特色产业发展与这些领域之间的内在联系,以期在相关领域寻求推进农牧特色产业发展的对策措施。第六章系统梳理了党中央、国务院,自治区党委、政府,七地市以及相关部门采取的促进西藏农牧特色产业发展的重要政策措施,探索性地提出西藏农牧特色产业促进政策的共性是:围绕特点、立足特色,因地制宜、科学推进。第八章结合前七章的分析,有针对性地提出进一步促进西藏农牧特色产业健康发展的对策建议。在此要特别说明的是,由于本书作者开展此项研究要借助大量调研活动,而调研滞后性使部分资料,尤其是部分数据信息仅仅停留在2008年前后,但本书作者认为这种资料限制对全书结论和论述不产生决定性影响。

五、主要观点

1. 改革开放以来西藏农牧特色产业发展实践充分证明,西藏农牧特色产业发展表现出强烈的政府外生推动性,本书作者认为这种政府的外生推动在西藏农牧特色产业市场化过程中不仅是必要的而且是有效的。同时也是由于这种外生推动决定了西藏农牧特色产业发展表现出强烈的外生增长模式,这种外生增长特征具体表现为农牧民增收、区域经济增长是一种"帕雷托改进"模式。

2. 西藏农牧特色产业发展与经济增长的关系无疑是紧密的,农牧特色产业发展促进了西藏经济增长;同时,经济增长、市场扩大以及观念更新等又反过来使农牧特色产业发展具有了丰富的物质基础和发展空间。

第一篇

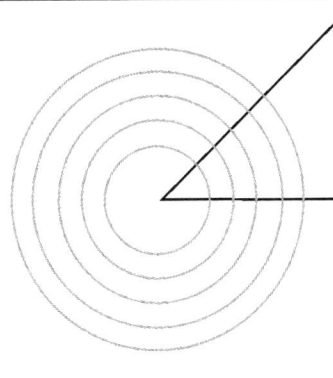

理论与实证

第一章
研究述评与产业概述

国内外学界研究农牧特色产业的理论很多,形成的优秀研究成果也很丰富,本书作者结合西藏农牧特色产业的资源优势,选择了相对比较成熟的比较优势理论作为解读西藏农牧特色产业发展的基本工具。基于此,本章首先系统地介绍和评述了比较优势理论体系,在此基础上对西藏农牧特色产业做了概述性说明,为后文研究奠定了理论基石和范围框架。

第一节 国外研究述评

比较优势理论是一种将国际贸易归因于不同国家和地区之间商品比较成本差异的国际贸易理论,是自由贸易理论的基石。严格来讲,绝对优势只不过是比较优势的一个特例,因此比较优势理论发展到今天,应该包括亚当·斯密创立的绝对优势理论,由大卫·李嘉图创立,后经约翰·斯图亚特、穆勒发展完善的比较优势理论和由赫克歇尔与俄林共同创立的要素禀赋理论等在内的体系庞大、内容复杂的理论体系。该理论体系形成以来主要用于解读国际贸易的相关问题,但随着经济发展和社会进步,近些年来,比较优势理论更多地被用于解释发展中国家不同地区间的竞争优势和劣势。

一、绝对优势理论

国外对比较优势的理论研究始于20世纪六七十年代,且多集中在比较优势的测定方法和实证分析上。该理论由英国古典政治经济学家亚当·斯密在1776年提出,他认为各地区的优势分成两类:一类是自然优势,主要是超乎人力之外的气候、土地、矿产和其他处于相对固定状态的优势;另一类是获得性优势,主要是指工业发展所取得的经济条件,如资金、技术等。一个地区在生产和输出某种商品上具有自然优势或获得性优势,也就具有了成本优势,从而能在激烈的竞争中获得一席之地。

该理论的核心思想是:各地区都应该利用各自优势进行专业化分工,生产最具绝对优势的产品,尽可能地扩大生产规模,扩大输出量,通过区域贸易用自己优势的产品交换自己劣势的产品,这种专业化分工和贸易会使各地区的资源都能得到最有效使用,所有产品产出都会有大幅增长,最终使贸易各方受益。

按照绝对优势理论,两个国家或者地区之间发生贸易往来的必要条件是每一个国家或者地区至少要有一种产品的单位生产成本必须低于其他国家或地区,否则,这个国家或地区将无法参与国际分工和贸易。显然,这一理论无法解释当一国在各种产品生产上都具有优势,而另一国都居于劣势时,两国仍可以开展贸易的现象,如发达国家和发展中国家的贸易。因此,绝对优势理论存在一定的局限性。

简要评述:上述关于绝对优势理论的基本观点是在剔除其他不可替代因素的前提下,仅从产品成本比较角度提出的。毫无疑问,这一比较在商品经济早期和单纯成本比较状态下是成立的,但随着经济发展、污染增加、生态恶化,消费者对于特殊消费品的评价和判断已经不单纯取决于成本的高低,而要更多地考虑到功能、低碳环保和绿色无污染。由此决定了绝对优势理论的前提和基础必须发生一定变化,也就是说部分抛开成本低的评价,进而赋予功能的垄断性、环保低碳型和无污染的品质。本章所涉及的西藏农牧特色产品研究从一个侧面表明,对于绝对优势理论的突破在当代理论研究中不仅是现实的,而且是必要的。

二、比较优势理论

比较优势理论是由大卫·李嘉图在绝对优势理论基础上提出的,强调地域分工的基础并不限于生产成本的绝对差别,只要地区间存在着生产成本的相对差别,就会使各地区在不同产品的生产上具有比较优势,从而使地域分工成为可能。各个地区都集中生产并向其他地区输出具有比较优势的产品,从其他地区输入其具有比较劣势的产品,每个地区都能从分工中获得比较利益。亦即"两利相权取其重"、"两弊相衡取其轻",这样会使各地区资源都得到充分有效的利用。这种思想一直被视为确定地域分工关系的规范,正如保罗·萨缪尔森所说:"比较成本学说是国际分工和国际贸易不可动摇的基础。"

简要评述：毫无疑问，比较优势理论的提出颠覆了绝对优势理论的地位，也大大推动了理论发展和进步，为区域贸易加快发展提供了理论根据。但如果结合本研究，我们不难发现，比较优势理论的适用范围主要基于成本高低考虑，这在商品化程度高的区域是富有解读力的，但对于经济发展水平相对较低的西藏而言，比较优势理论很可能因为西藏农牧特色产品的特殊性而在适用性上大打折扣，很显然这是问题的另一方面，本研究将不过多涉及。

三、要素禀赋理论

瑞典经济学家赫克歇尔在比较成本学说的基础上，提出了资源禀赋学说，后经俄林进一步发展，形成了赫克歇尔—俄林资源禀赋学说。该学说认为：不同的商品生产需要不同的生产要素比例，而不同国家或地区拥有不同的生产要素，如果各国或地区生产并出口那些能比较密集地利用其比较丰富的生产要素的商品，以进口那些需要较密集使用其稀缺生产要素的商品，必然会有比较利益的产生。因此，那些能密集地利用本国或地区充裕生产要素的生产部门或产品，则具有相对优势。

简要评述：毫无疑问，要素禀赋理论大大推动了生产与贸易的发展，为某一国家和地区集中力量生产自身有资源禀赋的产品，进而参与分工协作提供了理论依据。实践证明，该理论对于发展中国家或者不发达地区积极参与分工与合作提供了合理解释。本书作者认为该理论对于西藏农牧特色产业具有较强的解释能力，尤其是对于像虫草、贝母等对自然条件有特殊要求的农产品优势的解释效果会更好。

四、规模经济理论

规模经济理论是保罗·克鲁格曼在1979年提出的，该理论成功地把规模报酬递增原理和垄断竞争原理引入了贸易分析中，成为现代贸易理论代表性学说之一。规模报酬递增也称为规模经济，规模经济有内部规模经济和外部规模经济之分。内部规模经济是指一个企业随着内部生产规模的扩大，其单位产品平均成本下降或生产效率提高。存在内部规模经济的企业可以通过扩大生产规模来降低生产成本，进而获得比较优势。如果某国或某地区的某产业其规模很大，生产该产品的平均效率就会比较高，则产品的平均成本就比较低，因而就具有比较优势。外部规模经济是指单个厂商由相关产业其他厂商的市场规模扩大所获得的生产成本节约或生产效率提高。存在外部规模经济的产业可通过行业合理集中来获得外部经济，节约交易成本，提高生产效率，进而获得比较成本优势。当一个国家或地区具备了发达的基础设施、公共服务和合理的产业结构时,该国或该地区生产厂商便会有可能更多地获得外部规模经济效益,从而降低平均生产成本,具有比较优势。

毫无疑问,规模经济理论大大丰富了现代贸易理论,该理论将贸易与行业发展联系在一起,使理论界对于分工协作的认识从单个企业或产品角度上升到行业分工和区域发展层次。对于西藏农牧特色产业而言,由于特殊区情,内部规模经济和外部规模经济可能都不具备,这对西藏农牧特色产业发展非常不利,应给予足够重视,通过不断提升西藏农牧特色产业规模化水平以提高其经济效益。

五、成本区位理论

传统贸易理论一般都假设贸易是没有运输费用的,这显然不符合现实情况,在现实贸易活动中运输成本不仅会影响产品价格,还会影响产业地理布局。发生在贸易间的产品运输成本包括运输费、装卸费、保险费、经营管理费以及其他相关费用。只有当一种产品在两地贸易前的价格差额超过其从一地运输到另一地的运输成本时,才会发生贸易;有些产品虽然在贸易前存在差价,但终因其差价小于运输成本而不会发生贸易,否则会得不偿失。因此,并不是每种产品都可以参加贸易交换的,运输成本的大小不仅决定着产品的可贸易性,而且也会影响到产品价格和市场竞争程度;当然,科技进步和交通设施的发展会降低运输成本,但其前提是交通设施的改善和科技水平的提升。

由于西藏农牧特色产业的特殊生产环境,产业区位选择要靠近要素地,通过移动和运输产品进行贸易。在西藏由于地广人稀的区位特征,运输成本是产业布局不可忽视的因素。实践表明,西藏的贸易量小,不是因为产品没有优势,而是与区域内消费能力低有关,与产品的运输成本太高相关。为此,改善西藏交通条件,对于促进西藏贸易发展壮大具有现实意义。

第二节 国内研究述评

我国学术界从20世纪70年代开始研究比较优势理论,定性描述多,定量实证分析少。20世纪80年代末以来国内关于比较优势理论的讨论逐渐升温,学者对比较优势的测定方法和实证分析越来越多。

一、比较优势运用研究

在测定方法和实证分析研究上,程国强(1997)开展的"中国主要农产品的比较优势"研究,利用国内资源成本系数法对我国主要农产品小麦、玉米、棉花、生猪、苹果、烤烟等作了成本比较优势的实证分析认为,我国棉花生产已失去比较优势,大豆生产具有一定的比较优势但有利程度正逐渐下降,甘蔗、苹果、烤烟、生猪具有显著的比较优势。陈武(1997)用显示比较优势指数法对我国经济比较优势进行了实证分析,认为在1985—1992年间,我国农产品的比较优势由2.01降到1.23,从较强比较优势变成较弱比较优势;同时在农产品内部,粮食比较优势大幅度下降,其中大米、大豆分别从4.62和3.61下降到1.92和1.13,而油籽类、纤维类经济作物及茶叶、蜂蜜等农产品具有明显的比较优势,蔬菜、食糖和部分畜产品的比较优势有所上升。李向红(1998)运用国内资源成本系数法研究了我国四种粮食作物在1987—1995年间的比较优势变化规律,结果表明:除个别年份外,大米具有比较优势,而大豆、玉米和小麦呈现出明显的比较劣势。潘文卿(2000)采用出口产品国际竞争力指数和产业内贸易指数法,从产业间贸易优势和产业内贸易状况对我国5大类19小类主要农产品进行了测算,并根据竞争力指数大小将19类农产品分成高比较优势产品、较高比较优势产品、低比较优势产品、较高比较劣势产品、高比较劣势产品五个等级,得出的基本结论是:我国具有比较优势的农产品往往是一些劳动密集型产品,大多数土地、资源、资金密集型的农产品在我国已不具备比较优势,我国农产品的对外贸易优势已逐渐从土地密集型转向劳动密集型产品。

除了以上几项开始较早、较综合的研究外,国内文献中还有一些专著和文章专门研究了我国某一类农产品的比较优势和竞争力问题。徐志刚(2001)采用国内资源成本系数法和综合优势指数法测定、分析了我国各省市主要农产品(包括粮食产品、经济作物产品以及饲养业产品)生产的比较优势,并以种植业为重点,探讨了我国种植业结构调整的方向和相应政策。李建平、罗其友(2002)采用国内资源成本系数法对我国主要畜产品进行成本比较优势测算,同时运用比较优势指数法,对在实际出口中所显示出来的比较优势进行对比分析,通过两个结果的比较来分析我国畜产品的比较优势和国际竞争力。把比较优势理论应用于区域农业问题研究的很少,其中,林毅夫教授提出的比较优势发展理论很具代表性,他认为在资源禀赋结构的基础上,在政府指导协调下,一个地区可以发挥自己的优势,成为市场中有竞争力的主体,从而提升产业、技术结构,促进经济快速发展。本书作者认为,这个理论用于西藏农牧特色产业优势研究是合适的,西藏农牧特色产业的发展也要发挥自己的比较优势。徐宗俦教授提出了区域比较优势理论,他认为要充分发挥区域比较优势,发展地方特色农业,不断完善市场经济体制,从而有效转移农村劳动力,增加农民收入,促进农村城镇化进程,这是建设和谐社会题中之意。同样在西藏,也存在发挥比较优势,发展农牧特色产业,以特色促进区域农牧业发展的要求。

二、西藏与比较优势理论

(一)比较优势理论对研究区域农业的适宜性分析

比较优势理论创立至今一百多年来,不仅为西方资本主义国家所普遍使用,也为众多的发展中国家广泛采用。不仅可以用于分析工业制成品贸易,还可以用于分析农产品贸易。马惠兰的博士毕业论文就把比较优势理论应用于新疆农业问题研究,通过对农产品比较优势的分析进而提出了促进新疆种植业发展的众多对策建议。基于以上分析,本书作者认为,农业在国民经济中是一个独立行业,可以进行独立核算。不同地区由于自然环境和经济发展水平不同,各地区农业呈现出本地的特色和优势,如北方的小麦、南方的水稻和西藏的青稞等,各个地区如果能把优势产品输出,输入劣势产品,那么农业经济结构就可以得到优化,进而促进农业整体较快发展。

(二)比较优势理论对西藏农牧特色产业的适应性分析

截至2010年年底,西藏总人口300.21万,其中农村人口达220万,占总人口的73.3%,远高于全国50.01%的平均水平,使西藏成为全国农村人口比例最大的地区。西藏农牧业发展滞后、产量小、品种少,加工业不发达,解决西藏农牧业问题势在必行。从比较优势理论来看,西藏在发展农牧特色产业方面有许多优势。

首先,西藏独特的自然环境是农牧特色产业发展的绝对优势,这符合亚当·斯密的绝对优势理论。

其次,西藏农牧特色产品具有鲜明的民族特色。如青稞面、牦牛肉、藏鸡蛋等都是其他地方没有的或者少有的,市场外部竞争比较小,可以一枝独秀。

再次,西藏农牧特色产品营养价值高、绿色无污染的特点增加了这些产品在市场上的竞争力。

发挥这些优势,将有力促进全区农牧特色产业发展。本书作者将在上述理论指导下,探讨西藏农牧特色产业发展的诸多问题。

第三节 西藏农牧特色产业概述

作为西藏农牧业重要组成部分的农牧特色产业及其产品,是根植于西藏特殊的自然、经济环境的。本节通过对西藏农牧特色产业概貌进行全面理论梳理,从研究范围上为后文分析建立了基本框架,锁定了研究范围和研究领域,后文如无特别说明,所指农牧特色产业就是本节框定的范围。

一、特色产业界定

尽管国家和西藏自治区提出把走有中国特色、西藏特点的农牧特色产业发展道路作为西藏农牧区改革的基本方向,但是对于农牧特色农业的内涵,理论界还未形成统一认识,表述也不尽相同。比较有代表性的界定包括:

余金顺等(1995)认为构成农牧特色产业,应具有如下几个特点:①有发展潜力,有市场条件,竞争力强;②产品有区域特色和优势;③有生产规模,经济效益好;④产品质量优,技术含量高;⑤产品有特殊功能作用;⑥有利于生态环境保护与经济可持续发展。熊云鹏(1996)认为所谓农牧特色产业,就是超越常规农牧业,具有区域优势,产出名优产品的农牧业。李金良等(2000)认为,农牧特色产业是按照市场经济的客观要求,依托当地独特的地理、气候、资源、产业基础和条件形成的。相对于常规农牧业而言,农牧特色产业是具有一定的规模优势、品牌优势和市场竞争优势,主导一定区域农牧区经济发展的高效农牧业。民建中央研究者(2001)认为,农牧特色产业是指农牧业生产者根据本地土壤、气候、品种等特点以及市场需求,生产的具有特殊性和市场竞争能力的农牧特色产品的一种农牧业产业经济形式。吕火明(2002)认为,农牧特色产业就是人们立足于区位优势、资源优势、环境优势和技术优势,根据市场需要和社会需要发展起来的具有一定规模的高效农牧业。农业部(2003)《关于加快西部地区特色农业发展的意见》指出,特色农业是指具有独特的资源条件,明显的区域特征,特殊的产品品质和特定的消费市场的农牧产业。张克俊(2003)认为,农牧特色产业的内涵是以资源、气候、本地条件、环境、特殊物种优势为基础,根据市场经济的客观要求而发展起来的具有鲜明地域特征和独特品质的市场化高效农牧业。发展农牧特色产业的过程,其实质就是发挥区域比较优势,形成产业竞争优势的过程。能否形成产业和产品竞争优势是衡量农牧特色产业发展是否成功的根本标志。孔祥智等(2003)认为,农牧特色产业是人们充分利用一定区域内独特的优势农牧业资源,开发和生产出品质优、价值高、市场竞争力强的农牧产品及其加工品,具有绿色或无公害特点的特殊农牧业类型。卢学英(2007)认为,相对于常规农牧业而言,农牧特色产业是具有一定的规模优势、品牌优势和市场竞争优势,主导一定区域农村经济发展的高效农牧业。它既包含产业规模,也包含体制和组织的创新。应当说,这些表述都基本反映出了农牧特色产业的基本内涵。

基于西藏农牧特色产业实际,借鉴上述理论观点,本书作者认为西藏农牧特色产业就是指依托西藏特殊自然条件、气候条件以及地理环境而形成的一系列具有西藏地方特色的农牧业生物种群及与此相关的加工工业的统称。西藏农牧特色产业不是由某一种生物资源或者几种生物资源构成的,而是由众多生物种群资源构成的种群族以及与之有关的加工工业。本书作者在未作特殊说明的情况下均在该界定下使用本概念。

二、特色产品类型

西藏农牧特色产业属于典型的高原农牧业,其作物分高原和低地两种。高原农作物主要有:青稞、荞麦、豌豆、马铃薯、油菜、芫根、萝卜、圆白菜等。低地作物种类较多,主要有:稻谷、鸡爪谷、玉米、辣椒、大蒜、韭菜、冬见、黄瓜、扁豆等。除此之外,西藏还种植多种水果及经济作物,如香蕉、橘子、桃、梨、黑枣、杏、甘蔗等。种植业中的四大作物——青稞、小麦、油菜、豌豆皆属喜冷凉作物,特别是青稞只适宜该区域种植。农作物耕作制度一般随海拔不同而相应地发生更替。青稞在西藏是普遍种植的作物,随海拔升高,种植面积不断扩大,最后成为高寒地区的单一作物。

总体来说,西藏农区是西藏综合条件较好的地区,一般地势平坦,海拔较低,水资源丰富,既有利于农作物种植、生产,也有利于种树种草,这就为农林牧业相互促进、共同发展奠定了基础,还有利于西藏目前的传统农牧业向立体、高效、现代化的农牧业转化。如青稞、牦牛、藏绵羊、白绒山羊、藏猪等,作为特色资源研发,可在市场竞争中一枝独秀。农区、城郊畜牧业以奶牛发展为先导,加强黄牛改良力度,半农半牧区推广西门塔尔牛。虽然现在种类较多,但产品深加工不够,没有形成规模经济,资源优势没有转化为竞争优势和经济优势。

三、特色产品特征

(一)西藏农牧特色产品的特质:绿色、营养、安全

从生产角度看,西藏农牧特色产品生产环境纯净无污染,为农牧特色产品提供了天然、绿色保障,且西藏很少使用化肥,大部分为牛羊粪便,基本上没有化肥污染。从流通环节来看,西藏农牧特色产品很少经过加工,不存在食品添加剂问题,包装也比较简单,因为包装而发生污染的可能性很小。从销售上看,西藏农牧特色产品大部分通过超市、集贸市场销售,大都通过质量检验,且有好多产品通过了国家绿色认证。例如,阿里地区的"金哈达"羊绒制品、那曲县的"羌牛"牌乳制品、拉萨市的"圣鹿"牌系列食用油、南木林县的"艾玛岗"牌土豆、曲水县的"绿宝"牌芫根酱菜等等,均属于绿色产品。这些过去鲜为人知的农牧特色产品,如今纷纷走到台前,进入广大居民的生活中,不仅满足着人民群众众多的消费偏好,同时还向全国各地的消费者传递着西藏农牧特色产品绿色的元素和特质。

(二)农牧特色产品具有特殊的功效

西藏农牧特色产品均具有独特的功效,其中最主要的是青稞,青稞也称元麦、淮麦,是大麦的特别品种,广泛种植于藏区,分白色和黑色两种,青稞中含有丰富的 P—葡聚精,具有抗衰老、延长寿命等功效。加之西藏基本无污染,青稞作为"绿色"食品受到越来越多人的青睐,具有巨大的开发价值和广阔的市场前景。研究表明,青藏高原心脏病与高血压发病率低,与藏族人民长期食用青稞有很大关系。其次是牦牛肉制品,它是藏区主要农牧特色产品之一,牦牛肉以其"高蛋白、低脂肪、无污染"而享誉海内外,制成品有肉干、肉松、卤牛肉等,含有人体所需的多种微量元素和氨基酸,营养丰富。虫草有增强机体免疫力的功效。藏雪莲有祛风脱湿、通经活络、强经壮阳的作用。酥油茶温和,可降燥、祛火、润肠通便、滋阴补气、健脾提神,用于病后、产后及各种虚弱之人,可增强体质,增进食欲,加快康复。

(三)农牧特色产品具有浓郁的民族特色

推广西藏农牧特色产品,不仅因为其无污染、价值高,更重要的是西藏农牧特色产品具有鲜明的民族特色。首先,农牧特色产品的包装一般有汉藏两种文字,在消费和选购过程中能抓住消费者的好奇心,有助于打开内地市场。其次,农牧特色产品有独特味道,可以作为馈赠礼品。当然在产品开发上也要注意产品口味的适当改良,如风干牛肉、奶渣、酥油茶很多内地人就比较难接受,往往消费一次就会产生厌倦情绪,这对西藏农牧特色产品开发非常不利。

同样是奶制品,内蒙古开发的风情奶豆在拉萨很多超市销售得很好,而西藏的奶渣仍然主要由当地居民消费,内蒙古、新疆的经验很值得西藏农牧特色生产经营企业关注和借鉴。再次,农牧特色产品包含着丰富的文化内涵。藏文化源远流长、独具特色,拓展文化营销,树立民族品牌,大有可为。藏族茶文化就是一种极具宣传推广价值的文化类型,传统的藏家一般会在大门口的灶台上搭两口大锅,一口锅里煮着藏面,另一口锅里一定煮着甜茶。煮甜茶的锅里一般放着几个深色布袋,布袋里装着茶叶,而且只有用从大吉岭带来的茶叶煮出来的甜茶,味道才纯正,这就是西藏茶文化的特殊内涵。与此同时,藏族的食文化也往往与独特的就餐环境、典型的藏餐品种和独特的制作工序联系在一起,红漆藏式大门,蓝白门帘,木凳木桌,围系在廊柱上的白色哈达,四条腿的木质矮桌,面对面两个靠背座椅,客人坐下后,侍者就会根据需要,送来玻璃杯和暖瓶,暖瓶里装着煮好的甜茶。卤牛舌、生牛肉酱、土豆包子、血肠、牛肉炖萝卜、酥油茶,这些都是典型的藏餐,每一种菜品的背后都有一个美丽的传说。

(四)地理环境难以复制

1. 独特的地形、地貌条件。西藏为喜马拉雅山脉、昆仑山脉和唐古拉山脉所环抱,平均海拔4000米以上,被称为"世界屋脊"。总体上是西北严寒,东南暖湿,由东南到西北带状更替。有丰富的光热资源,较大的昼夜温差,藏中和藏东降雨丰富,雨热同季,水质良好,环境洁净,这些条件都有利于发展特色种植业和养殖业。特殊的气候条件形成了独具特色的优势农牧业资源,如:牦牛、白绒山羊、藏系绵羊、藏鸡、藏猪、卤虫卵、优质青稞、油菜、花卉、蔬菜、茶叶、核桃、苹果以及名贵的林下菌类和中药材资源等,这些特殊的农牧资源均具有较大的开发潜力,而且生长环境往往是内地乃至全球其他地方无法复制的。

2. 多元、独特的气候条件。西藏境内多山,地形复杂,南北跨10多个纬度,东西跨20多个经度,气候变化相当于从赤道到极地,具有热带、亚热带、温带、寒带等气候类型。干湿状况亦有湿润、半湿润、半干旱、干旱等类型。复杂的地形和多样的气候构成了丰富多彩的生态特征和种植制度,为西藏发展农、林、畜牧和多种经营提供了有利条件。总的气候特点是空气稀薄,气压低,氧气含量少;日照多,辐射强烈;气温较低,温差大。丰富的小气候资源,适宜发展小气候农牧业。西藏70%以上的耕地分布在河谷两岸坡地上,获得的热量较平地多,海拔较高的阿里地区日土县种植青稞尚能成熟,充分利用小气候资源对于发展农牧特色产业具有很大的潜力。

3. 充足的光能、光照资源。据国内外研究显示,光能利用率最高达6%

(光合有效辐射利用率高达12%,而地球上平均光能利用率小于0.1%);世界高产地块的光能利用率高达5%,我国黑龙江海伦县红光农场玉米最高产量为1 016公斤/亩,光能利用率高达6%。而以西藏拉萨和昌都为例,全年光能利用率只有0.1%～0.2%,生长期的光能利用率为0.15%～0.25%,亩产千斤以上高产地块的利用率也不超过生长期总辐射能的1%。如果光能利用率能提高到5%,西藏的粮食产量将提高几倍,农牧特色产业都将获得巨大发展。

第二章 西藏农牧特色产业发展条件

西藏农牧特色产业发展必须从实际出发,充分考虑到历史和现实的特殊性,以有利于生产力提高和社会进步,有利于西藏发展和人民幸福,立足特殊的地理环境、自然条件、历史发展、民族成分、宗教信仰、文化传统和生活习俗,以现代化建设为中心,正确处理改革、发展、稳定的关系,合理利用自然资源,保护生态环境,实现农牧特色产业持续、全面、协调发展。

第一节 资源基础

从新世纪开始,自治区党委、政府就围绕建设"绿色经济省区"的奋斗目标,牢固树立特色就是竞争力的理念,明确发展农牧特色产业的思路,即依托西藏独特的农牧业资源、气候状况、区位优势等特定环境,巩固、提升传统优势产业,大力培育新兴特色产业,走出一条具有鲜明特色的农牧特色产业发展道路;大力发展旅游、藏医药、高原特色生物、民族手工等优势产业,按照"人无我有,人有我优,人优我特"的理念,做到以"特"确保产业在形成初期得以生存,以"特"促使产业在发展中后期步入良性循环轨道,以"特"创立品牌、占领市场,为西藏农牧特色经济不断"上台阶、有后劲、创一流"奠定坚实基础。独特的资源是西藏农牧特色产业发展的基础和前提。通过深入研究,本书作者认为:西藏农牧特色产业实现跨越式发展的关键就是要依托特色资源,把资源优势转化为发展优势,进而形成竞争优势和经济优势。

一、自然资源

(一)自然资源概况

西藏位处青藏高原西南部,地理坐标为东经78°25′—99°06′,北纬26°50′—36°53′,南北最宽处1 000公里,东西最长达2 000公里,土地总面积为120余万平方公里,约占全国国土总面积的1/8,仅次于新疆维吾尔自治区,居全国第二位。北与新疆维吾尔自治区、青海省毗邻,东与四川省相连,东南与云南省相接,西南与克什米尔地区、印度、尼泊尔、不丹、缅甸接壤,国境线长达4 000余公里,是我国西南边疆的重要门户。

西藏海拔高、地域广,平均海拔4 200米,呈西北高、东南低、边缘高、中部低的地形地貌特征,北部海拔在5 000米以上,中部雅鲁藏布江海拔多在3 200~3 900米,藏东南喜马拉雅山南坡国境线一带海拔降至1 000米以下,其中:最高点著名的珠穆朗玛峰,海拔8 844.43米;最低点是雅鲁藏布江出境江面处,海拔约110米;两者相对高差达到8 700余米,为世界之最。

西藏属青藏高原气候区。高原温度年内变化很大,不同地区这种变化的差异显著。如1月平均气温,藏北高原低于零下12℃,极端最低温度达零下41℃,除雅鲁藏布江大拐弯以南和横断山地区河谷气温在0℃以上,其余地区都在0℃以下。寒冷的冬季给高原农牧业的发展带来严重的影响。7月平均气温,藏北高原多数地方低于10℃,与同纬度的东部平原相比,温度要低20℃左右。这期间,藏东南气温可达20℃以上,有利于多种植物的生长和农牧业发展。西藏空气稀薄,大气干燥,太阳辐射强,日照长,大部分地区太阳年辐射总量在140~190千卡/平方厘米·年之间,绝大部分地区日照时数多在2 000小时以上,西部地区则多达3 000~3 460小时。西藏气候具有明显的旱季和雨季。藏东南和喜马拉雅山南坡海拔1 100米以下的热带山地季风湿润气候区年平均降水量2 500毫米,个别达4 495毫米;喜马拉雅山以北,冈底斯山和念青唐古拉山以南的雅鲁藏布江谷地海拔2 500~4 200米的地区年降水量为400~800毫米;冈底斯山、念青唐古拉山以北的藏北高原南部海拔4 200~4 700米的湖盆地区年降水量为100~300毫米;藏北高原北部海拔4 700~5 500米的牧区年降水量为100~150毫米;海拔5 500米以上的地区,终年积雪,干燥寒冷。西藏主要的灾害性天气有霜冻、旱涝、冬春大雪、局部地区冰雹、连续性大风、强降温和连阴雨等。1997—1998年冬春的大雪灾,西藏受灾牲畜1 006万头(只),因灾死亡250万头(只),占西藏牲畜存栏总数的10.8%,直接经济损失达10亿元。冰雹是局部地区的灾害性天气,主要出现在6—9月。冬春季节西藏大风多,可吹散畜群,拔起草根,对农牧业危害很大。连续性大风天气最严重的区域是藏北高原。

西藏是我国河流数量最多的省区之一。在西藏境内流域面积大于10 000平方公里的河流有20多条,大于2 000平方公里的河流有100多条,大于100平方公里的河流数以千计。西藏年径流量为3 513亿立方米,水能资源理论蕴藏量为2亿多千瓦,其中仅雅鲁藏布江水能理论蕴藏就达8 000万千瓦以上。西藏河流分属外流和内流两大水系,大致以青藏公路为界,青藏公路以西、北为内流水系,主要分布在藏北高原;青藏公路以东、南为外流水系,主要分布在西藏高原的东部、南部和西部,其中较大的有流入太平洋的金沙江、澜沧江和流入印度洋的雅鲁藏布江、怒江、察隅曲、西巴夏曲、朋曲和森格藏布曲等。

西藏不仅河流众多,还有星罗棋布的大小湖泊15 000多个,约占全国总湖泊面积的30%,其中:湖泊面积大于200平方公里的有24个,海拔5 000米以上的有17个,面积超过100平方公里的有35个,超过1平方公里的有600余个,是世界上海拔最高、分布范围最广、数量最多的高原湖盆区。主要分布在藏北高原,其中最大的有纳木错、羊卓雍湖、班公措和玛旁雍措。

西藏冰川特别发育。现有冰川1.9万多条,冰川面积2.64万平方公里;冰储量约21 712亿立方米,约占全同的40.9%;年融水量310亿立方米,占全国冰川年融水量的53.4%。

西藏境内土壤共有28个大类、67个亚类。由于高寒干燥(或湿润偏干)的成土环境占优势,全部土类中有近1/4属于青藏高原特有的高山土壤类型,约占各类土壤总面积的4/5。西藏的草地土壤大部分属于高山土壤类型。根据西藏草地资源调查结果,西藏天然草地总面积12.3亿亩,约占全国草地总面积的21%左右,其中:那曲地区占34.32%,阿里地区占25.93%,日喀则地区占16.20%,昌都地区占13.3%,拉萨地区占5.32%,山南地区占4.91%。西藏草地类型丰富,全国18种草地类型中有17种西藏均有分布。从植物组成和植被性质看,有干旱草原和荒漠,也有湿润草甸;有稀疏森林草地,也有灌丛草地。从生物气候特征看,有温带草地,也有热带、亚热带草地,但以高寒草地为主,占西藏草地的80%以上。由于水热条件的差别,西藏天然草地可分为八个大类型。

西藏林地面积1.1亿亩,占西藏土地总面积的10%,林木蓄积量20.84亿立方米。树种资源丰富,主要有乔松、高山松、云南松、华山松、丽江云松杉、川西云杉等。西藏高山植物生长在永久积雪线以下、森林线以上,海拔在

4 200～5 800米左右,是世界上面积最大的高山植物分布地区,其主要特点是外表矮小,多呈坐垫状,茎叶上的绒毛特别发达,花大而色艳。主要高山植物种类有垫状点地梅、苔状蚤缀、垫状紫云英、雪莲等。

西藏耕地面积约338万亩,占西藏总土地面积的0.19%,人均农村人口占有耕地1.54亩,约高出全国平均数的1/6,并有一定可开垦土地资源。农作物主要有青稞、小麦、油菜及各种果蔬等,其中蚕豆、油菜、大蒜等为主要出口产品。

目前西藏已知野生脊椎动物795种、陆生无脊椎动物(昆虫)4 000多种和700多种水生生物,是我国野生动物最为富集的地区之一。其中羚羊、野牦牛、野驴、雪豹、獐、鹿等140多种野生动物被列为国家重点保护野生动物。西藏还是一个野生植物王国,堪称我国宝贵的资源种质库,仅高等植物就有6 400余种,列为国家重点保护的野生植物有39种,其中一部分为古老孑遗种群。药用植物丰富繁多,有1 000多种药材。其中的虫草、贝母、大黄、雪莲花、胡黄连、红景天、天麻等具有很高的开发价值。

(二)西藏农牧特色资源类型综述

西藏农牧特色产业发展的原则是:区域经济带动发展原则;培植主导产业原则;比较优势原则;面向区外兼顾区内市场原则;有利于调整西藏经济结构和产业结构,并能够增加农牧民收入原则。

1. 特色产业。西藏大力发展农牧特色产业需要遵循比较优势原则,抓好"特色产业",这是发展农牧特色产业的基础。西藏以其广阔的产业发展空间,潜力巨大的资源与市场,悠久的历史和复杂的地貌,形成了丰富多彩、得天独厚的自然和人文资源,为农牧特色产业发展提供了坚实基础。农牧特色产业的兴起反过来又促进了优势资源的开发利用,自然风光、人文景观的开放,还可以促进技术、信息、知识、资金、人才流动,带动产业发展和经济社会跨越式发展。

2. 特色产品。由于光、热、水、气等资源分布的差异性,开发西藏绿色食品空间巨大。青稞、牦牛、藏猪、藏鸡和食用菌等很容易开发成为占领国际市场的绿色食品。丰富的矿产资源,将成为西藏矿业发展最具竞争力的特色产品。要本着因地制宜、突出重点的原则,充分考虑资源、市场、潜力和基础等因素,分层次有重点地发展,优先和重点发展农牧特色产业中最具优势和市场潜力的产业。具体可分为以下几种类型:

(1)市场优势型。包括绒山羊、虫草、食用菌(松茸)、油菜。其特点是:目前已形成独特市场(区外)优势,效益明显,但资源有一定限制因而不能盲目无限制地发展,同时适度规模发展必须与基础工作相配套。发展策略是加大基础资源保护和建设、标准化生产引导和培训、市场开拓和品牌开发。

(2)发展潜力型。包括牦牛、藏系绵羊、优质青稞、藏药材。其特点是:资源丰富且有一定特色,市场潜力很大,关系到农牧区和农牧业整体发展,目前发展水平还不具有市场优势,产业开发还不具备条件;发展策略是以基础工作为重点巩固目前的发展成绩,培植特色产品,为未来产业化发展做好准备。

(3)区内市场主导型。包括奶牛、无公害蔬菜、水果、茶叶。其特点是:新兴城郊和农区畜牧业的阳光产业,区内市场有迫切需要,发展空间大。发展策略是以满足区内市场为基础的适度发展。

(4)资源保护型。包括冷水鱼、卤虫。其特点是:资源独特,数量有很大限制,开发前景不明朗。发展策略是以保护为主,在保护基础上探索合理开发。

二、经济资源

(一)旅游资源

一是特殊的自然景观。西藏独特的地理位置,变化多样的地貌特征和自然条件,加上藏民族悠久的历史文化,共同构成了西藏雄奇壮丽、丰富深邃的旅游资源体系,是发展旅游业得天独厚的条件,具有巨大开发潜力和价值。二是独特的人文社会资源。西藏蕴藏着十分丰富的文化资源,佛教文化、苯教文化、东巴教文化、伊斯兰文化、基督教文化、儒道文化等不同文化通过多种途径在这一地区交汇,形成了兼收并蓄、博大精深的西藏文化。其中最具有代表性的是宗教文化和民族文化,宗教文化和民族文化本身的丰富性使其具有多领域、多层次、全方位的开发利用价值。三是极富民族特色的藏历节日和宗教庆典活动,古老的城镇、村庄,农牧民传统的生产和生活方式,纯朴的风俗习惯和风土人情等。四是"世界文化遗产"布达拉宫、大昭寺,举世闻名的扎什伦布寺、哲蚌寺、色拉寺、甘丹寺等寺庙,历史名城拉萨、日喀则、江孜、昌都等以及浓郁的藏族风情和特色产品对中外游客具有强烈的吸引力。

(二)藏医药业

藏医学是西藏人民的智慧结晶,是西藏文明和藏文化的瑰宝,受到国内外各界人士的高度重视;藏药业独特神圣,疗效显著,如珍珠70、常觉、虫草、藏红花等等。西藏植物资源以药材类最为丰富,各种常用中草药有400多种,具有特殊风格和用途的藏药有300多种。比较著名的有天麻、虫草、贝母、三七、大黄、党参、秦艽、丹参、灵芝、鸡血藤等。目前,西藏有藏药生产企业18家,其中17家已通过国家GMP认证,有283个国药准字号品种,其中20个品种被列入国家中药保护品种,31个品种被列入《国家基本药物品种目录》,24种藏成药被纳入《社会劳动保障基本用药目录》,216种藏成药和230种藏药材被列入国家标准,200种藏成药和137种藏药材被列入部颁标准。自治区藏药厂的"甘露"系列藏药荣获"中国驰名商标"称号。整个藏药产业呈现出蓬勃发展态势,20个品种列入中药保护品种,218种藏成药和141种藏药材被列入国家标准,藏药药业已经成为西藏的支柱产业之一。

(三)矿产资源

西藏已发现的矿产有101种,已探明储量的矿产有41种,勘查矿床100多处,发现矿点2 000余个,这些矿产资源潜在经济价值大,有些已开发利用并获得了良好的经济效益。

三、农牧资源

根据农牧业资源特点,西藏农牧业具有地域特色和开发潜力的主要农产品包括草原畜牧业的牦牛、藏系绵羊和绒山羊,城郊和农区畜牧业中的黄牛、猪禽、农区绵羊和饲草料,种植业中的优质青稞等。

(一)草原畜牧业

西藏草地面积占全国天然草地总面积的1/5,占西藏土地总面积的2/3。天然季节性草场(放牧草场)分布上限可达海拔5 500米,牲畜多牧放于广阔的高原和山体,藏羊活动上限达5 800米,牦牛活动上限则更高达6 000米,独特的高原草地养育着别具特色的草原畜牧业。

1.牦牛。牦牛是青藏高原特有的畜种资源,适应青藏高原特殊的生态环境、充分利用高寒地区牧草资源进行动物性生产的牛种,是高寒牧区重要的经济基础和支柱产业。发展牦牛对提高广大藏族人民群众的生活水平,繁荣牧区经济,对牧民脱贫致富,都具有重要的意义。

2.绒山羊。绒山羊在西藏的饲养历史久远,以优良的绒毛品质享誉世界。西藏大部分地区的山羊绒,由于地理位置及自然因素,其品质不论是纤维的平均细度、平均长度、弹力、光泽等指标均居世界羊绒之首。绒山羊主要分布在阿里地区和那曲地区西部,日土山羊是西藏绒山羊的典型代表,在绒山羊的主要分布区,牧民现金收入的80%来自绒山羊,县级财政收入的40%~50%来自绒山羊。我国是世界上原绒最大生产国,也是羊绒、无毛绒最大出口国,每年所产原绒70%~80%用于加工出口。羊绒、无毛绒的出口量占世界羊绒、无毛绒贸易量的50%以上,在我国畜产品出口中占有重要的地位。

3.藏系绵羊。藏系绵羊是绵羊中的重要品种,羊毛具有弹性大、拉力强和光泽度高的特点,是纺织地毯的上等原料,主要分布在那曲、日喀则地区。绵羊毛以及以羊毛为原料的地毯、卡垫、旅游工艺品一直是西藏销往国际市场的重要商品,藏系绵羊毛的优良品质和藏羊肉符合绿色食品要求,在国内外市场上具有较强的竞争力,发展前景广阔。

(二)城郊和农区畜牧业

西藏有农业县35个,半农半牧县24个,两者占全西藏总县数的80%。农区、半农半牧区人口占全西藏人口的65%。农业县、半农半牧县的天然草场占全西藏土地总面积的44%。农区畜牧业产值占农区农业总产值的1/3左右,半农半牧区畜牧业产值占农业总产值的2/3左右。农区畜牧业是西藏牧业重要的组成部分。农区和城郊畜牧业的发展优势和潜力在于黄牛改良、城郊猪及禽养殖、农区绵羊改良和饲料加工。

1. 黄牛改良。黄牛是西藏的地方家畜品种之一,主要分布于农区、半农半牧区和林区。雅鲁藏布江中下游、喜马拉雅山东段和三江流域分布较集中,占全西藏牛总数的50%以上。

2. 城郊猪、禽养殖。西藏牧区饮食以牛、羊肉为主,猪肉、禽肉多在城镇消费,所以,西藏农区、半农半牧区饲养的猪禽品种和数量都有限,猪、禽、蛋产品在西藏区内有一定市场潜力。

3. 农区绵羊改良。加速农区绵羊品种改良,充分利用几十年来积累的绵羊改良工作经验和科技成果,加快种羊培育、肉用羊育肥攻关,提高个体生产性能,改善肉、毛品质,对西藏牧业发展和养殖业效益提高,具有重要意义。

4. 饲草饲料加工。西藏农区约有110万吨可利用农作物秸秆,目前秸秆利用率不到30%,城郊农区还有大量农产品加工后的副产品,如菜子饼、酒糟、豆渣、麸皮等,都具有非常好的开发前景。西藏饲料加工业起步晚、规模小,除拉萨市饲料厂外,日喀则、江孜、山南、当雄等地建有小型饲草饲料加工厂。

5. 藏猪和藏鸡。藏鸡、藏猪肉以特有的口味、纯天然的本色,日益受到消费者的青睐。藏猪肉的价格比普通猪肉高30%~50%,藏鸡价格比其他鸡高1倍,具有明显的价格优势和良好的市场前景,林芝地区是藏猪现存数量较多的地区。

(三)种植业

西藏地理区位与气候资源独特,是生产绿色农产品的理想场所。青稞、油菜和蔬菜是西藏居民日常消费的主要主副食品,区内市场有较稳定的需求,并且因其生产过程基本无工业"三废"污染,也较少使用化肥和农药,是名副其实的天然绿色食品。

1. 青稞。青稞在西藏农作物中分布最广、总产最多,品种、变种类型丰富。其栽培生长的上限可达海拔 4 200 米。主要分布在日喀则、拉萨市、山南的"一江二河"流域和昌都地区,青稞年产量万吨以上的县有 24 个。青稞作为青藏高原农牧民主要粮食,其作用和营养价值备受科技界关注。近年来,青稞的保健作用已得到国内外公认,目前正在开发的青稞加工产品有青稞麦片、青稞酒和青稞糌粑等,随着青稞加工产品如麦片、糌粑、青稞啤酒、青稞白酒、青稞米、青稞系列保健品的开发,青稞的市场潜力不断释放,发展前景广阔。

2. 蔬菜。西藏蔬菜长期以来主要依靠内地供应,近几年来有了快速发展,据拉萨市场调查显示,本地蔬菜占市场的 60%～70%,蔬菜生产旺季(5—9月)市场自给份额可达到 80%～90%,由于当地蔬菜产量低、产量少、品种少,不能满足市场对品种、质量和数量的消费需求,长期以来蔬菜供销不平衡,因此提高西藏蔬菜自给率,蔬菜生产有着巨大的市场潜力,特别是新、优蔬菜品种具有广阔的市场空间。

3. 油菜。油菜是西藏主要的经济作物,从海拔几百米的墨脱到海拔 4 600 多米的江孜都有栽培,西藏主要种植的是白菜型春油菜。西藏油菜具有耐寒、耐旱、耐瘠薄、含油量高、芥酸高的特点;油菜子粒大,产量高,千粒重达 4.5～6.7 克,比内地平原区重 1 倍左右,含油量一般均在 45% 以上,主要分布在日喀则、拉萨和山南。

(四)林果和林下产品

西藏东南部林区复杂的地形和巨大的高差,形成了丰富多变的气候环境,垂直地带性和小气候十分明显,适合于多种温带、亚热带经济林果生长,现有 19 科 43 属的经济林木 180 余种。林下动植物资源特别是食用菌和药用植物资源十分丰富,高原特有的气候条件有利于生产高品质的林果及林下资源产品。

1. 松茸。松茸是食用菌中较为珍贵的品种,主要分布在藏东南的波密、林芝、米林、墨脱、察隅、昌都、聂拉木、亚东、错那等地的林区。松茸菌肉质细嫩韧脆,有特殊的清香,口味鲜美,被称为"蘑菇之王",富含多种营养成分和氨基酸。西藏松茸年采集量约 500 吨,其中林芝地区 300 吨左右、昌都地区 200 吨左右。松茸采集是林芝地区波密、工布江达、林芝、米林、察隅和昌都地区芒康等县林区农民的重要收入来源。由于特殊的地理生态环境,西藏松茸备受消费者青睐,价格昂贵。

2. 干果。西藏干果产品最主要的是核桃和花椒,少数地区还可种植油桐、板栗、枣、枸杞等其他经济林。相对于水果来说,干果适应范围广、栽培管理要求不高、易贮运,在西藏有很好的发展前景。

3. 水果。西藏东南部和东部地区海拔 2 200~3 200 米的河谷地带,光照充足,雨热同季,夏无酷暑,冬无严寒,昼夜温差大,有利于苹果等多种温带果树生长发育,西藏水果一般具有个体大、着色好、含糖量高的特点。

(五)优势生物资源

西藏一些优势生物资源由于受到各种因素的影响,其种群数量和开发难度各不相同,有的濒临灭绝,有的具有一定开发潜力,工作重点应该侧重于保护性开发。

1. 藏药材。西藏优越的地理和高寒缺氧环境提供了纯净的生长条件,蕴藏着丰富的藏药资源。研究表明,全西藏有藏药植物 191 科,964 属,2 584 种;动物药 57 科,116 属,175 种;矿物药近 200 种。藏药处方、炮制、制药过程独具特色,传统藏药对许多疑难病、慢性病和老年性疾病的治疗颇具特色,对高原不适应症和其他疑难杂症具有独特疗效。

2. 冬虫夏草。西藏是我国冬虫夏草主要分布区之一,尤其是藏东北的虫草以优质闻名于世,备受国内外消费者青睐,产量的 90% 以上外销。每年西藏虫草采集量约 3 万千克,那曲地区和昌都地区为主产区。那曲地区比如县、巴青县、索县、嘉黎县和昌都地区丁青县、昌都县、江达县等均是虫草产区,虫草采集成为当地农牧民收入的重要来源。由于虫草目前还不能进行人工栽培,天然虫草受自然条件限制多,产量低,满足不了国内外日益增长的消费需要。西藏虫草在国际市场上享有极高的声誉,市场前景广阔。西藏冬虫夏草的生长环境优越,具有大面积生长冬虫夏草的生态环境资源,但是,虫草原产地都是生态环境极脆弱的地区,在采集的同时,必须高度重视草地的生态保护。

3. 冷水鱼。河流众多、湖泊星罗棋布是西藏自然景观的一个显著特征,高海拔河流与湖泊中的鱼类资源多为冷水鱼。据 1995 年的调查,西藏现有鱼类 71 个种和亚种,主要由裂腹亚科、条鳅亚科的高原鳅属和鮡科鱼类组成,其中 20 多个种数量大、分布广,具有较高的渔业经济价值。由于天然冷水鱼生长发育缓慢,在保护野生冷水鱼资源的同时开发人工养殖亚东鲑鱼、黑斑原鮡等具有西藏特色的冷水鱼有较大的发展空间。

4. 卤虫。卤虫是一种嗜盐性、生活于高盐度水体中的小型甲壳动物,卤虫卵是鱼、虾、蟹等幼体的良好饵料。按照我国已有的卤虫卵质量行业标准,西藏加工后的卤虫卵可以达到二级及以上。西藏是我国盐湖较多的省区之一,有大小盐湖221个,总面积6 025平方公里。现确认阿里地区、那曲地区、日喀则地区的8个县20多个盐湖有卤虫资源分布,其中具有商业开发价值的有9个,有关专家推测西藏卤虫卵资源量为500~600吨。由于受利益驱使,西藏卤虫卵目前已出现无序开发、掠夺式捕捞局面,在不掌握卤虫资源数量和繁殖规律的情况下,过度捕捞极易造成卤虫资源和盐湖生态环境破坏。

四、其他资源

(一)森林资源分布概况

西藏是我国目前森林资源最多、原始森林面积最大的省区之一,森林覆盖率9.84%。北半球从热带到寒带的主要树种在这里几乎都可以看到。主要分布在雅鲁藏布江中下游的林芝地区,是我国现在最好的原始林。全西藏森林面积717万公顷,占全国的5.84%;活立木蓄积量占全国的16.2%。西藏又是一个巨大的植物王国,有高等植物5 000多种。藏西吉隆、亚东、陈塘等地,藏东南墨脱、察隅和珞瑜等地,构成我国少有的天然植物博物馆,自然条件比较特殊的藏北地区,也有100多种植物。

(二)水能资源分布概况

西藏是我国河流和湖泊分布最多的省区之一,水资源总量为4 482亿立方米,占全国的16.53%,居全国第一位;水能理论蕴藏量为20 056万千瓦,占全国的29.7%,为全国各省区之首;可开发水能资源为5 659.27万千瓦,占全国的15%,为全国第三位。西藏水资源和水能资源十分丰富,无论是总量还是人均、亩均占有量均居全国第一,大大超过全国平均水平,加上开发利用水平低,相对于其他省(市)所面临的资源问题而言,具有不可替代的资源优势。

(三)石油、天然气资源分布概况

西藏石油、天然气资源为海相和陆相沉积岩,目前有中国天然气总公司和中南石油勘探局在那曲地区以西400公里的班戈盆地——羌塘盆地进行油气勘探,现已获得工业油流。经综合测算,藏北羌塘盆地内的伦坡拉陆相盆地含油远景资源量为2亿吨,有巨大的开发前景。西藏是我国21世纪继塔里木盆地之后的第二个油气资源战略接替区。此外,西藏的地热能、太阳能、风能均非常可观,太阳能资源居全国首位,年日照时数3 500小时左右,太阳能装机容量100千瓦。西藏地热活动强烈,地热能蕴藏量居全国首位,地热发展前景广阔,风能储量达到932亿千瓦/小时,列全国第七。

(四)地热资源分布概况

西藏地热资源非常可观,现已发现温泉、热泉、热水湖等地热显示点600

多处,其中有开发潜力的有 30 处。地热能蕴藏量居全国首位。拉萨市当雄县辖区内的羊八井热田是中国最大的高温蒸气热田,也是世界已获开发利用的大型地热田之一。

(五)野生生物分布概况

西藏繁衍着各种各样的珍禽异兽。在永久积雪线附近,有号称"高山之霸"的雪豹和善于爬山越岭的岩羊。在藏北高原上,有藏羚羊、野牦牛、野驴、盘羊等珍稀动物,有很高的观赏和经济价值,均属国家保护动物;白唇鹿为中国特有、世界珍稀动物之一,被列为国家一级保护动物;此外,还有不少名贵毛皮动物和药用动物。西藏鸟类丰富,著名的藏马鸡为珍贵动物,闻名世界的西藏黑颈鹤是中国所特有的,属国家二类保护动物。

(六)西藏的自然保护区概况

西藏幅员辽阔,自然条件复杂,气候多样,具有从热带到寒带丰富的植被,野生动物资源丰富,是我国生物种类最为富集的地区之一。目前西藏共有各类自然保护区 18 个,其中国家级 3 个,自治区级 15 个,建立各级自然保护区面积达到 41 万平方公里,占西藏面积的 1/3。18 个自然保护区中,规模最大的是羌塘国家级自然保护区,保护对象为野生动物及草原生态系统;最小的是林芝巴结巨柏自治区级自然保护区,面积仅 8 公顷,保护对象为巨柏林。18 个自然保护区中,综合型保护区 7 个,羌塘、珠峰和墨脱三大国家级自然保护区均在此列,保护对象为生态系统及珍稀动植物;动物型保护区 5 个,保护对象为马鹿、滇金丝猴、黑颈鹤、赤斑羚等;植物型保护区 2 个,保护对象为巨柏林和云杉等;地质遗迹类保护区 3 个,保护对象为熔岩、地貌、土林和地热喷泉群;生态系统类保护区 1 个,即拉鲁湿地自然保护区,保护对象为湿地生态系统。

(七)边境贸易

西藏对外贸易历史悠久,独特的地缘优势和丰富的资源优势,给发展对外贸易提供了非常有利的条件。改革开放以来,国家赋予西藏一系列特殊优惠政策,有力地支持了对外经济贸易发展,使西藏实现了历史性跨越,呈现出外贸、外经、外资"三外并举",一般贸易及边境贸易"两贸发展"和贸易、实业"两业齐兴"的良好势头,对外经济贸易已成为西藏经济发展重要的支撑点和地方财政收入的重要来源。西藏目前有开放通商口岸 6 个,分别是位于聂拉木县与尼泊尔相通的樟木口岸,位于吉隆县与尼泊尔相通的吉隆口岸,位于普兰县与尼泊尔相通的普兰口岸,位于扎达县与印度相通的扎达口岸,位于亚东县乃拉山口与印度相通的亚东口岸,位于错那县与不丹相通的勒布口岸,另有边贸市场 30 余个,分别对尼泊尔、印度、不丹等国开放。

第二节 区情与区划

研究表明,西藏农牧特色产业发展具有显著的特殊性,这些特殊性主要源于农牧特色产业赖以存在的特殊区情、经济条件和优惠政策。深入探讨这些特殊基础和条件,将有助于加快西藏农牧特色产业更大、更快、更好发展。

一、特殊区情

西藏农牧特色产业赖以发展的基础条件,概括地说就是西藏特殊的区情。

(一)特殊的发展定位

根据全国区域发展定位,西藏是我国重要的边疆民族地区、重要的国家安全屏障、重要的生态安全屏障、重要的战略资源储备基地、重要的高原特色农产品基地、重要的中华民族特色文化保护地、重要的世界旅游目的地。特殊的区域发展定位决定了西藏农牧特色产业不可能照搬照抄内地其他地区成功的发展经验,而必须探索有"西藏特点"的发展模式。

(二)特殊的自然条件

面积大、山川大、草场大、林多、水多、矿多构成西藏农牧特色产业发展的特殊自然条件。西藏总面积120多万平方公里,约占全国的1/8,边境线约4 000公里。海拔7 000米以上的高峰有50多座,其中8 000米以上的高峰11座。同时西藏又是全国五大牧区之一,草场面积、森林面积、活立木蓄积量、水能资源均居全国第一位。目前已发现矿种102种,有12种居全国前5位,发现矿床、矿点及矿化点3 000余处,其中铜矿居全国第一。这一特殊的自然条件一方面为农牧特色产业发展提供了具有显著禀赋优势的自然资源基础,同时也为农牧特色产业加快发展制造了众多障碍。

(三)特殊的基础条件

主要是指中央的特殊关心、全国的特殊支援、西藏的特殊区情。具体讲就是西藏有严重缺氧和低气压的自然环境,由封建农奴制社会直接走上社会主义道路的特殊发展历程,封建农奴制残余思想在少数社会成员头脑中依然存在的特殊现象,西藏各族人民同以十四世达赖分裂集团为代表的分裂势力之间的特殊矛盾等。

西藏农牧特色产业必须依托上述特殊区情,并以此为背景、环境、条件、基础和前提,实现健康发展。

二、经济条件

改革开放以来,西藏综合实力显著增强,城乡居民生产生活条件明显改善,经济持续快速健康发展,社会各项事业全面进步,生态文明建设取得新进展,发展水平、发展质量、发展基础和自我发展能力显著提升。经济发展和社会进步为农牧特色产业发展打下了坚实基础,成为农牧特色产业实现更大、更快、更好发展的基础和前提。

(一)经济建设取得重大进展

伴随着青藏铁路胜利通车,拉萨至日喀则铁路、墨脱公路等重大交通枢纽工程开工建设,林芝米林、阿里昆莎、日喀则机场顺利通航,进藏干线公路实现路面黑色化,县通油路、乡镇和行政村通公路水平显著提高,连接城乡的综合交通运输体系逐步完善。地区生产总值连续保持两位数的增长速度,年均递增12.4%,2010年达到507.46亿元,人均地区生产总值达到16 000元。地方财政一般预算收入大幅度增加,达到36.65亿元,年均增长25%。实现社会消费品零售总额180.84亿元,年均增长19.8%。基础设施建设成就辉煌,全社会固定资产投资达到1 656亿元。进入"十二五"以后,西藏经济发展延续了"十一五"时期高速增长势头(见表2-1与图2-1、图2-2)。实践表明,这些巨大成就的取得不仅凝聚了农牧特色产业的贡献,也为农牧特色产业健康成长奠定了坚实的物质基础。

表2-1 西藏2005—2010年国民经济主要指标

年份	地区生产总值(亿元)	地区生产总值指数(上年=100)	人均地区总产值(元)	社会消费品零售总额(亿元)	人均社会消费品零售总额(元)	一般预算收入(亿元)	全社会固定资产投资(亿元)
2005	248.80	112.1	9036	73.23	2660	12.03	196.19
2006	290.76	113.3	10422	90.02	3226	14.56	232.35
2007	341.43	114.0	12083	112.60	3985	20.14	271.18
2008	394.85	110.1	13824	129.99	4551	24.88	309.93
2009	441.36	112.4	15295	156.58	5426	30.09	379.42
2010	507.46	112.3	17319	185.30	6354	36.65	463.26

资料来源:《西藏统计年鉴·2010》。

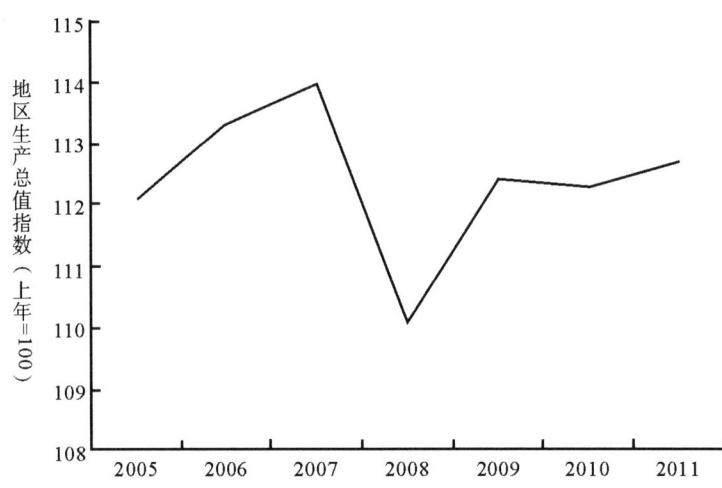

图 2-1 西藏 2005—2010 年地区生产总值指数

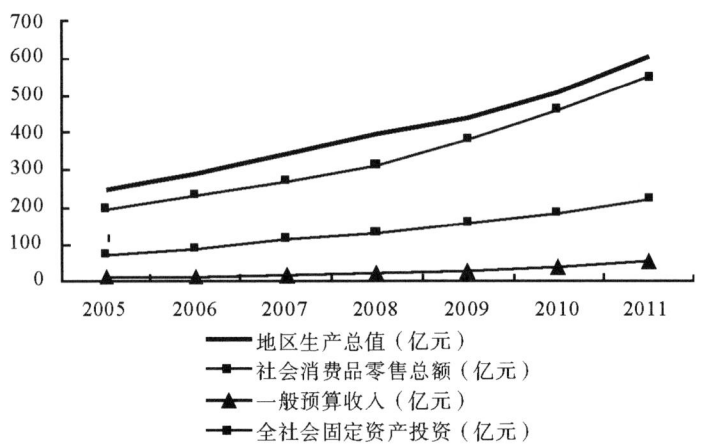

图 2-2 西藏 2005—2010 年主要总量指标变化趋势

(二)经济结构进一步优化

2005 年以来,西藏上下围绕"提升一产、壮大二产、做强三产"的产业发展要求,着力加快经济结构调整步伐,三次产业结构不断优化,由以第一产业就业为主逐步转向第二、三产业就业为主,产业关联度明显提升(见表 2-2)。区内第二产业不断壮大,规模效益明显提高,优势产品市场不断扩展,产品竞争力不断提升,国内外贸易规模不断壮大,对外贸易结构不断优化,一批特色产品远销海内外,进出口额、边境贸易以及旅游业快速增长(见表 2-3、表 2-4、表 2-

5)。第三产业快速发展,对国民经济发展的带动作用不断增强,投资结构不断改善,民间投资快速增长。

表2-2 西藏2005—2010年三次产业结构统计表

年 份	第一产业(%)	第二产业(%)	第三产业(%)
2005	19.3	25.5	55.2
2006	17.5	27.6	54.9
2007	16.1	28.8	55.1
2008	15.3	29.3	55.4
2009	14.5	30.9	54.6
2010	13.5	32.3	54.2

资料来源:《西藏统计年鉴·2010》。

表2-3 西藏2005—2010年进出口额统计表

年 份	人民币(万元)			美元(万美元)		
	进出口总额	出口总额	进口总额	进出口总额	出口总额	进口总额
2005	166 366	133 909	32 457	20 539	16 532	4 007
2006	256 152	173 332	82 820	32 840	22 222	10 618
2007	287 422	238 408	49 014	39 348	32 638	6 710
2008	531 798	491 348	40 450	76 543	70 721	5 822
2009	274 507	256 296	18 211	40 202	37 535	2 667
2010	565 890	52 1942	43 948	83 594	77 102	6 492

资料来源:《西藏统计年鉴·2010》。

表2-4 西藏2005—2010年边境贸易额统计表

年 份	人民币(万元)			美元(万美元)		
	总额	出口额	进口额	总额	出口额	进口额
2005	98982	93806	5176	12220	11581	639
2006	137420	133832	3588	17618	17158	460
2007	181827	179584	2243	24892	24585	307
2008	166391	164487	1904	23949	23675	274
2009	169872	167468	2404	24878	24526	352
2010	338847	336884	1963	50055	49765	290

资料来源:《西藏统计年鉴·2010》。

表 2-5　西藏 2005—2010 年旅游人数及旅游收入统计表

年份	接待旅游者人数（人次）	入境旅游者人数	其中：外国人	国内旅游者人数	旅游总收入（万元）	国内旅游收入（万元）	外汇收入（万美元）
2005	1 800 623	121 308	111 018	1 679 315	193 524	157 536	4 443
2006	2 512 103	154 818	136 159	2 357 285	277 072	228 929	6 094
2007	4 029 438	365 370	338 744	3 664 068	485 160	383 152	13 529
2008	2 246 447	67 997	62 934	2 178 450	225 865	204 237	3 112
2009	5 610 630	174 910	162 458	5 435 720	559 870	506 088	7 873
2010	6 851 390	228 321	214 136	6 623 069	714 401	644 001	10 359

资料来源：《西藏统计年鉴·2010》。

表 2-6　西藏 2005—2010 年金融机构各项存贷款统计表

单位：万元

年份	存款合计	企业存款	财政存款	城乡储蓄存款	贷款合计
2005	4 551 139	2 196 389	158 668	1 230 959	1 788 521
2006	5 445 494	2 471 416	454 718	1 398 071	2 037 107
2007	6 424 371	2 953 682	468 457	1 595 615	2 234 699
2008	8 278 506	3 860 619	734 226	1 848 908	2 189 754
2009	10 272 388	4 397 700	1 052 153	2 263 699	2 480 072
2010	12 955 418	3 275 738	1 361 434	2 671 317	3 014 941

资料来源：《西藏统计年鉴·2010》。

(三)民生状况加速改善

"十一五"以来,西藏城乡居民收入持续增加,2010年年底,农牧民人均纯收入达到4 138.7元,年均增长14.8%。城镇居民可支配收入达到14 980元。进入"十二五"以后,城乡居民收入继续保持较高增长势头,2011年年底,农牧民人均纯收入达到4 904元,比上年增长18.5%。城镇居民可支配收入达到16 196元,比上年增长8.1%(见表2-7),城乡居民生活水平稳步提高。教育、卫生、文化、科技等各项社会事业投入逐年增长(见表2-8),社会事业稳步发展,学有所教、病有所医的社会服务体系逐步建立,政府公共服务保障能力显著增强。就业人数逐年增加,社会保障体系建设全面推进,统筹能力明显增强,提前两年实现农村新型养老保险制度全覆盖,全面惠及城乡的社保体系逐步形成,为农牧特色产业发展奠定了坚实的社会基础。

表 2-7　西藏 2005—2010 年城乡居民家庭人均收入及指数统计表

年份	农牧民人均纯收入		城镇居民人均可支配收入	
	绝对数(元)	指数(上年＝100)	绝对数(元)	指数(上年＝100)
2005	2 078	111.7	8 411	102.6
2006	2 435	117.2	8 941	106.3
2007	2 788	114.5	11 131	124.5
2008	3 176	113.9	12 482	112.1
2009	3 532	111.2	13 544	108.5
2010	4 139	117.2	14 980	110.6

资料来源：《西藏统计年鉴·2010》。

表 2-8　西藏 2007—2010 年主要社会事业支出统计表

单位：万元

项　目	年　份			
	2007	2008	2009	2010
教育	335 699	470 800	610 441	607 959
科学技术	19 260	29 033	26 913	27 112
文化体育与传媒	72 304	92 134	133 600	124 770
社会保障和就业	173 020	279 000	333 493	319 119
医疗卫生	171 623	163 548	220 868	320 406
环境保护	47 651	57 068	97 535	117 746
城乡社区事务	69 174	259 956	191 152	205 059

资料来源：《西藏统计年鉴·2010》。

(四)持续发展能力显著提升

2005年以来,西藏坚持发展和保护并重,大力实施生态安全屏障保护与建设,加大对环境保护和生态建设的投入。天然林保护、天然草地退牧还草、野生动植物资源保护、自然保护区建设、水土流失治理、地质灾害防治、植树造林、防沙治沙取得显著成效。全面启动农村薪柴替代工程和"绿色拉萨"工程,青藏铁路、重点公路沿线绿化不断加强。完成人工造林11.47万公顷。森林生态效益补偿全面实施,草原、湿地等其他生态补偿研究和试点工作稳步推进。严格环境准入条件,加大执法监管力度,节能减排工作成效明显。垃圾污水处理设施建设加快,主要污染物排放得到有效控制,加速淘汰了一批落后产能,实施节能节电重点工程,单位生产总值能耗持续下降。生态环境保护与建设进入科学规划、协调推进、持续发展的新阶段。生态环境改善为西藏农牧特色产业发展创造了良好的发展环境,开辟了新的发展空间。

(五)体制活力进一步激活

政府职能加速转变,投资、财税、金融、流通体制改革持续深化,宏观调控体系逐步健全。农牧区基本经济制度不断完善,"三个长期不变"政策深入落实,土地、草场等产权及其流转领域改革取得新进展。社会事业改革成效显著,医药卫生体制改革顺利实施,文化、教育体制改革稳步推进。国有企业集团改革重组取得重大进展,初步形成了国有资产管理、营运、监督体系,国有资产整体运营水平显著提高。资本、土地、人才等要素市场建设加快,农牧特色产业税收贡献占西藏税收总额的比重超过国有和集体经济,全国援藏工作力度不断加大,招商引资成效明显,与其他省份的经济文化交流不断深入,为西藏农牧特色产业加快发展提供了持续推动力。

(六)社会局势保持稳定

西藏各族人民在各级党委、政府的坚强领导下,取得了严厉打击十四世达赖分裂集团破坏活动的重大胜利。平安西藏创建工作扎实推进,社会局势持续稳定。反分裂斗争深入开展,军、警、民联防机制全面建立,政法队伍建设和基层基础工作不断加强,维稳能力显著提高,社会局势从基本稳定向长治久安迈进。寺庙管理僧尼教育工作扎实推进,社会治安综合治理深入开展,流动人口服务、管理不断加强,人民内部矛盾排查调处机制进一步完善,法律援助、司法调解、行政调解、劳动监察等工作深入开展,群众合法诉求得以及时妥善解决。安全生产形势良好,应急体系逐步完善,应急队伍不断充实,应急处突能力全面提升,为西藏农牧特色产业发展构建了稳定的社会环境。

三、产业区划

(一)旅游业发展的区域布局

旅游业遍布西藏,产业发展定位是:巩固已有旅游产品和旅游线路,丰富产品内涵,加快开发林芝高湖自然景观地带,适度发展高原风光旅游产品,形成以历史文化观光、登山、探险、徒步朝圣、野生动物观赏、民俗风情、森林生态、地貌科考、自然风光、度假旅游为主的拉萨、藏中、藏北、藏南和藏东旅游区。

(二)藏医药业区域布局

产业发展定位是：将传统优势与现代技术、生产工艺结合起来,促进藏药的现代化,推进藏药企业向规模化、集团化方向发展,提高藏药研制、开发、生产的综合实力和整体水平。注重藏药材资源合理保护和科学利用,加强藏药材基地建设,实现藏红花、虫草等传统藏药材人工繁育栽培,建立全国最大的藏药材基地,形成全国藏医药研究开发生产中心。同时要对藏药材资源保护和驯化工作加大投资力度,建立相应的药材基地。空间布局上,重点是在中部经济区和东部经济区大力发展藏医药集团企业,分别在4个经济区建立具有一定规模的、各具特色的藏药材基地。

(三)高原特色生物产业和绿色食(饮)品业发展布局

发展定位是：大力发展高原食用菌、红景天、人参果以及经济林果等高原特色资源加工业;充分利用饮用水资源储量大、含微量元素丰富的优势,大力发展矿泉水、啤酒、植物保健饮料、乳制品等具有高原特色的系列绿色饮料产品,建成国家级绿色饮料生产基地,如藏东野生菌类开发基地、藏东野生生物食品生产基地和藏北野生生物食品开发基地。在创出品牌、形成规模和提高市场占有率方面实现突破。

西藏高原特色绿色食品产业发展的重点是抓好基地建设,把商品粮基地、菜篮子工程、扶贫开发等项目建设与绿色食品原料基地建设结合起来。当前应在基础条件较好的拉萨市近郊、日喀则市、八一镇、泽当镇搞好绿色食品基地建设,形成有一定规模的系列高原绿色食品品牌,并建立自治区级绿色食品生物交流库,重点开发高原特殊绿色食品。

(四)农畜产品加工业和民族手工业发展布局

依托特色农牧资源,大力发展牦牛、优质青稞等农畜产品深加工,延伸产业链,提高附加值。结合农畜产品结构调整,采取高新技术,提高农畜产品加工深度,通过产业化经营,扩大生产量,形成规模经济。充分发挥民族手工业优势,以出口地毯为拳头产品,以开发旅游纪念品为重点,大力发展民族手工业。地毯生产重点是改扩建现在的地毯厂,使其在国际、国内、区内市场占有较大份额,成为西藏名副其实的"拳头"产品。着力开发食品生产新产品,挖掘具有民族特色的食品的生产潜力,增加高、中档产品比重。

(五)矿业发展的区域布局

围绕矿业发展和经济建设重点,抓紧开发对优势矿种和国家紧缺矿种的地勘工作,保证西藏矿业发展有可靠的后备储量。重点开发有市场需求、稀缺的矿产资源。根据市场需求和资源优势,矿产勘查与开发的重点是：以铬、铜、黄金、铅、锌等为主的金属矿产资源,以硼、锂等为主的盐湖非金属矿产资源,以石灰岩、花岗岩等为主的矿产建材资源,以地热、煤炭、石油等为主的能源矿产资源和矿泉资源。

矿产开发重点区域为:铬矿以山南地区为主;铜矿开发重点在昌都地区并带动周围马拉松多、多霞松多等一系列大、中型铜矿;金矿开发重点放在那曲地区,重点建设藏北申扎崩纳藏布砂金矿,在摸清金矿资源的前提下,逐步加快昌都、日喀则地区的岩金资源勘察和开发。

(六)建筑建材业发展布局

西藏建筑建材产品,应以满足本地基本建设需求为主,以区内市场为导向,以水泥生产为重点,因地制宜发展建筑石材生产,大力发展新型建材,满足本地消费市场。

第三节 制约因素分析

改革开放以来,在中央和其他兄弟省市的关心和帮助下,西藏农牧特色产业取得了巨大成就,但因为特殊的地理、历史等原因,农牧特色产业发展仍十分缓慢,特色资源也没有得到充分开发和利用,没有把独特的资源优势完全发挥出来。目前,西藏农牧特色产业总量规模很小,尚未体现出对国民经济巨大拉动和支撑作用,并且与全国甚至西部其他省市相比仍然存在很大的差距。这主要是由于还存在着大量制约其发展的瓶颈因素,主要包括:

一、环境资源因素

(一)地理位置的特殊性、生态环境的脆弱性

总体上看,西藏农牧产业发展尚处于初级阶段,农牧特色产业发展更是刚刚起步。西藏所处地理位置、生态环境的特殊性以及农业自然资源的脆弱性使农牧特色产业发展面临严重挑战。西藏位于祖国版图的西南端,地貌类型有高大山脉、高原湖盆、山原湖盆、谷地和高山深谷。由于高原本身悬殊的海拔高度和辽阔的辖区面积,又有大型山脉环抱,形成了西藏多种多样的地理和气候类型。这就决定了西藏从事农牧业的地域狭窄,可承受生产生活面积有限。西藏的气候特征是:日照时间长,辐射强烈;平均气温较低,温差大;气压低,含氧量少。这种气候特征使得西藏农作物大部分为一年一熟,产量有限,

同样也会导致畜牧业频繁遭受自然灾害侵扰,使本来出栏率就低的畜牧业雪上加霜。由于这种特殊的地理位置和生态环境,加之西藏农牧特色产业仍停留在传统经营为主阶段,生产方式原始落后,农牧业资源无节制超载利用、生态系统自我调解和抵御自然灾害能力下降等问题较为严重,为西藏农牧特色产业生产和农牧区经济发展带来了诸多不利影响。

(二)可利用耕地面积减少

耕地是农牧业赖以生存和发展的基础,西藏120多万平方公里土地上,实有耕地面积223.01千公顷,其中旱地222.03千公顷,水田0.98千公顷,农田有效灌溉面积153.68千公顷,占耕地面积的68.70%,旱涝保收面积93.98千公顷,占总耕地面积的42.19%。2006年末西藏减少耕地面积1.55千公顷,其中受风沙危害的耕地面积占耕地总面积的13.8%,沙漠化土地与潜在荒漠化土地面积占西藏总土地面积的18.17%,高于全国2.3个百分点。由于西藏的土壤层薄,土壤质地粗疏,有机质积累缓慢,因此,土壤容易受到风蚀、水蚀,并且植被一旦被破坏、退化,便导致土壤流失,很难恢复,从而导致可利用的耕地逐步减少。从表2-9可以看出,1990年到2010年间西藏耕地面积以每年平均3万亩的速度减少,特别是在2003年,西藏耕地面积减少6.22千公顷,占总耕地面积的2.76%。再加上主要农区土壤有机质下降19.2%,含氮量下降24%,机耕机播面积分别减少60%、33.18%,有效灌溉面积减少26%以上,良种使用面积减少50%左右。西藏耕地面积减少使本来可用耕地面积就少的西藏农牧业面临着更加严峻的挑战,如果不对耕地加以保护,就会对西藏农牧业安全产生严重威胁。

表2-9 西藏耕地面积比重数据表

单位:千公顷

年 份		1990	2003	2004	2006	2007	2008	2009	2010
年末实有耕地	总面积	222.5	225.34	223.01	230.83	228.23	225.92	229.57	229.53
	旱地	221.86	224.38	222.03	229.76	227.26	224.95	228.49	228.43
	水田	0.64	0.96	0.98	1.07	0.97	0.97	1.08	1.10
当年减少耕地	面积	1.03	6.22	1.55	0.39	1.27	0.44	0.83	0.09
	(%)	0.46	2.76	0.70	0.17	0.56	0.19	0.36	0.04

资料来源:《西藏统计年鉴·2010》,部分数据由作者整理计算得出。

(三)草畜矛盾尖锐,畜牧业生产稳定性差

西藏草原资源十分丰富,草地面积辽阔,现有天然草地资源面积12亿亩多,占西藏土地面积的68.11%,占全国草地总面积的21%。西藏草场面积虽然较大,但整体气候条件恶劣,绝大部分草原地区(占总草地90%以上)干旱少雨,多大风,昼夜温差大,特别是在那曲、阿里地区,大风日多达150天,绿色植物生长期只有约100天,而且,生态植被十分脆弱,自然灾害尤其是雪灾频繁。因而看似广袤的草原由于单位面积产草量很低,放牧时间很短,实际上承载不了现在的牲畜规模,草畜矛盾尖锐,草场超载达到15%。另一方面,在传统思想支配下,农牧民单纯追求农畜产品数量,惜杀现象严重,出栏率不高。据统计,2010年,西藏各类牲畜出栏率分别是:牛16.6%,羊29.9%,猪57.2%。出栏率低导致牲畜超载,草场负担重,退化、沙化速度加快,草场生产力变低,载畜力下降。如表2-10所示,以那曲为例,草场载畜力与其他国家和地区相比,那曲草场载畜力最低,这种严峻的草场形势,制约了畜牧业发展。

表2-10 那曲单位牲畜所需草场面积与全国和其他国家的比较

单位:亩

项 目	地(国)名						
	那曲	全国	美国	法国	英国	荷兰	澳大利亚
一个牛单位牲畜所需草场面积	146.9	119	30.3	8.8	11.6	4.5	127.8

资料来源:牛治富等编著的《西藏那曲地区传统畜牧业提升改造研究》,中共中央党校出版社2008年版,第15页。

"靠天养畜"的草地畜牧业抵御自然灾害的能力极差,畜牧业生产脆弱性、不稳定性突出,畜牧业情况视天气而定,如果风调雨顺则丰收,遇到自然灾害特别是较大自然灾害则损失惨重。如1990年的藏北雪灾,使100多万头牲畜因饥饿而亡。由表2-11可以看出,由于雪灾导致牛的存栏数由1989年的530万头下降到1990年的506万头,出栏率下降到7.6%;羊的存栏数由1989年的1 706万只下降到1990年的1 681万只,出栏率下降到18.6%。这种抵御自然灾害能力薄弱的状况制约了西藏畜牧业规模。从表2-11也可以看出,随着商品经济意识和生活水平的改善,牛、羊、猪的出栏率总体呈上升趋势,但上升不明显。

表 2-11 西藏牲畜存、出栏数量统计表

单位:万头(只)、%

年份		1989	1990	1995	2000	2004	2006	2008	2009	2010
牛	存栏数	530	506	539	526	651	613	645	653	654
	出栏数	43.94	43.74	68.17	80.13	108	105.1	123.35	126.88	136.89
	出栏率	8.4	7.6	11.7	15.2	16.6	17.1	18.9	19.6	21
羊	存栏数	1 706	1 681	1 767	1 664	1 703	1 816	1 678	1 584	1 579
	出栏数	324.54	317.49	388.66	437.52	508.52	475.92	520.08	529.84	525.11
	出栏率	18.7	18.6	22.9	25.9	29.9	26.8	30.5	31.6	33.1
猪	存栏数	15	16	22	23	32	26	31	35	36
	出栏数	7.12	7.1	9.46	13.64	18.31	15.26	15.6	19.67	20.45
	出栏率	46.4	43.4	52.7	62	57.2	61	60	63.5	58.7

资料来源:《西藏统计年鉴·2010》,部分数据由作者整理计算得出。

(四)各种自然灾害频发制约了农牧业发展

西藏农牧业生产遇到的灾害有冰雹、雪灾、旱灾、毒草、鼠害、虫害、风灾等。西藏是我国冰雹最多的地区,给农业生产带来毁灭性打击,低温霜冻也给牧区牲畜带来毁灭性打击,牧区高寒类型草地自然条件严酷,冬季寒冷而漫长,牧草生长期仅有3~5个月,枯草期长达7~9个月,草畜矛盾突出,严重影响畜牧业发展。特殊的高原环境导致西藏鱼类生长发育缓慢,1尾达到性成熟、体重100克左右的鱼一般需要4~5年,体重达到500克的鱼需要生长10年甚至更长时间,因此鱼类资源极为有限。西藏影响农业生产的另一种重要的自然灾害是旱灾,旱灾给农作物和牧草生长带来不良影响。在西藏出现的旱灾有两种情况:一是雨季开始偏晚,二是雨季中的间歇性干旱。在西藏主要农区,雨季一般始于6月上中旬,如雨季开始期偏晚10天以上,就可造成初夏旱灾。雨季中的间歇性干旱,主要出现于雨季开始后的7、8月份。西藏历史上旱灾比较多、面积大,平均每3年就发生一场旱灾。

再一种影响西藏牧业生产的主要灾害是雪灾,根据多年气象统计,平均每3年就发生一次小面积雪灾,每5年就发生一次中型雪灾,每7~10年就发生一次大型雪灾,每当中、大型雪灾降临时都会给草业及畜牧业带来极其严重的打击。由于改良草场与人工草地等草场建设滞后,冬春季饲料储备不足,致使抗御自然灾害(主要是雪灾)的能力有限,就那曲地区而言,在1985—1997年

的十多年间,发生严重雪灾5次,特别是1990年、1995年、1997年发生的特大雪灾,带来的直接经济损失达数亿元,仅1997年特大雪灾就造成牲畜死亡82万头,成畜死亡率为12.03%。

其他自然灾害对农牧业生产的影响也很大。研究显示,1990—1998年间,西藏累计因自然灾害死亡的牲畜达1270多万头。目前西藏鼠害面积约5 000万亩,使牧草减产15%~50%。自然灾害严重的年份,多畜户变成少畜户、无畜户,富裕户变成贫困户、特困户是比较普遍的现象。西藏草原上的鼠类主要有高原鼠兔、喜马拉雅旱獭、黑线仓鼠等,其中前两种是群居性的,洞口较多,对草原破坏严重。特别是鼠兔主要啃食优等牧草,食量大,更为严重的是鼠兔在春季啃食牧草根芽,破坏了牧草生长组织,恢复起来用时比较长甚至永远不能恢复。毒草也是西藏草原牧草的天敌,主要有西藏紫云英、狼毒两种。它们对牲畜构成了严重威胁,牲畜往往因误食毒草而中毒或死亡。并且它们还与牧草争夺有限的生存空间和营养。

(五)西藏生态环境非常脆弱,极易受损,恢复能力差

青藏高原特殊的地理气候条件,决定了生态系统的脆弱性和抗干扰能力较低。由于青藏高原还在不断抬升,全球气候变暖,加之局部地区人类聚集密度增加,活动强度增大,出现了雪线上升、冰川融化、水土流失、湖泊干涸、草原退化、土地荒漠化。青藏高原被称为万山之母、万水之源、生态源、江河源,是祖国大西南的生态屏障,亚洲一些著名江河皆发源于此,千百年来西藏土地上的雨雪之水形成了这些江河的不尽水源,故被称为高原水库、中华水塔。同时,青藏高原是北半球气候变化的启动区和调节区。这里的气候变化不仅直接驱动我国东部和西南部气候的变化,而且对北半球具有巨大的影响,甚至对全球气候变化也具有敏感性、超前性和调节性。就环境价值来说,青藏高原是中华民族的生命之源,并且对南亚和东南亚生态环境产生重要影响。几十年来,由于过度开发等诸多原因导致高原环境破坏严重,对西藏农牧特色产业产生巨大影响,如草畜矛盾日益激化,导致草场严重沙化、退化,造成草场负担过重,单位草场载畜量下降;风沙肆虐、滥垦荒地种田导致水土流失和草场沙化,滥砍乱樵造成森林植被锐减、山体滑坡、水土流失及泥石流频发,不仅造成农牧业生产成本剧增、经济效益下滑,而且还造成人类生存环境逐步恶化。

二、人文经济因素

(一)西藏农牧业生产力水平低,农牧民思想观念落后

西藏现代农牧业起步晚、基础差,农牧特色产业生产力低下,具体表现为:其一,农作物的种植结构明显带有小农经济的浓厚色彩,缺乏市场观念,经济效益得不到有效的提高。通过表2-12可以看出,粮食播种面积已占到总播种面积的67.7%,经济作物的播种面积仅占总播种面积的26.59%。从总的播种情况来看,能够带来高增值的经济作物比例明显偏小,而传统作物比例偏大,严重制约了农民的经济收入,最终导致农牧业经济增长值较快,但农牧民增收缓慢的矛盾现象。其二,交通不便和农牧业基础设施落后导致西藏农牧业长期处于欠发达状态,农牧业自给自足或半自给自足特征明显。其三,农牧民群众落后的思想观念主要表现为等靠要、小富即安、重农牧轻工商、宗教意识浓厚,这些思想根深蒂固,导致生产往往靠传统方式,产出小,效率低,商品率低,学习运用先进技术的积极性不高。

表2-12 西藏主要农作物播种面积比重表

单位:千公顷

面积、比重	农作物种类					
	粮食作物		油料作物		其他作物	
播种面积	171.66		24.12		37.25	
分类	青稞	小麦	油菜子	花生油	蔬菜、瓜类	青饲料
播种面积	116.28	41.49	24.05	0.07	19.07	18.18
占播种面积(%)	49.9	17.8	10.32	0.29	8.18	7.8

资料来源:《西藏统计年鉴·2010》。

(二)农牧业基础设施建设滞后

农牧业经济是西藏人民赖以生存的物质条件和生活基础,农业、农村和农民问题在西藏经济社会发展中占有特殊地位。受独特的地理位置、恶劣的自然环境、较差的基础设施和人口、市场分布疏散等因素的综合作用,西藏农牧业比内地更加脆弱,尤其是农牧业基础设施建设滞后,制约了西藏农牧特色产业发展。自然条件差,自我发展、积累能力低,基础设施建设滞后,是制约农牧特色产业发展无法逾越的障碍。西藏地域广阔,人口居住分散,众多乡村不通公路,即便通公路到乡,但连接到农牧户也十分困难,交通不便严重制约了商

品流通。虽然在国家和其他省市大力支持下,交通、能源、水利、邮电、通讯等基础设施建设有不同程度的改善,特别是青藏铁路通车以来,交通运输条件改善促进了西藏经济发展,农牧民生活水平明显提高,但基础设施落后状况仍然没有根本上改观,与现代农牧特色产业发展所要求的基础设施条件差距较大。

(三)科技力量薄弱,人才短缺

研究显示,发达国家科技贡献率已达到70%～80%以上,我国科技对经济的贡献率为48%,而西藏科技的贡献率仅为32%。可见,西藏农牧业科技力量非常薄弱。首先,科技人才严重短缺不能满足特色农牧业发展需要,人才短缺和落后的教育,严重制约着农牧特色产业发展。其次,科技投入经费严重不足。近几年科技投入虽有较大幅度增加,但分摊到每亩耕地的科研经费是极少的,经费不足导致农业科技储备匮乏。再次,农牧业现代化水平低。农业机械化总动力不足,使用率低,仍以人畜为主。最后,农业技术推广体系尚待加强。西藏农牧业技术推广人员严重不足,平均每万名农牧业从业人员中只有18.3名农牧业科技人员,使得农牧业科技成果推广率低,科技成果从出现到推广普及需要7～10年,影响了科技对农牧业推动作用的时效性。

(四)资金投入力度严重不足,制约着农牧特色产业发展

一方面,西藏经济基础薄弱,地方财政困难,总体上属于典型的输血型财政,财政支农投入不足。另一方面,西藏农牧区自然条件差,农牧业难以吸收外资和民间资金,市场资金投入不足。具体表现在:第一,农牧业支出占政府财政总支出的比重低,满足不了农牧业发展需要。第二,农牧民自我投入能力有限。西藏农牧民人均收益低于全国平均水平,积累少,不能满足农牧特色产业发展需要。第三,农牧业缺乏投资。由于投资环境不理想,投资收益率不高,不可能大规模引进区外和国外资金。第四,西藏乡镇企业先天不足,后天缺乏后劲,对农牧业增收拉动能力不够。总之,长期以来基础设施建设、生态环境建设、科技教育投入、人民生活水平改善等欠账多,加上地方经济自我积累能力弱,严重影响着特色农牧业发展。

(五)农牧业经济结构不合理,产业化水平低

主要表现为种植业内部结构不合理、畜牧业品种结构单一,农畜产品加工业环节薄弱,拳头产品、精品少,深加工产品缺乏,农牧业特色产品开发潜力尚未充分挖掘。种植业比例不合理,粮食作物比例明显偏高,而增收能力强的经济、饲料作物比例之和还不到1/3。目前,西藏饲料用粮比例十分低下,远远低于全国20%的平均水平,农区畜牧业资源还未真正利用起来。农牧产品虽然资源丰富,但因农牧产品季节供应不均衡,除部分藏药材得到深加工外,西

藏特色农牧产品如牦牛、羊毛、青稞等,多未能进入深加工阶段,缺乏能起到推动农牧区经济发展的"龙头企业",农牧业产业化才刚刚起步,规模生产、集约经营水平低。

(六)农牧区市场体系尚未完善,市场发育迟缓

西藏农牧区基本还处在从自然经济向商品经济、传统农牧业向现代农牧业转化过程中,距离建立和发展社会主义市场经济要求还有一定距离。由于市场发育缓慢,属于市场行为的农产品总量少。广大农牧区买难卖也难的状况普遍存在,广大群众受自给自足小农经济思想影响深远,缺乏发展商品生产和参与市场竞争的勇气,在生产过程和产品流通过程中存在较大盲目性。

(七)政府行为不规范,制约了西藏特色农牧业的发展

政府行为对西藏农牧业产业结构调整的作用不断增强,效果不断提高。但是,在这个过程中政府也存在着一些不规范的行为,主要表现在:一是缺乏现代管理观念。长期以来习惯于自上而下的行政权力管理,缺乏现代管理理念,没有完成从计划经济的政府管理模式转变到适应市场经济的政府管理模式上来。市场经济意识薄弱,政府各部门普遍习惯于将经济资源掌握在政府手中,而不是通过市场进行配置。农牧民本应是市场主体,农户具有种什么、养什么、种多少、养多少的最终决策权,并且承担由此造成的风险,享受由此带来的收益。但由于政府现代管理观念尚未形成,导致农牧民扮演市场主体角色还没有得以实现。二是政府职能仍未实现根本转变。政府职能转换滞后和不到位,对农牧业的领导、支持存在着两种倾向。一种倾向是仍然沿袭计划经济时期的思想方法,在农牧业发展中政府取代农户的主体地位;另一种倾向是,由于对市场经济的误解,认为农牧民是市场竞争的主体,种什么、多少、怎样种与政府无关,因而置之不管。这两种极端思想产生了政府对农牧业的领导不力,让农户在市场经济的汪洋大海中自生自灭,而起不到导航作用,严重影响了农牧业发展。各级政府在农牧业发展过程中普遍存在着"越位、错位和缺位"共存的现象。因此,要切实转变政府职能,强化政府对特色农牧业发展的服务职能。三是从理论到实践上对农牧业认识还存在差距。政府在实践过程中对农牧业的重视程度不够,重城市轻农村、重工业轻农业的思想时有表现,影响对农牧业的支持,农业技术推广体系亟待加强。农牧业技术推广体系头重脚轻,基层薄弱,各级技术推广部门的状况差异大,自上而下实力逐级减弱。整体而言,少数地级农牧推广部门条件差,多数县级农牧推广部门条件更差。并且政府在推进产业化经营过程中过分强调"公司+农户"形式,而忽视了农牧民之间的有机联合,致使农牧民组织化、专业化程度较低,农牧业产

化发展不能进一步扩大。四是对市场的重视程度不够,过分强调生产结果,对产品如何通过市场创造价值和提高效益认识不足。行业组织仍未摆脱政府下属机构的形象特征,对农产品流通体制改革、市场建设、中介组织建设,产后储存、保鲜、加工技术,现代营销技术运用、产品市场竞争态势分析和把握自发形成的行业组织还未成为主流,社会中介服务组织仍依赖于政府的各类机构。

第三章

西藏农牧特色产业发展现状

农牧业历来是西藏经济建设和产业促进的基础和重点,作为农牧业重要组成部分的农牧特色产业在和平解放以来经历了不断壮大的曲折发展过程。本章在回顾西藏农牧特色产业发展历程基础上,对发展西藏农牧特色产业的意义、面临的机遇和挑战、农牧特色产业带的基本特征进行理论性描述,通过这种分析为进一步研究西藏农牧特色产业的比较优势创造条件。

第一节 特色产业发展综述

在西藏经济建设和社会进步的各个历史时期,西藏农牧特色产业为促进西藏地方经济发展、增加农牧民收入、促进社会进步和维护西藏社会稳定等均发挥了重要作用。回顾西藏农牧特色产业发展历程,本书作者按照西藏经济社会发展特征将这一过程分为两个时期五个阶段。

一、改革开放以前

(一)1951—1959年是西藏农牧特色产业缓慢发展时期

西藏1951年和平解放到1959年民主改革前,由于农奴制的生产关系没有彻底改变,农牧特色产业发展缓慢。国家对整个西藏经济实行了一系列帮助扶持政策,如无偿发放农具,免费为牲畜防治疾病,发放无息贷款以及救济款、救灾款,组织收购西藏畜产品等等,这些政策促进了农牧业生产的恢复,缓解了生产的下降。进藏部队的垦荒生产和进行的必要的经济建设,对西藏农牧特色产业生产的影响深远。1952年,西藏粮食平均亩产只有140斤,1958年也只有158斤。1958年民主改革前夕,牲畜总头数只比1952年增加

13.3%。总体来说,这一阶段西藏农牧特色产业生产发展极为缓慢。但是又由于新生产方式引进,特别是交通设施兴修和进藏部队在西藏开荒生产,对西藏传统农牧业开始有了冲击,促进了农牧特色产业发展。

(二)1959—1965年是西藏农牧特色产业个体所有制发展时期

该时期由于西藏反动上层发动了全面武装叛乱,西藏进入了民主改革时期,推翻了封建农奴制度,在农牧区,变农奴主所有制为农牧民所有制,发展了农牧业生产互助组。考虑到西藏当时刚刚经历民主改革,中央为西藏专门制定了"稳定发展"的方针,自治区工委制定了"大办农业、大办粮食、大办牧业、农牧并举、多种经营"的政策,农牧区互助生产和"爱国增产保畜"运动高涨,出现了连续6年的增产丰收。到1965年,西藏粮食产量由1959年的36 581万斤,增加到58 145万斤,农业产值也由4 591.2万元增加到8 304万元,分别增长58.9%和83%,年均分别增长9.8%和13.8%。牲畜由1959年的955万头发展到1965年的1 701万头,畜牧业产值也由9 478.8万元增加到18 323.8万元,分别增长78.1%和93.3%,年均分别增长13%和15.5%。1965年,农业总产值为3.38亿元,较1959年增长82.70%,年均增长10.62%,比民主改革前7年平均增长速度高10.52个百分点。这一阶段,由于贯彻中央政府为西藏制定的"稳定发展"的方针,西藏农牧特色产业得到较好的发展。

(三)1965—1978年是西藏农牧特色产业不断发展时期

1965年9月1日,西藏自治区成立,西藏进入了社会主义改造时期,分两个阶段完成。第一个阶段,1965—1975年底的试办人民公社阶段;第二阶段,1973年至1978年期间,是西藏农业生产恢复和发展时期。从1959年取得平叛胜利一直到1975年社会主义改造基本完成,前期由于受到极"左"路线的干扰,没有完全坚持"稳定发展"的方针,致使农牧业和农牧特色产业不能保持稳定发展。特别是1970年后,西藏人民公社"政社合一"、"一大二公"脱离了西藏农牧业发展水平,产生了管理上的"一哄而上",分配上的"平均主义"、"大锅饭"。如在1967年至1972年期间,由于受"文化大革命"的干扰,致使粮食产量连年下降,1972年比1966年下降8%。畜牧业生产发展缓慢而不稳定,1972年,牲畜总数比1965年仅增长1.7%,牧业产值仅增长13.02%,每年平均增长2%。从1973年开始中央增加了对西藏的财政支持,1973年和1978年召开了西藏第三次和第四次牧区工作会议,确定了牧区"以牧为主,多种经营"的方针,畜牧业取得较大发展。牲畜总头数从1973年的2 025万头(只)发展到1979年的2 349万头(只),主要畜产品产量也有不同程度的增长,肉食增长30%,绵羊毛增长27.4%,奶类增长38.3%,畜牧业产值增长27.3%。这一阶段西藏农牧特色产业基本上处于自然经济状态,农牧特色产业本身缺乏与各种产业之间的联系与沟通,制约了西藏农牧特色产业的发展。

二、改革开放以来

改革开放以来,党中央先后召开五次西藏工作座谈会,为西藏发展制定了诸多优惠政策,援藏力度也不断加强,通过大力修建农田水利设施,增强农牧区防灾抗灾能力;通过改造中低产田,加快改善农牧特色产业生产条件;通过加大环境保护投入,促进生态环境不断改善。依托种子工程、沃土工程、农机化工程、菜篮子工程、肉食工程等重点项目,建成并实施了一批有特色、有规模、有效益的农畜产品生产基地,特别是以"一江两河"中部流域农业综合开发为重点的农业基本建设取得显著成效。农业科研与农业技术推广取得关键性突破,农业科技在西藏农牧区得到迅速推广和应用,地膜覆盖栽培技术、节水灌溉技术、配方施肥技术、种子生产加工技术、病虫草害综合防治技术、各种先进栽培耕作技术等在农牧区得到大面积推广应用。依靠科技进步和创新,农牧特色产业的增长方式逐步转变,先后成功开发出青稞啤酒、青稞系列产品、圣鹿牌高级食用油等特色农畜加工产品,提高了农牧特色产品的加工增值水平,为农牧特色产业发展开辟了更广阔的市场空间,使之成为农牧特色产业新的经济增长点。这一时期,随着全党工作重心向经济建设转移,中央始终强调农业的基础地位并提出要加快发展农业。针对西藏经济发展实际,在西藏农牧区实行具有休养生息性质的"宽、优、特"政策,在农区实行"土地归户使用、自主经营、长期不变",在牧区实行"牲畜归户、私有私养、自主经营、长期不变"政策。"两个长期不变"政策符合西藏农牧区经济发展实际,调动了农牧民群众的生产积极性。同时,西藏各级党政组织和农牧区经济主管部门在新的形势下,从农村经济发展实际出发,在资金、技术、人员和物资等方面积极支援农牧业,使西藏农牧特色业生产始终保持着较好的发展势头。在抓好粮食生产的同时,集体经济也得到了相应的发展,乡镇企业开始起步,农村经济结构开始发生变化。由于采取了一系列行之有效的措施,伴随着农牧业稳定高产,西藏农牧业生产结束了长期徘徊的局面,开始了稳步发展态势。粮食总产量逐年攀升,农牧业产业化程度不断提高,农牧特色产业项目区加快建设,农牧业产业化经营进程稳步加快,农牧民的商品意识、市场意识、竞争意识迅速增强。

(一)1978—2000年是西藏农牧特色产业大发展时期

这一阶段,围绕中央三次西藏工作座谈会精神,西藏农牧业以及农牧特色产业有了较大发展。从1979年至1983年主要是围绕贯彻1980年第一次西藏工作会议精神,对农牧区进行经济体制改革。放宽政策,免征牧业课税,取消对畜产品的统派购,恢复集市贸易,鼓励牧民群众发展家庭副业,允许牧民进城经商或从事工业、建筑业、运输业、服务业等经营活动,允许牧民增加自留畜。1984年,中央第二次西藏工作座谈会确定了"牲畜归户,私有私养,自主经营,长期不变"的政策,提出了"以牧为主,牧农结合,因地制宜,多种经营,全面发展商品生产"的农牧业生产方针。与此同时,中央和自治区还利用财政投资,大搞畜产品商品基地建设。从1984年至1989年,牧业产值增长了60.23%,每年平均增长3.85%。1999年,肉类产量达13.5万吨。1990年以来,自治区召开了西藏第五次牧区工作会议,在总结前12年畜牧业发展经验和问题的基础上,安排了畜牧业发展的"八五"计划和"九五"设想。农牧特色产业综合生产能力大幅度提高。截至2000年,西藏粮食、油菜总产分别比1978年增长88%和4倍,西藏肉、奶产量分别比1978年增长2倍多和1倍多;农业总产值增长11倍,西藏蔬菜面积达5万亩,品种达60余个,年产量17万吨,渔业产量1800吨,部分重点城镇旺季蔬菜自给率达70%。这一时期,西藏主要农畜产品由过去的长期短缺变为总量基本平衡,部分地区出现品种性、结构性的供大于求。同全国一样,西藏农牧特色产业发展进入了一个战略性结构调整的新阶段。

(二)2000年至今是西藏农牧特色产业飞速发展时期

2001年6月,中央召开第四次西藏工作座谈会,制定了新时期西藏工作指导方针,并新确定了国家直接投资117个援藏项目、总投资312亿元,各省市对口支援建设项目70个、总投资约10.6亿元。国家投资和中央财政扶持主要用于农牧业、基础建设、科技教育、基层政权相关设施建设以及生态环境保护和建设,着重解决制约西藏发展的"瓶颈"和突出问题。与此同时,自治区党委、政府及时提出了"提升一产,做大二产,做强三产"的发展战略。2008年自治区党委七届四次全委会提出"必须坚持把推进提升一产作为发展现代农牧业的战略性措施,加强农牧业基础建设,大力发展农牧特色产业和产业化经营,加快转变农牧业经济发展方式,努力走出一条具有西藏特点的现代农牧业发展路子"。这些重大方针、政策、措施的实施,为西藏农牧特色产业的发展创造了良好的条件。西藏农牧特色产业获得了巨大发展,2003—2008年,西藏各级政府共整合资金10.8亿元,扶持发展了173个农牧特色产业项目。藏西北绒山羊、藏北牦牛、藏西绵羊、藏东南林木资源和藏药材、藏中优质粮油和城郊无公害蔬菜以及藏猪藏鸡开发等几个产业带建设也初见成效。在西藏农牧特色产业人发展的同时,农牧特色产业产业化的进程不断加快。一方面,西藏农牧特色产业稳步推进品牌战略。到2007年年底,西藏已有2个国家级名牌产品、4家企业的7个国家免检产品、12个西藏名牌产品和23家质量信誉AAA级企业。青藏铁路开通后,"5100"牌矿泉水作为铁路直通车组专用产品,打开了全国市场,目前已具备了年产30万吨的生产能力。另一方面,近几年,西藏农牧特色产业产业化发展也不断深入,以农牧户为基础,以"龙头"企业为依托,以经济效益为中心,以系列化服务为手段,通过实施种加养、产供销、农工商一体化经营,将农牧业再生产过程的产前、产中、产后整合成为一个完整的产业体系模式。主要采取"基地＋农户"一体化经营型(如林芝藏猪藏鸡繁育基地)、"公司＋农牧户"一体化经营型(如白朗县嘎东镇贵热村糌粑加工厂)、"公司＋农牧户＋基地"产业化经营型(如诺迪康药业股份有限公司)、专业批发市场连农牧户型(如江孜大蒜出口基地)、农牧民个体经济组织帮助农收户型(如那曲尼玛县牧业股份合作制)等形式。这些产业化模式的建立也带动了农牧民专业合作经济组织的兴起并逐渐壮大。

三、现实意义

(一)促进农牧民增收

各级农牧部门和项目区广大群众坚持"稳定粮食生产、继续调整结构、加快增加农牧民收入",按照"提升一产"的要求,实施"抓两头、带中间"及"优势区域、优势资源、优势产业、优先发展"的非均衡发展战略,集中人力、财力、物力,突出重点,以科技进步和提高劳动者素质为支撑,以政府扶持和引导为手段,以农牧结合为基础,大力发展农牧特色产业,加快了农业产业化发展步伐,推进了传统农牧业向现代农牧业转变。通过不懈努力,项目区群众收入明显增加,社会效益日益凸现。

(二)发展高效农牧特色产业促增收

一是千方百计提高粮食单产,优化粮食生产结构。以"高产优质"为重点,加大优质农作物新品种引进、培育和推广,依靠科技,提高单位面积粮食产量,做到增产增收。二是优化区域布局,突出特色优势,大力发展无公害食品、绿色食品和有机食品,推动农产品优质化、区域化、规模化、专业化生产,加强青稞、松茸、荞麦等农作物的加工工艺研发和沙东酥油开发力度,逐步提高农牧特色产品的科技含量和附加值。三是利用昌都地区玉龙铜矿开发,提高大棚蔬菜生产基地规模。发展壮大畜牧业,转变农牧民生产生活方式,使畜牧业成为农牧民增收的支柱之一。按照加快发展农区畜牧业,大力发展城郊畜牧业,稳定发展草原畜牧业要求,调整优化畜牧业结构。农区和城镇郊区坚持农牧结合,利用河谷地带资源优势,积极发展节粮型畜牧业,提高规模化、集约化饲养水平,促进农区畜牧业加快发展。通过"小群体、大规模"思路,引导有条件的农区发展藏鸡、藏猪、奶牛养殖小区。牧区加快围栏放牧、轮牧休牧,搞好饲草料基地建设,改良牲畜品种,加快发展阿旺绵羊等特色畜牧优势产业,实施建立阿旺藏系绵羊肉羊生产基地等重点项目,建设拉妥牦牛育肥基地,发展壮大畜牧产业,使畜牧业产值占农牧业总产值的比例不断提高。

(三)有利于加速现代化建设和小康社会建设

一是实现西藏农村小康建设与人均收入新跨越目标。十六大以来,狠抓改善农牧民生产生活条件、增加农牧民收入这一首要任务,使农牧区面貌发生了显著变化,农牧区部分群众生活水平达到小康上升到整体上达到小康。5年间粮食播种面积调减52.5万亩,产量持续稳定在90万吨以上,农牧业生产连续20年获得丰收。农牧特色产业开发力度不断加大,具有高原特色的种养殖业产业带逐渐形成,已有国家、区、地(市)三级农牧业产业化经营龙头企业100家,其中5家产值已上亿元。二是科学发展农牧特色产业为建设小康西藏打基础。加强农牧特色产业综合生产能力建设,调整种植结构,推广饲草料、经济作物种植;推进农牧结合,转变饲养方式,实现产业化经营,做大做强畜牧业;加快农牧特色产业生产标准化步伐,促进传统农牧业向现代农牧业转变。建立健全以农技推广为重点的综合服务体系,完善农牧业防抗救灾体系。切实加强农牧区基础设施建设,继续实施以安居工程为重点的"八个基本解决",着力改善农牧民生产生活条件。大力倡导自力更生、创业兴家,发展非农产业,开展劳务输出,鼓励和组织农牧民参与工程建设、旅游服务、交通运输和农村公共设施养护等,扶持和发展农牧民专业合作组织,建立农牧民稳定增收的长效机制。以崇尚科学、追求文明为方向,以实用技术、劳动技能为重点,加大教育培训力度,着力培养有理想、有文化、懂技术、会经营的新型农牧民。探索建立激励机制,充分发挥农牧民在新农村建设中的主体作用。

(四)发展农牧特色产业为新农村建设创造条件

在扶贫方面,继续执行中央"把西藏作为特殊的集中连片的贫困地区加以扶持"的政策,坚持开发式扶贫,坚持国家支持与自力更生、艰苦奋斗相结合,把扶贫开发作为贫困地区农村工作重点。以巩固扶贫成果和增加收入为中心,以贫困户安居工程建设、整乡推进为主体,以产业化扶贫和劳动技能、转移劳动力培训为两翼,努力推动扶贫开发工作迈上新台阶,为全面建设社会主义新农村奠定坚实基础。"十一五"以来重点实施了贫困户安居工程、地方病重病区群众搬迁工程、整乡推进扶贫工程、农牧区基础设施建设工程、贫困地区劳动力转移培训和贫困群众劳动技能提升工程、产业化扶贫工程。在"十五"和"十一五"期间共完成593个重点扶持乡（镇）的脱贫致富问题，到2010年基本解决了贫困地区的发展问题，使重点扶持人口年人均收入达到了3 000元以上。

四、经验总结

回顾西藏农牧特色产业发展的实践，本书作者坚信：坚持"中国特色、西藏特点"和推进"提升一产"是促进农牧特色产业发展的根本保障；党中央的关怀、国务院及有关部委的大力支持是推动西藏农牧特色产业发展的基石；西藏各级党委、政府的正确决策是西藏农牧特色产业发展的保证；各级政府的投入是西藏农牧特色产业发展的资金基础；农牧业科技是西藏农牧特色产业发展的技术支持；青藏线通车提升了西藏农牧特色产业的发展基础；兄弟省份的无偿援助是西藏农牧特色产业发展的有效补充等均是值得总结和进一步发扬的基本经验。

（一）坚持"中国特色、西藏特点"，推进"提升一产"是促进西藏农牧特色产业发展的根本保障

"要把中央的方针政策同西藏实际紧密结合起来，走有中国特色、西藏特点的发展路子"是2008年3月6日胡锦涛同志参加西藏代表团审议时所作出的重要指示。胡锦涛同志强调要深入贯彻十七大精神，走出一条具有中国特色、西藏特点的发展路子，这一战略思想对西藏经济社会发展具有非常重要的指导意义。"一产上水平、二产抓重点、三产大发展"是西藏各级党委、政府长期坚持的经济发展战略目标。2008年西藏自治区党委七届四次全委会提出必须坚持把推进"一产上水平"作为发展现代农牧业的战略性措施，加强农牧业基础建设，大力发展农牧特色产业和产业化经营，加快转变农牧业经济发展方式，努力走出一条具有西藏特点的现代农牧业发展路子。推进"一产上水平"对于农牧特色产业而言就是要积极推进农牧特色产业产业化经营，就是要加强农牧特色产业的科技含量，就是要加强农畜产品质量标准体系和检验检测体系建设。上述两方面根本上就是要服务于建设现代农牧业、发展农村经济、增加农牧民收入，致力于"小康西藏、平安西藏、和谐西藏"建设。

(二)党中央关怀、国务院及有关部委大力支持是推动西藏农牧特色产业发展的基石

党中央历来重视西藏工作,先后召开了五次西藏工作座谈会,专门研究和部署西藏工作。2005年8月,中央政治局召开会议专题研究西藏工作;2006年11月,国务院制定了加快西藏发展、维护西藏稳定的40条优惠政策;2007年1月31日,国务院召开第167次常务会议,专门研究西藏"十一五"项目规划,确定了180个项目,"十一五"投资778亿元,其中涉农投资22.96亿元;党的十七届三中全会作出了关于推进农村改革发展若干重大问题的决定;农业部确定在"十一五"期间农业援藏工作的五项重点,在具体实施过程中,农业部帮助西藏自治区完成了《农牧业"十一五"发展规划》、《农牧业特色产业发展规划》,指导西藏理清农牧业发展思路,共安排西藏农业基本建设项目69个,累计投入资金3.84亿元,是"九五"时期的2.7倍。2011年召开第五次西藏工作会议,使西藏农牧特色产业发展迎来了发展的春天。

(三)西藏各级党委、政府的正确决策是西藏农牧特色产业发展的保证

西藏各级党委、政府在党中央及国务院和有关部委的方针、政策指引下,因地制宜,狠抓政策落实,将改善农牧民生产生活条件、增加农牧民收入作为西藏经济社会发展的"首要任务"。要实现"首要任务"就必须促进西藏农牧特色产业发展,为此,西藏各级党委、政府及政府机关均制定了大量促进西藏农牧特色产业发展的政策、措施。2000年《西藏自治区关于招商引资的补充规定》明确提出西藏农牧业引资重点为:高原生态特色农牧业、节水农业,农作物优质高产新品种、新技术开发,中低产田改造,蔬菜基地、商品粮油基地和牲畜繁育、育肥基地建设,禽类养殖,水产品养殖,草业和草场建设,农牧业技术推广和服务,农牧业产业化经营。2000年《关于扶持和培育农牧区农业产业化经营龙头企业意见》为西藏农牧特色龙头企业发展提供了制度保障。2000年《关于稳定基层农牧业技术推广体系意见》为西藏农牧特色产业发展的技术推广工作提供了依据。2007年西藏自治区政府公布实施的《西藏自治区农牧业发展"十一五"规划纲要》明确提出,必须坚持以邓小平理论和"三个代表"重要思想为指导,深入贯彻落实科学发展观,围绕建设社会主义新农村这条主线,把改善农牧民生产生活条件、增加农牧民收入作为经济社会发展的首要任务,把体现农牧民利益的各项政策措施落到实处。抓住"提升一产"这个关键,按照"用现代工业的理念经营现代农牧业,用产业开发的理念搞活农牧区经济,用以人为本的理念推进农牧民增收"的思路,坚持农牧业优势产业优先发展、优势区域优先突破的方针,加强基础设施建设,加快科技进步和创新,调整经

济结构,扶持龙头企业,大力推进传统农牧业向现代农牧业转变,努力提高农牧业整体效益和综合生产能力,不断拓展农牧民增收渠道,促进农牧业和农牧区经济又好又快发展,为社会主义新农村建设奠定坚实的基础。并据此提出促进西藏农牧业发展的八项措施。2008年10月中共西藏自治区委员会关于贯彻《中共中央关于推进农村改革发展若干重大问题的决定》的意见的制定,为进一步推动西藏农牧业发展、增加农牧民收入、促进西藏新农村建设提供了基础性制度支持。

(四)各级政府投入是西藏农牧业特色产业发展的资金基础

在党中央、国务院的亲切关怀下,在西藏各级党委、政府的正确决策下,西藏农牧区经济体制改革不断深入,在农牧业投资体制改革的同时,各级政府对农牧业基础建设投入逐年增加,农牧区基础条件明显改善。据统计,"十五"期间,仅西藏农牧部门实施的农牧业基础设施和项目建设投资就达8.3亿元,比"九五"时期增长9.4倍。"十一五"以来,中央加大了对西藏农牧业的投资力度。2006年,中央对西藏农牧业基础设施和项目建设总投资高达7.2亿元,比2005年增长60%;2007年,农牧业基础设施和项目建设总投资近8亿元,比上年增长11.1%;2007年年初国务院召开第167次常务会议,同意西藏"十一五"建设规划,其中涉及农牧业和农牧区建设项目有动植物防疫检疫、游牧民定居、农牧特色产业、农牧业科技推广体系建设、农村户用沼气、农产品质量监督体系建设等12个重点项目,国家投资达22.96亿元。"十二五"期间国家更是将大中型的农牧特色产业项目纳入了国家整体计划,为西藏农牧特色产业飞速发展夯实了基础。

(五)农牧业科技是西藏农牧特色产业发展的技术支持

西藏各级党委、政府历来重视发展农牧业科技,依靠科技推动西藏农牧特色产业发展。"十一五"期间西藏自治区实施了提高粮油单产科技行动、种养业良种推广科技行动、农畜产品质量安全科技行动、重大动物疫病防控科技行动和科技入户行动,提高农牧业发展速度和质量。通过实施上述农牧业五大科技行动,主要致力于大力推广良种育繁、精量半精量播种、农作物病虫草鼠害防治、耕地质量建设、农业机械化等实用技术;重点抓好青稞、牦牛、白绒山羊、藏猪、藏鸡、藏系绵羊、优质奶牛等品种的繁育推广,力求形成具有西藏特色、优势明显、生产能力强、资源消耗低的良种产业,全面提高良种在生产中的实际应用率。同时,通过农牧业科技行动,使西藏农牧业科技创新和应用能力不断增强,到"十一五"末农牧业科技贡献率提高40%,种植业良种覆盖率达到90%左右,并使农牧民科技文化素质和就业增收技能得到较大提高。2007

年,科技投入首次超过亿元,中央资金首次超过地方资金,基本达到翻一番。2007年西藏科技经费达到1.6亿多元,比2006年增长1.32倍,科技项目92项,其中自治区0.56亿元(71项),国家1.11亿元(21项),分别比2006年增长30.2%和3.1倍。2007年度科技对西藏经济增长贡献率达到29%,2010年度科技对西藏经济增长的贡献达到了31%。

(六)青藏线通车提升了西藏农牧特色产业的发展基础

青藏铁路通车,在两方面促进了西藏农牧特色产业发展。一方面,青藏铁路通车促进了西藏特色农牧业及其加工业加快发展,拓宽了西藏农牧特色产业发展空间。主要表现在:一是市场空间增大,二是生产成本降低,三是产品优势明显,四是市场需求增加,五是产业分工细化,六是产业链条延伸。吸引了更多的消费、投资主体开拓高原"绿色"特色农畜产品市场,不断增强了西藏农牧特色产业可持续发展能力和后劲。另一方面,青藏铁路通车进一步优化了西藏农牧区产业结构,推进农牧特色产业化进程。主要表现在:一是有力地带动了特色畜牧业发展,二是有力地带动了特色种植业发展,三是有力地带动了特色渔业发展。

(七)兄弟省份无偿援助是西藏农牧特色产业发展的有效补充

在中央五次西藏工作会议促进下,全国各省(市)以及中央各部门掀起了援藏热潮。这些无私援助为西藏农牧特色产业发展提供了有益的资金、技术和管理方法补充。如在近几年开展的那曲地区引进辽宁润泽清真食品有限公司的经济合作、昌都地区与西北农林科技大学的合作以及2008年乃东县组织本地农牧特色产品参加"农博会"等,对于提高西藏农牧特色产业及产品科技含量,拓宽西藏农牧特色产品营销手段和营销途径均有深刻影响。

五、挑战与机遇

改革开放以来,西藏农牧特色产业发生了翻天覆地变化,取得了历史性飞跃,但与内地特别是农牧特色产业发达地区相比,仍存在很大差距,因此对于西藏农牧特色产业而言,既存在难得的历史机遇,又面临着巨大的现实挑战。

(一)西藏农牧特色产业发展面临的新挑战

一是农牧特色产业规模小、起点低、发展慢,与新时期农牧业发展要求不相适应;二是农牧特色产业由原来的受资源约束转向受资源和市场双重约束,小生产与大市场矛盾凸显;三是人地矛盾、草畜矛盾日益严峻;四是农牧特色产业发展现状与人们对农牧特色产品需求的日益多样化和优质化不相适应;五是农牧特色产业基础设施依然脆弱,抗御灾害能力差,经不起重大灾害的冲击;六是农牧民整体素质偏低,市场意识淡薄,商品观念不强,难以满足农牧特色产业大发展的需要;七是农牧特色产业技术装备低,农牧区干部群众经营管理水平差,思想观念与产业发展要求存在较大差距,农牧业和农牧区经济增长缓慢;八是农牧特色产业结构单一,农牧民收入渠道狭窄,严重影响农牧特色产业快速发展。

(二)西藏农牧特色产业发展迎来的新机遇

一是国家加大了对农牧特色产业基础设施的投入力度,为农牧特色产业持续快速增长和结构优化提供了保障;二是通过援藏与开放,可以充分借鉴发达地区先进经验和现代科学管理技术,少走弯路,调整优化农牧特色产业生产结构;三是经过近年来大规模农业综合开发,西藏农牧特色产业基础设施条件明显改善,综合能力不断提高,区域综合实力进一步加强,为调整农牧特色产业结构奠定了基础。农牧特色产业生产由传统型向现代型转变,从粗放经营型向集约经营型转变,从外延扩大再生产型向内涵扩大再生产型转变,从数量型增长向质量型、效益型增长转变,农牧特色产品产量在持续稳定增长的同时,通过区外品种调节,区内粮食供需基本平衡,丰年有余,客观上要求产品必须上规模、上档次、上效益,农牧业生产结构进一步优化;四是随着西藏综合实力不断增强,脱贫步伐进一步加快,绝大部分农牧民基本解决了温饱问题,部分群众迈进了小康,消费需求和消费结构已向高层次转变,主观上要求必须进一步调整农牧特色业生产结构;五是西藏农牧特色产业是全国农业发展的组成部分,随着改革开放不断深入和社会主义市场经济日益完善,农牧特色产业发展必须顺应全国和国际农业发展形势要求,按照市场经济规律,调整西藏农牧特色产业结构。

第二节 特色产业带综述

西藏资源丰富,农牧特色产业产品多样,产业各具特色,发展规模和市场前景各有差异。结合上述农牧特色产业发展历程、存在机遇和面临的挑战,本书作者认为西藏农牧特色产业获得巨大发展的一个前提条件是不断加强特色产业带的建设,用产业带带动产业发展,形成上规模、增效益、促增收的量性模式。

一、藏东产业带

(一)林芝农牧特色产业

一是农牧业种植业健康发展。截至 2010 年林芝地区共有蔬菜专业村 11 个,花椒村 8 个,核桃村 20 个,奶牛村 4 个,藏猪藏鸡专业村 10 个,辣椒专业乡 1 个,藏猪养殖乡(镇)3 个。订单农业实现新突破,林芝县 3 000 亩玉米、1 160 亩马铃薯分别被尼洋河养殖场和内地一家加工企业订购。2010 年,林芝地区进一步扩大了特色农作物种植面积,林芝、米林、波密三县种植饲料玉米 5 600 亩,朗县、林芝县连片种植脱毒马铃薯 2 000 亩,察隅农场种植生姜 600 亩,朗县种植辣椒 1 600 亩,米林农场种植各种优质水果 3 600 亩,察隅、墨脱发展优质水稻 10 000 亩。加强了对藏猪、藏鸡的项目管理,进一步完善了以林芝、米林、工布江达三县为主的藏猪、藏鸡规模化繁育与饲养示范区建设。以朗县、米林县为重点,继续实施黄牛改良工程,目前林芝地区改良牛存栏 2 969 头。大力发展城郊奶牛业,扶持奶牛养殖专业户 22 户。二是藏药业规模不断扩大。2010 年完成藏丹参种植 1 300 余亩。投资 45 万元,在地区种畜场和波密县建立天麻种子生产示范点,种植天麻 2 000 多平方米。工布江达县藏丹参人工种植"富民强县"项目已获批准,投资 150 万元。藏药研发成效明显,已研制藏药制剂品种 160 个,其中 21 个品种获国药准字号,3 个品种由宇拓藏药有限公司生产并投放市场,实现产值 36 万元。农牧民直接参与旅游服务达 531 户 1 317 人,实现收入 597.43 万元,同比增长 14.3%,户均增收 1.13 万元,人均增收 4 536 元。旅游规划体系建设加快,完成了《林芝地区农牧区旅游发展规划》初稿的编辑和《巴松错生态旅游区总体规划》的评审工作。旅游宣传力度不断加大。

(二)昌都农牧业生产发展现状

一是农牧特色产业带和基地建设初见成效。截至 2010 年年底,昌都地区农牧特色产业布局日趋合理,格局进一步明朗。逐步形成了以类乌齐县为中心的牦牛产业带,以贡觉县为中心的绵羊产业带,以芒康县黑山羊为代表的山羊产业带,以昌都县为中心的城郊禽蛋奶及蔬菜产业带。并通过建设藏猪、藏鸡等具有资源保护意义的农牧特色产业项目,使昌都地区农牧业区域化布局、专业化生产、集约化经营、特色化发展的态势进一步呈现。建成了以芒康县为主的 11 县无公害反季节蔬菜生产基地,边坝、洛隆两县的"二高一低"优质油菜生产基地,芒康、丁青、贡觉等县的油菜基地,三江沿线的荞麦生产基地,芒康、左贡两县的玉米生产深加工基地,以左贡、八宿、芒康、察雅等县为重点的藏鸡、藏猪生产基地及经济林基地,以芒康、江达两县为主的肉山羊外销生产基地。提高了产业发展层次和水平,走出了产业化、集约化发展道路。二是农牧特色加工产业加快发展。藏药业:共有三家藏药生产企业,分别为光宇利民药业有限公司(股份制企业)、昌都日通藏药厂(乡镇企业)、昌都藏药厂(全民所有制法人企业),都已通过国家 GMP 认证。获国药"准"字号品种 51 个,7 个被评为国家中药保护品种。产品在区内外都有一定市场。啤酒:华润雪花啤酒(西藏)有限公司组建于 2004 年,现有资产 1.1 亿元。2010 年,公司产销啤酒 6 万余吨,实现产值 18 750 万元,上缴税收 845.7 万元。产品独具特色,公司发展势头良好。

二、藏中产业带

(一)山南地区农牧特色产业发展现状

山南地区坚持"稳定粮食生产、继续调整结构、加快增加农牧民收入"发展方向,按照"提升一产"的要求,根据区情,紧密结合"优势区域、优势资源、优势产业、优先发展"原则,大力发展农牧特色产业,积极争取农牧特色产业项目,先后实施了优质油菜生产项目、优质大蒜生产项目、鸡鸭养殖项目、黄牛奶源基地项目及短期育肥等一批特色鲜明、效益突出的项目,这些农牧特色产业项目的实施,产生了显著的经济、社会效益,增加了农牧民现金收入,推动了农牧特色产业发展。

山南地区农牧特色产业开发共安排优质油菜生产基地、优质大蒜生产基地、畜种改良、以藏鸡为主的禽类养殖、黄牛改良及奶源基地、短期育期等一批见效快、效益好、能切实将农牧业生产中有代表性的优势资源开发出来的农牧特色产业项目(共 28 个),主要包括山南地区草场围栏建设项目、隆子县黄牛改良项目、短期育肥项目、鲁琼草籽基地项目,以及优质藏鸡养殖项目、桑日县藏红花种植项目和藏猪养殖项目、曲松县藏獒养殖项目、整乡推进优质大蒜种植基地建设等。

山南地区农牧特色产业项目取得了四个方面的成效。一是增加了农牧民群众的收入。二是进一步优化调整了农牧业产业结构,特色产业发展对种植业结构调整起到导向作用。在畜牧业方面,通过大力发展养殖产业,提高了优势畜禽的养殖比例和优良品种比例。三是转变了思想观念,提高了认识。主要表现在两个方面:提高了各级政府和职能部门的思想认识,通过参加内地举办的农产品博览会,以及到内地个别农牧特色产业比较发达的地区参观和学习,拓展了视野,转换了思想,为下一步发展农牧特色产业注入了新活力;提高了基层农牧民群众的思想认识,群众通过出售鸡、鸭、肉、蛋产品及奶制品和大蒜、油菜等农产品亲身参与交易过程,感受到市场的重要性,认识到没有市场就没有收入,改变了过去消极生产、被动出售的现象,变成了主动找市场、要市场,群众市场观念、商品意识明显增强。四是促进了农业产业化发展,伴随着农牧特色产业迅速发展,乃东县通过大蒜产业引进了天津天狮集团定点生产、收购大蒜,拉萨太阳商贸有限公司为降低成本,建立了大蒜加工厂;琼结县创立了雅拉香布实业有限责任公司和雅砻绿色畜禽有限责任公司,走出了一条符合本地区实情的"公司＋基地＋农户"的产业化发展模式,为推动农牧特色产业发展,拓宽农牧民增收渠道,调动群众积极性起到了重要作用。此外,通过发展农牧特色产业,改变了传统耕作制度,大蒜收获后,再复种一季作物,变一年一熟为一年两熟,充分利用了光热资源,提高了土地产出率。同时,加大了科技培训力度,提高了农牧民群众科学种田、科学养畜水平。

(二)拉萨市农牧特色产业发展现状

结合紧靠拉萨市区的区位优势,拉萨市着力推进十大特色种养业基地建设,繁荣农牧区经济,增加农牧民收入。以堆龙德庆县、达孜县等五个商品粮生产基地县和尼木县为主,依托拉萨啤酒厂、金田青稞酒业股份公司、藏泉酒业等青稞加工龙头企业,建设优质青稞生产基地。以城关区、堆龙德庆县、曲水县、达孜县为主,扩大无公害蔬菜种植面积,大力推广高效日光温室生产技术,依托拉萨市各蔬菜花卉营销协会和农产品市场,建设蔬菜生产基地,进一步提高本地蔬菜的市场供应量。以林周县、曲水县为主,围绕种草养畜和发展农区畜牧业的需要,大力发展人工种草,为发展农区畜牧业提供饲料保障,建设优质饲草料生产基地。围绕林周、当雄牦牛本地品种选育、林周彭波半细毛羊选育等畜禽良种繁殖基地,扩大选育和繁育规模,提高辐射推广能力,建设畜禽良种繁殖基地。在保护现有草场的基础上,围绕青藏铁路沿线牦牛育肥产业带建设家庭牧场,发展牦牛和绵羊短期育肥,建设以短期育肥为主要内容的优质牛羊生产基地。以城关区、堆龙德庆县、曲水县、达孜县为主,依托奶牛胚胎移植与良种奶牛引进项目,建设良种奶牛养殖基地。以林周县、曲水县、达孜县为主,依托拉萨丰丰食品有限公司和肉鸭养殖协会,建设良种肉鸭养殖基地。以堆龙德庆县、墨竹工卡县、达孜县、尼木县为主,依托拉萨市种鸡场、尼木县尼池藏鸡养殖公司和西藏雪舟肉食品加工有限公司,建设藏鸡和拉萨白鸡养殖基地。依托天恩科技股份有限公司加强生猪养殖基地投入,建成生猪养殖基地,加大拉萨市市区猪肉供应。以当雄县、林周县为主,通过招商引资,大力发展冷水鱼养殖,建设冷水鱼养殖基地。

(三)日喀则农牧特色产业发展现状

日喀则地区以调整农牧业结构、发展现代农牧业为主线,以优势资源为依托,以十大基地建设为重点,以扶持龙头企业和农牧民专业经济合作组织为抓手,以科技进步为先导,紧紧围绕农牧业增效和农牧民增收这个主题,按照"优势区域、优势资源、优势产业、优先发展"的原则,积极探索由传统农牧业向现代农牧业、自给畜牧业向效益畜牧业、计划农牧业向市场农牧业转变的有效途径,大力发展农牧特色产业,调整种养业结构,取得了较为明显的成效。先后实施了①日喀则市、拉孜县、萨迦县优质粮油基地;②江孜大蒜生产基地;③南木林马铃薯生产基地;④白朗、拉孜县蔬菜生产基地;⑤岗巴羊产业开发基地;⑥仲巴、萨嘎、昂仁白绒山羊生产基地及帕里牦牛生产基地;⑦沿河三县奶源基地;⑧日喀则地区绵羊短期育肥及优质牧草基地;⑨日喀则市甲措雄养鸡基地;⑩亚东鲑鱼繁育基地。优质粮油、白朗和拉孜蔬菜、江孜大蒜、南木林艾玛岗马铃薯、日江白(日喀则、江孜、白朗)三县奶源、绵羊短期育肥、日喀则家禽养殖、白绒山羊、帕里牦牛、岗巴羊等"十大"农牧特色产业生产基地已粗具规模,形成了一批农畜产品特色品牌,带动群众增收效果显著。农牧业新建项目主要有退牧还草工程、农村沼气项目、优质粮油、岗巴羊产业化开发、白绒山羊、日喀则甲措雄养鸡、绵羊短期育肥、马铃薯、江孜大蒜、白朗、拉孜蔬菜、仁布达热瓦青稞酒生产、康马、萨迦特色建材开发等。围绕打造艾玛土豆系列品、江孜大蒜系列品、"喜孜奶羌"青稞酒、"罗旦糌粑"和纳尔孜荞麦系列等地方特色产品品牌,培育发展带动力强的农牧产业化经营龙头企业。重点将一批农畜特色产品及民族手工业品加工上市,江孜"阿香腌渍蒜"、"喜孜奶羌"青稞酒、"罗旦糌粑"取得了较好的经济效益。按照"加入自愿、退出自由、民主管理、盈余返还"的原则,加快农牧民专业合作经济组织建设,引导农牧民群众依托资源优势、项目建设、龙头企业、经济能人等组建专业合作经济组织,白朗青稞、白朗蔬菜、艾玛马铃薯营销、康马石材和江孜玉妥藏医藏香农牧民专业合作社已取得良好效果。

三、藏西北产业带

(一)那曲农牧特色产业发展现状

充分发挥畜产品丰富的独特优势,以牦牛育肥工程、多玛绵羊扩繁场工程等畜禽良种及良种体系建设项目为着力点,不断加大白绒山羊、多玛绵羊和娘亚牛等优势畜种。大力抓好牛羊肉原产地标志保护,以培育龙头企业为载体,积极推动畜产品加工业发展。一是在那曲县、安多县等青藏公路沿线重点发展农畜产品加工,吸引藏北牦牛肉制品有限公司落户那曲镇,扶持牧区各类经济合作组织和协会发展,培养农牧民经纪人队伍不断壮大,拓宽以肉制品、乳制品为主要产品的特色畜牧业经济产业链,树立那曲绿色品牌,大力推进"一县一品"工程,创建了羌牛牌酸奶、门地酸奶、古露酥油等一系列特色畜产品。二是加强牦牛育肥工程,建成了那曲地区牦牛育肥基地、巴青县牦牛育肥基地、嘉黎县娘亚牦牛种畜场,投资建成了奶制品加工销售基地、绒山羊生产基地、安多县多玛绵羊短期育肥基地、索县无公害蔬菜生产基地。

(二)阿里农牧特色产业发展现状

为了发挥地域资源优势,提升地方经济活力,不断提高农牧民收入,先后建设了阿里绒山羊基地和山羊绒加工基地,建成了两个绒山羊原种场(日土、措勤)、两个绒山羊扩繁场(改则、革吉),山羊绒生产初具规模。在牧区大力建设优质绒山羊选育推广体系,在农区狠抓青稞加工、销售工作,建设了普兰县西德糌粑加工厂,并以加工厂为依托组建农牧民糌粑协会。2004年10月成立了西藏阿里金哈达羊绒制品有限公司,创立了"金哈达"著名品牌,生产出了羊绒毯、大衣、羊绒衫、披肩、围巾、内衣、西装等多个系列的羊绒制品,在市场上受到广泛欢迎,为资源优势转为经济优势做出有益探索。通过品牌营造拉动产业发展,以产业发展带动农牧民增收。

四、产业带培育

(一)西藏农牧特色产业带发展的有利条件

主要包括:降雨少、蒸发量大,在一定程度上抑制了病原传播,是纯绿色农畜产品的理想环境;土质大多含有沙星,透气透水性能好,对干果水果生长十分有利;大部分地区冬季寒冷而不冻,为农畜产品安全生长提供了保障;阳光充足,产量高;昼夜温差大,白天阳光强烈,光合作用产物多,夜间气温低,减少了呼吸作用养分消耗,因而干物质积累多,有利于发展农畜产品的脱水加工。这些有利的自然条件一方面为农畜产品独特自然特征的形成奠定了基础,另一方面也由于自然条件作用减少了农牧户和企业一部分资本投入,在一定程度上降低了产品成本,提高了农牧特色产品的市场竞争力。这些特点构成了发展农牧业特色产业带的重要基础,也是其他地区很难获得的,因此具有不可替代的特性。

(二)西藏农牧特色产业带发展的不利因素

全面开花现象严重,产品品种选择和培育中存在一定的盲目性,主导产业少,从西藏情况看,能支撑和代表区域经济状况和面貌,且具有鲜明特色的产业很少,各地能稳定发展,可以成为主导产业的也仅限个别传统产业,而传统产业因为投入不足、设施老化、生产性能差,导致产品小、品种少、质量低、商品率低,新建基地由于规模小、起点低、设点分散、简单趋同,未能真正成为主导产业。特色产业的开发利用往往会提高资源利用效果,但也在一定程度上造成对生态环境的破坏。

(三)目标

通过采取一系列政策、科技等方面的措施,优化农牧业发展地域空间秩序,提高产业带现代化水平,使产业带内农畜产品的竞争力大幅度提高,农牧业效益显著增强,农牧业产业带内人们生活环境和生活条件根本改善,生活水平显著提高。通过实施农畜产品产业带提升战略计划,进一步扩大产业带的规模,同时拓宽农牧业产业带的品种范围,全面实现农畜产品生产专业化、经营企业化、布局科学化、管理信息化、技术服务化,同时实现产业带内交通、科技文教卫生事业、服务业的全面发展。选择优势最为明显的部分农畜产品进行重点扶持和建设,初步形成一批优势产品和产业带,优势产品的市场稳定,产品质量明显改善,每个产业带形成2~5个拳头产品,培育5~10个市场前景好、经济效益明显、带动力强的龙头企业。用5年时间围绕青稞、油菜、畜产品、瓜果、蔬菜、绒山羊、藏鸡、藏猪等建成10个产业带。

(四)农牧特色产业带的独特作用

1. 可以起到经营模式的创新作用。农牧特色产业带要按建立现代农业产业经济经营制度,使一家一户、单打独斗的传统经营模式变成有组织的、系统性经营活动,这样不仅可以增强经营体的整体竞争优势,提高抗风险能力,更重要的是,能够使更多农牧民由盲目、被动的生产变为有目的、主动的生产,使生产与销售有效对接。通过产业带的辐射作用,提高农畜产品科技含量,获取农牧特色产业的规模效益,逐渐形成农牧业自我积累、自我发展的良性循环机制。生产组织形式上,通过特色产业的组织功能将农牧业的产前、产中、产后诸多环节通过利益纽带,联结为一个完整的产业系统。

2. 可以促进农牧区经济体制改革。特色农牧产业带可以打破仅局限于条块分割意义下的微观组织范围,促使农牧区的各种生产要素跨部门、跨地区流动,在流动中壮大农牧特色产业,优化资源配置。这种资源的流动必然要求政府加快农牧业和农牧区经济管理体制改革,以适应农牧特色产业发展和农牧区改革需要。

3. 可以起到有效组织、延长产业链的作用。培育农牧特色产业带,可以把若干农牧户联系起来,实行连片种植,采用统一的生产技术,形成农牧产品生产基地专业化生产,区域化布局,充分利用资源优势,发展适度规模经营,在此基础上发展农畜产品加工业,延长产业链,扩大产业群,生成新的经济增长点,从而增加农畜产品附加值并获得规模效益。

4.可以起到加快扶贫开发进程的作用。农牧特色产业带由于资源、技术、经营制度、产品输出等更加科学、合理,综合效益高,产出率、工作效率均高于非产业带,能够与贫困群众增收直接结合,可以缩短扶贫开发进程。

(五)农牧特色产业带的布局及措施

农牧特色产业带的培育必须遵循西藏自治区农牧特色产业发展总体战略要求,因地制宜,坚持可持续发展方针,坚持"稳抓总体,兼顾个别"的原则,扎实有效地推进农牧特色产业带培育工作。

1.优质青稞、油菜产业带。对西藏青稞、油菜产业带而言,要根据市场需求,按照"主攻单产,提高品质,降低成本,增加市场竞争力"的方针,加大品种品质调整力度。从品质上看,淘汰品质差、产量低的品种,加强优质青稞、油菜基地建设,以科技为支撑,繁育优良品种,按生态进行品种区域布局,大力推广高产、优质、低成本品种。具体而言,一是建设优质青稞、油菜基地。重点在拉萨市、山南地区和日喀则青稞和油菜产量大、发展潜力大、基础条件较好的贫困县,加大基础设施投资力度,提高生产能力。二是繁育良种。结合西藏青稞、油菜重点繁育基地建设,通过扶贫开发项目建设推动良种繁育建设覆盖面,形成新品种选育、区域性应用的良种繁育、加工配套体系。三是搞好技术信息、市场服务。积极配合协调相关部门做好县、乡农业技术服务站技术改造、设备更新、人才培训以及管理体制创新等工作。到2013年年底建成西藏涵盖75%产粮贫困县的优质青稞、油菜主要产业带和子产业带。

2.干、水果产业带。林芝、昌都及藏中地区有着极其丰富的水果、干果资源,但产量普遍较低,无法形成规模,发展规模与市场需求差距大,产业化程度低,市场开拓不足,生产不规范,产品不能满足区内市场需求,优良种苗缺口较大,盲目引种不利于优质化发展,无法发挥高原特有无污染品质的作用。为此,要坚持"依靠科技,主攻品质,突出特色,形成规模,加工增值,提高效益"的方针,积极推进林果优势资源转换战略,做大做强特色瓜果产业,使之成为西藏农牧区经济发展的优势特色产业之一,成为农民增收脱贫致富的重要途径。干、水果产业带涉及林芝、昌都、山南和拉萨四个地区的有条件发展果类产业的农业综合开发区和重点扶持的贫困县,力争通过5~10年的努力,实施可持续发展战略,改善条件,实施果类产品开发、加工、保鲜、包装、运输等项目,建成西藏2~4个果类扶贫产业带。

3. 以牦牛肉为主的畜产品加工产业带。西藏畜产品开发建设较早且已取得了很大成就,以藏北畜产品加工为主的产业带已初见成效,但畜产品原料供应渠道不畅,产品销售不畅,产品比较单一。如藏北牦牛肉加工公司产品除风干牛肉外,其他深加工产品很少,在牦牛肉原料方面,政府对这一特色资源产品的宏观调控力不足,除了一年一度的冬季宰杀用于制作风干牛肉而在拉萨市场上有零零碎碎卖牛肉的场景外,很少看到当地牧民卖牛肉的情况,真正意义上的牦牛肉市场尚未形成。其次,深加工能力不足,产业链条不够长,牛肉、牛奶等原料的统一收购组织尚未形成,缺乏深加工,不能使初级产品进一步转化、增值。为此,在现有基础上应加大投入力度,培育和发展西藏牦牛产业带,以那曲地区、拉萨铁路沿线为主线,以其他地区作为主要原料提供基地。一是抓牦牛肉开发。在目前已有的肉类开发规模基础上开发鲜胴体、剔骨分割包装肉、精致卷状肉及少量熟食品,加工方法由初级加工向加工层次高、附加值高方向发展,突出牦牛肉绿色、无污染的特点,创造出具有广阔市场前景、西藏特点的名牌产品。二是开发牦牛乳产品。积极支持和鼓励目前牧民自己组织的牦牛乳产品组织系统,拓宽经营渠道,改造和更新加工条件,提高经营管理水平,提高乳品加工业生产能力,提高产品质量和卫生等级。三是支持皮革及绒毛加工业。通过投资拉动、技术支持、企业参与等形式,建立涵盖牧区所有贫困县在内的西藏畜产品扶贫产业带。

4. 藏鸡产业带。在已有藏鸡规模养殖的基础上,按区域生产特点,在山南、日喀则、拉萨的部分县和阿里地区的普兰、札达县建立藏鸡养殖产业带,继续扩大规模。以户为单元,实行农(牧)户加企业经营模式。组建藏鸡集约化饲养集团公司,形成种、养、加、产、供、销一条龙。在发展藏鸡产业的过程中,以农(牧)户为单元,区分肉鸡和蛋鸡饲养专业户,实行区域饲养,由公司统一收购。实行农(牧)户+企业的产销体制。建立共同利益机制,分享加工、流通环节的利益,保障农(牧)民生产的积极性。企业(集团)要及时向农(牧)户提供商业和技术信息,培训专业人才,依靠科技进步促进养鸡产业健康发展。

5. 无公害反季节蔬菜产业带。近年来,西藏从解决城乡居民吃菜难问题着手,加大了"菜篮子工程"的实施力度,蔬菜生产规模不断扩大,品种由少到多,市场占有率逐年提高,蔬菜产业呈现出良好的发展势头,已成为西藏发展特色农牧业经济的一项重要内容和农民增收的重要途径。无公害反季节蔬菜是西藏特色农牧业经济的一项重要内容,西藏贫困县建立无公害蔬菜产业带重点应抓如下三个工作:一是搞好蔬菜生产的规划布局,加强重点基地建设。重点在拉萨市、日喀则市、泽当镇、昌都县以及江孜县、拉孜县等县镇周围建设规模蔬菜生产基地,年生产蔬菜达到25万吨,使本地菜的市场占有率从目前的35%提高到70%。二是大力开发、引进和推广无公害反季节蔬菜生产技术。以农业防治为基础,贯彻"预防为主、综合防治"的方针,通过引进、示范、推广生物防治技术,合理使用化学农药,把农药残留控制在国家规定标准以下。三是积极建设反季节蔬菜良种繁育基地。在有条件的地区建立良种繁育基地1~2处,为大面积蔬菜生产提供良种,不断扩大规模,促进蔬菜良种产业化。

第四章 西藏农牧特色产业比较优势分析

在前文西藏农牧特色产业发展历程的基础上,如何充分发挥西藏农牧资源优势,制定符合实际的农牧特色产业促进政策和战略,需要从理论上深入探讨西藏农牧特色产业发展的比较优势。为此,本书作者选择成熟的区位商理论和 Fisher 判别分析方法,对西藏农牧特色产业的优势进行全面解读,为西藏农牧业发展提供技术支持和发展思路,并为西藏农牧特色产业发展方向。

第一节 区位商分析

目前理论界测算比较优势的主要方法有比较优势指数法、国内资源成本法、区位商分析法、综合比较优势指数法等。本书作者认为选择区位商分析法和综合比较优势指数法对西藏农牧特色产业比较优势进行考察不仅是适用的,而且通过此方法得出的结论对于促进西藏农牧特色产业发展具有较强的指导意义。

一、模型构建

区位商是用来反映一个部门是不是该地区专业化部门及其专业化水平的一个指标。区位商又称区域专业化率,是指一个地区特定部门的产值在地区工业(或农业)总产值中所占的比重与全国该部门产值在全国工业(或农业)总产值中所占的比重之比值。

其计算公式表述为:$q_{ij} = \dfrac{e_{ij}/e_i}{E_j/E}$

式中：q_{ij} 表示 i 区域 j 部门的区位商；e_{ij} 为 i 区域 j 部门的产值；e_i 为 i 区域所有产业的产值；E_j 为全国 j 部门的总产值；E 为全经济总产值。

当 $q_{ij} > 1$ 时，则说明 i 区域 j 产业有一部分是为区外服务，表示 i 区域 j 产业有明显的区域优势，它在一定程度上显示出该产业在国内的竞争力较强，q_{ij} 越大，则表明生产的区域化程度越高。

当 $q_{ij} < 1$ 时，则表明 j 区域 i 产业处于劣势。

本书作者在使用这个指标的时候，区位商值采用这样一种计算方法：用各省各产业产值除以该地区国内生产总值求得这些产业产出在该省 GDP 中的份额，以这个比重作为分子；同时，用全国这个产业的产值除以全国国内生产总值，求得这个产业产出在全国 GDP 中的份额，以这个比重作为分母，最后用分子除以分母求得区位商值。

综合比较优势指数法主要参考了中国农业大学农业经济系李秉龙教授的综合比较优势指数法，其方法分别计算生产效率优势指数（EAI）、生产规模优势指数（SAI）和综合比较优势指数（AAI）。生产效率优势指标用一个地区一种作物的单产水平表示；生产规模优势指标用动植物的生产规模表示，种植业用种植面积，畜牧业用养殖的数量，水产养殖业用养殖面积。单产水平和生产规模相互作用形成了综合比较优势指标。其计算方法如下：

（一）效率优势指数 EAI

效率优势指数主要是从资源内涵生产力的角度来反映作物的比较优势，计算公式如下：

$$EAI_{ij} = \frac{AP_{ij}/AP_i}{AP_j/AP} \tag{1}$$

式中：EAI_{ij} 为 i 区 j 种农作物的效率优势指数；

AP_{ij} 为 i 区 j 种作物单产；

AP_i 为 i 区全部农作物平均单产；

AP_j 为全国 j 种作物平均单产；

AP 为全国全部作物平均单产。

$EAI_{ij} > 1$，表明与全国平均水平相比，i 区 j 作物生产具有效率优势；$EAI_{ij} < 1$，表明 i 区 j 作物生产与全国平均水平相比生产效率处于劣势；EAI_{ij} 值越大，生产效率优势越明显。

一般情况下，生产规模越小，其单产水平越高，效率优势指数也就越高。因此效率优势指数往往并不能客观地反映一个地区一种作物的真正比较优势，而且也不能反映市场的需求和传统的种植制度概况。

(二)规模优势指数(SAI)

规模优势指数反映一个地区某一农作物生产的规模和专业化程度,它是市场需求、资源禀赋、种植制度等因素相互作用的结果。一般来说,在一定的时期内,只要有相当的规模,就意味着有市场需求,而有市场需求就意味着有经济效益,因此,规模优势指数反过来在一定程度上可以反映农作物生产的比较优势状况。规模优势指数的计算公式如下:

$$SAI_{ij} = \frac{GS_{ij}/GS_i}{GS_j/GS} \quad (2)$$

其中:SAI_{ij}为规模优势指数;

GS_{ij}为i区j种农作物的播种面积;

GS_i为i区所有农作物的播种总面积;

GS_j为全国j种农作物的播种面积;

GS为全国所有农作物的播种总面积。

$SAI_{ij}>1$,表明与全国平均水平相比,i区j作物生产具有规模优势;$SAI_{ij}<1$,表明i区j作物生产处于劣势;SAI_{ij}值越小,劣势越显著。

(三)综合优势指数(AAI)

综合优势指数是效率优势指数与规模优势指数的综合结果,能够更为全面地反映一个地区某种作物生产的优势度。由于资源因素和市场区位因素在区域农业比较优势形成中的重要性可谓旗鼓相当,缺一不可,二者之间的相互制约关系极为显著,因此只要其中一方面降低就会对整体水平影响很大。换句话说,如果只有单方面的比较优势,根本不存在另一方面的比较优势,就会导致比较优势的消失。因此,这种综合比较优势只能取上述两种比较优势的几何平均值,因为算术平均值不能反映区域农业比较优势形成中两种因素缺一不可的相互制约关系。因此,取效率优势指数与规模优势指数的几何平均数来反映区域综合比较优势。综合优势指数的计算公式如下:

$$AAI_{ij} = \sqrt{EAI_{ij} \cdot SAI_{ij}} \quad (3)$$

$AAI_{ij}>1$,表明与全国平均水平相比,i区j作物生产具有比较优势;$AAI_{ij}<1$,表明i区j作物生产与全国平均水平相比无优势可言;AAI_{ij}值越大,优势越明显。

二、计量分析

为了深入探讨西藏农牧特色产业的比较优势,本书作者首先选择全国大农业视角来探讨西藏大农业的比较优势,数据选择使用2010年的指标。以下是2010年全国和西藏自治区农林牧渔业各项产值指标数(见表4-1)。

表4-1 2010年全国和西藏农林牧渔业各项产值对比表

单位:亿元

地区	农林牧渔业总产值	农业产值	林业产值	牧业产值	渔业产值
全国	48 893.0	24 658.1	1 861.6	16 124.9	4 457.5
西藏	79.8	35.9	6.3	34.9	0.1

数据来源:《中国统计年鉴·2010》和《西藏统计年鉴·2010》。

根据表4-1计算可知:西藏农业区位商值为0.89,林业区位商值为2.07,牧业的区位商值为1.32,渔业的区位商值为0.01。上述计算结果表明,在大农业范围内西藏发展林业和牧业是具有明显的区位比较优势的,农业具有其存在的合理性,渔业最没有区位优势。

由此结果可以看出,西藏林业、牧业发展大有潜力,大有可为,可重点发展。西藏农业因其特殊的品种资源优势,加上耕作技术和生产条件发生较大变化,也将大有作为。西藏渔业没有产业发展优势,可作社会生活的必要补充,而无需作为发展的主导方向。

三、种植业优势考察

(一)数据来源及计算结果

考虑到数据的可获取性,本书作者主要选取西藏主要农产品作为研究对象。同时,由于种植业生产受自然环境影响较大,故本书作者选择了3年(2008—2010)数据(见表4-2),以减少计算结果的误差。

(二)计算结果

1.西藏作物中的小麦、薯类、豆类等的生产具有效率比较优势。其中,豆类、薯类效率优势相当明显,而小麦效率优势则不很明显(见表4-3)。

2.西藏作物中的小麦、油菜子等的种植具有规模比较优势。其中油菜子具有很强的规模比较优势,小麦也具有明显的规模比较优势。

3.总体来看,小麦、油菜子等的种植生产具有综合比较优势。其中,油菜子综合比较优势比较明显。

4.由于青稞只有在海拔3 000米以上才能种植,所以对于全国来说西藏自然而然具有绝对优势。

表 4-2　西藏和全国近 3 年主要农作物的面积、单产对比表

地区 作物种类	全国		西藏	
	播种面积 （千公顷）	平均单产 （公斤/公顷）	播种面积 （千公顷）	平均单产 （公斤/公顷）
稻谷	28 901.27	6 324.30	1.00	5 617.39
小麦	23 375.67	4 494.83	41.26	6 347.39
玉米	28 099.50	5 258.33	3.35	4 993.92
豆类	12 276.65	1 596.93	8.27	3 861.47
薯类	8 487.42	3 525.83	0.59	10 048.88
花生	4 188.97	3 203.33	0.05	2 493.75
油菜子	6 301.33	1 829.82	24.39	2 293.32
全部农作物	153 700.33	5 287.31	233.64	6 953.33

数据来源：《中国统计年鉴·2010》和《西藏统计年鉴·2010》。

表 4-3　西藏种植业比较优势测算结果

作物种类	效率优势指数 EAI	规模优势指数 SAI	综合优势指数 AAI
稻谷	67.5	2.3	12.4
小麦	107.4	116.1	111.7
玉米	72.2	7.8	23.8
豆类	183.9	44.3	90.3
薯类	216.7	4.6	31.5
花生	59.2	0.8	6.8
油菜子	95.3	254.6	155.8

四、畜牧业优势考察

（一）数据来源及计算结果

考虑到数据的可获取性，本书作者选择了畜牧产品 3 年（2008—2010）的数据，以减少计算结果误差，尽可能保证数据体现客观现实，详见表 4-4。自《中国统计年鉴·2010》和《西藏统计年鉴·2010》（具体见表 4-4）。

表 4-4　西藏和全国近 3 年的主要牲畜头数与平均单产对比表

牲畜种类	地区			
	全国		西藏	
	年底头数万头(只)	平均单产(公斤/头)	年底头数万头(只)	平均单产(公斤/头)
牛	10 683.56	54.86	635.00	21.22
羊	28 909.07	12.64	1 702.67	4.64
猪	43 053.98	104.47	29.33	39.66
牲畜年底总头数	84 459.14	82.46	2 420.00	9.32

数据来源:《中国统计年鉴·2010》和《西藏统计年鉴·2010》。

(二)计算结果分析

表 4-5　西藏畜牧业比较优势测算结果

种类	效率优势指数 EAI	规模优势指数 SAI	综合优势指数 AAI
牛	342.2	207.438 3	266.4
羊	324.8	205.554 8	258.4
猪	335.9	2.377 552	28.3

从生产效率优势和规模优势来看,西藏的牛、羊和猪都具有比较优势。而且牛和羊还具有综合比较优势,只有猪没有综合比较优势。

从以上分析结果可以看出,西藏农牧业在其发展过程中有其独特的资源优势和品种优势,如种植业中的薯类、豆类作物以马铃薯、豌豆为代表,效率优势相当明显;油菜子具有很强的规模比较优势及比较明显的综合比较优势;青稞只有在海拔 3 000 米以上的地方才能种植,所以对于全国来说西藏具有绝对优势。而畜牧业方面,经过几百年甚至上千年藏民族辛勤培育和驯养的藏牦牛、藏绵阳、藏山羊则有独特的规模优势和综合比较优势。所以说,在西藏,农牧特色业发展有其产业发展的资源优势和规模发展优势。

第二节　Fisher 判别法分析

Fisher 判别分析法是一种成熟的分析方法体系,在解读比较问题过程中具有明显的优势。本书作者选择此方法验证西藏农牧特色产业的比较优势基于两方面考虑:一是与前文的区位商分析方法和结论形成鲜明对比,用于检验西藏农牧特色产业比较优势在不同方法体系下的一致性;二是为西藏农牧特色产业比较优势解读提供新的角度,提升结论的说服力。

一、Fisher 判别法概述

(一)基本思想

设从两类总体中分别取得两组 p 维观察值如下:

$A: X_1(A), X_2(A), \cdots, X_{n_1}(A)$

$B: X_1(B), X_2(B), \cdots, X_{n_2}(B)$

为了判别某一新的样本观察值 $a=(a_1+a_2,\cdots,a_p)$ 属于 A、B 中哪一类,Fisher 提出,建立线性判别函数:$Y=w_1 a_1+w_2 a_2+\cdots+w_p a_p$,其中判别系数 w_j 的选择应使得 Y 值满足如下准则:

(1)A 类与 B 类这两类点群尽可能地远离;

(2)同一类样品点尽可能集中。

(二)Fisher 两类判别的计算步骤

1. 输入历史样本,计算各指标均值

$$\overline{X}_k(A)=\frac{1}{n_1}\sum_{i=1}^{n_1} X_{ik}(A)$$

$$\overline{X}_k(B)=\frac{1}{n_2}\sum_{i=1}^{n_2} X_{ik}(B)$$

$k=1,2,\cdots,p$

2. 计算

$d_k=\overline{X}_k(A)-\overline{X}_k(B)$

$$S_{jk}=\sum_{i=1}^{n_1}[X_{ij}(A)-\overline{X}_j(A)][X_{ik}(A)-\overline{X}_k(A)]+$$
$$\sum_{i=1}^{n_2}[X_{ij}(B)-\overline{X}_j(B)][X_{ik}(B)-\overline{X}_k(B)]$$

3. 建立函数

记 $S=(S_{jk})_{p\times p}$,$w=(w_1,w_2,\cdots,w_p)^T$,$d=(d_1,d_1,\cdots,d_p)^T$,解方程组 $Sw=d$,求出 $w=S^{-1}d$,建立线性判别函数 $Y=w_1 a_1+w_2 a_2+\cdots+w_p a_p$。

4. 对新样本作判别

(1)将新样本的各因子观测值 $X_1^0, X_2^0+\cdots+X_p^0$ 代入判别函数,求得相应的函数值:

$$Y^0=w_1 X_1^0+w_2 X_2^0+\cdots+w_p X_p^0$$

(2)确定临界值：

$$Y^c = \frac{n_1 \overline{Y}(A) + n_2 \overline{Y}(B)}{n_1 + n_2},$$

其中 $\overline{Y}(A) = \sum_{i=1}^{n_1} w_k \overline{X}_k(A)$，$\overline{Y}(B) = \sum_{k=1}^{p} w_k \overline{X}_k(B)$

(3)作出判别：

(a)假如 $\overline{Y}(A) > \overline{Y}(B)$，则

$$\begin{cases} Y^0 > Y^c, \text{判新样本属于 A 类；} \\ Y^0 < Y^c, \text{判新样本属于 A 类；} \\ Y^0 = Y^c, \text{待判。} \end{cases}$$

(b)假如 $\overline{Y}(A) < \overline{Y}(B)$，则

$$\begin{cases} Y^0 > Y^c, \text{判新样本属于 B 类；} \\ Y^0 < Y^c, \text{判新样本属于 A 类；} \\ Y^0 = Y^c, \text{待判。} \end{cases}$$

(c)假如 $\overline{Y}(A) = \overline{Y}(B)$，无法判别。

(三)Fisher 两类判别的显著性检验

通常采用 F 检验对判别效果进行检验，采用的统计量为：

$$F = \frac{n_1 n_2}{n_1 + n_2} \cdot \frac{n_1 + n_2 - p - 1}{p} \sum_{k=1}^{p} w_k d_k$$

该统计量服从 $F(p, n_1 + n_2 - p - 1)$，给定显著性水平 a，当计算出 $F > F_a$，认为两类总体差异显著，判别结果有效。

二、样本隶属度

Fisher 判别分析只是给出待判样本属于哪类总体，最终的结果只有属于与不属于两种。但事实上，对于不同待判样本，计算出的线性判别函数值与判别临界值接近程度不同，判别明显程度也就不一样，也就是说，待判样本属于各类总体隶属程度是不一样的。因此，本章在 Fisher 判别分析基础上考虑引入待判样本属于各类总体的隶属度。

设待判样本 $a = (a_1, a_2, \cdots, a_p)$ 属于 A 类总体的隶属度为 $\mu_A(a)$，属于 B 类总体的隶属度为 $\mu_B(a)$，利用 Fisher 线性判别函数可以给出 $\mu_A(a)$ 和 $\mu_B(a)$ 的计算式：

$$\mu_A(a) = \frac{1}{n_1 n_2} \sum_{i=1}^{n_1} \sum_{j=1}^{n_2} \mu_{ij}^A(a)$$

$$\mu_B(a) = \frac{1}{n_1 n_2} \sum_{i=1}^{n_1} \sum_{j=1}^{n_2} \mu_{ij}^B(a)$$

其中

$$\mu_{ij}^A(a) = \begin{cases} 1, & w^Ta > w^TX_i(A) > w^TX_j(B) \text{ 或 } w^Ta < w^TX_i(A) < w^TX_j(B) \\ 0, & w^TX_i(A) > w^TX_j(B) > w^Ta \text{ 或 } w^TX_i(A) < w^TX_j(B) < w^Ta \\ \left| \dfrac{w^T[a-X_j(B)]}{w^T[X_i(A)-X_j(B)]} \right|, & w^TX_j(B) < w^Ta < w^TX_i(A) \text{ 或 } w^TX_i(A) < w^Ta < w^TX_j(B) \end{cases}$$

$$\mu_{ij}^B(a) = \begin{cases} 1, & w^TX_i(A) > w^TX_j(B) > w^Ta \text{ 或 } w^TX_i(A) < w^TX_j(B) < w^TX_a \\ 0, & w^Ta > w^TX_i(A) > w^TX_j(B) \text{ 或 } w^Ta < w^TX_i(A) < w^TX_j(B) \\ \left| \dfrac{w^T[a-X_j(A)]}{w^T[X_i(A)-X_j(B)]} \right|, & w^TX_j(B) < w^Ta < w^TX_i(A) \text{ 或 } w^TX_i(A) < w^Ta < w^TX_j(B) \end{cases}$$

$\mu_{ij}^A(a)$可以解释为只用样本 $X_i(A)$ 与 $X_j(B)$ 判别待判样本 a 时所给出的属于 A 类总体的隶属度。$\mu_{ij}^B(a)$含义类似。

三、产业优势分析

(一)比较优势评判指标选择

看某一农产品是否具有比较优势,可以从生产效率和生产规模两个角度去分析。因此,本章主要选取效率优势指数(EAI)和规模优势指数(SAI)两个评判指标进行研究。

效率优势指数主要是从资源内涵生产力的角度来反映作物的比较优势。$EAI>1$,表明该农作物与全国平均水平相比具有效率优势;$EAI<1$,表明与全国平均水平相比生产效率处于劣势。

规模优势指数反映一个地区某一农作物生产的规模和专业化程度,是市场需求、资源禀赋、种植制度等因素相互作用的结果,它在很大程度上能够说明农作物生产的比较优势状况。$EAI>1$,表明该农作物与全国平均水平相比具有规模优势;$EAI<1$,表明与全国平均水平相比生产处于劣势。

表4-6给出了西藏主要的10种农产品的效率优势指数和规模优势指数。

(二)比较优势学习样本的确定

从表4-6可以看出,小麦、牛和羊这三种农产品效率优势指数和规模优势指数均大于1,因此这三种农产品与全国平均水平相比,比较优势明显。稻谷、玉米和花生这三种农产品效率优势指数和规模优势指数均小于1,表明这三种农产品与全国平均水平相比,明显不具有比较优势。而其余四种农产品对应的两种指数均是一个大于1,另一个小于1,因此,这四种农产品在整体上来说,是否具有比较优势,还需进一步判别。

通过上面的分析,选择小麦、牛和羊为具有比较优势的 A 类总体的学习样本,选择稻谷、玉米和花生为比较优势处于劣势的 B 类总体的学习样本。

表 4-6　西藏主要农产品效率优势指数和规模优势指数

作物种类	效率优势指数 EAI(%)	规模优势指数 SAI(%)
稻谷	67.5	2.3
小麦	107.4	116.1
玉米	72.2	7.8
豆类	183.9	44.3
薯类	216.7	4.6
花生	59.2	0.8
油菜子	95.3	254.6
牛	342.2	207.4
羊	324.8	205.6
猪	335.9	2.4

注:以上数据根据 2008—2010 年三年的平均值计算得到。

(三)西藏农业比较优势的判别结果

应用 R 统计软件计算出的西藏主要农产品的线性判别函数值以及属于各类总体的隶属度如表 4-7 所示。

表 4-7　西藏主要农产品 Fisher 判别分析的主要结果

作物种类	线性判别函数值 Y^0	具有比较优势的隶属度 μ_A	不具比较优势的隶属度 μ_B
稻谷	121.8177	0.0096315	0.9903685
小麦	−364.3151	0.9800874	0.0199126
玉米	103.7934	0.0282793	0.9717207
豆类	143.0905	0.0062977	0.9937023
薯类	404.8986	0.0026480	0.9973520
花生	112.8806	0.0159882	0.9840118
油菜子	−1075.6957	0.9981248	0.0018752
牛	−354.2482	0.9665092	0.0334908
羊	−379.2437	0.9800200	0.0199800
猪	651.2130	0.0001845	0.9998155

而计算出来的临界值如下:

$\bar{Y}(A) = -365.9357, \bar{Y}(B) = 112.8306, Y^c = -126.5525$

因此,根据 Fisher 判别分析的判别规则可以知道,在西藏主要农产品中,小麦、油菜子、牛和羊具有比较优势,其余几种农产品不具有比较优势。

从隶属于优势集的隶属程度来看,以上四种农产品的隶属度都在 96% 以上,这说明这四种农产品比较优势是相当明显的。

(四)判别结果的显著性检验

对判别结果进行 F 检验,计算得到的检验统计量 $F=1077.224$,而 $F_{0.05}(2,3)$ 为 9.552,这说明在 $a=0.05$ 的显著性水平下,由选定的学习样本确定的两类总体差异显著,判别结果明显有效。

第三节 理论评析

本书作者通过分析前文基于区位商分析法和 Fisher 判别法对西藏农牧特色产业比较优势的结论,概括两种方法得出的基本结论的一致性,并对西藏农牧特色产业的比较优势进行理论总结,以此为西藏农牧特色产业促进政策确定提供理论支持。

一、结论一致性

1. 区位商分析法和 Fisher 判别法对于西藏农牧特色产业比较优势的研究都是基于成本效益分析视角,这对于商品化导向的西藏农牧特色产业比较优势研究不仅是适用的,而且也是合理的,得出的结论与实践高度吻合。

2. 区位商分析法和 Fisher 判别法对于西藏农牧特色产品比较优势的判断是基本吻合的,如 Fisher 判别分析法分析的结果认为,西藏主要农产品中小麦、油菜子、牛和羊具有比较优势,其余几种农产品不具有比较优势;而区位商理论认为,种植业中的薯类、豆类作物以马铃薯、豌豆为代表,效率优势相当明显,油菜子具有很强的规模比较优势及比较明显的综合比较优势。在语言表述上虽然存在差异,但本质却异曲同工。

二、理论性判断

1. 特殊的自然条件和区位优势决定了西藏农牧特色产品中的大多数品种均适用绝对优势理论、禀赋优势理论,并不完全适用狭义比较优势理论。

2. 西藏农牧特色产品中的大多数,在内地和其他地区并不具有生长和复制的可能性,因此对于西藏农牧特色产品的比较优势判断不能局限于成本的高低,而应该更多地考察这些特色产品在功能、绿色等方面的特殊性。这一结论对于西藏农牧特色产品定价具有较强的指导意义,换句话说,西藏农牧特色产品的价格确定不能仅仅考虑成本和经济付出,而应更多地考虑凝聚在这些农牧特色产品上的功能、绿色、生态优势。

3. 青稞、牦牛、虫草、松茸等均是代表性极强的西藏农牧特色产品,因为生长条件的限制,它们的优势来自生长环境的不可替代性,而不是基于成本的高低。

第五章
西藏农牧特色产业发展关联性分析

西藏是我国一个以农牧业为主体的西部边疆省份,农牧业始终是西藏经济发展的重中之重。和平解放以来,西藏农牧经济取得了辉煌成就,发生了历史性巨变。农牧业经济总量已形成一定规模,产业结构进一步优化,农牧民群众物质文化生活水平稳步提高,农牧区社区环境有了明显改善,整个农牧区工作均取得了可喜成就,为西藏发展农牧特色产业创造了条件。本章通过对西藏农牧特色产业发展相关领域的关联性分析,为西藏农牧特色产业发展外部环境的建设提供参考。

第一节 关联性分析的必要性

全国农业和农村经济发展第十一个五年规划(2006—2010)指出:青藏高原要重点转变农牧业生产方式,加强草原保护和建设,发展特色无公害农牧业产品,根据区域经济布局和资源特点,积极发展特色农产品加工。如何突出自己的特色,发挥优势,走特色经济之路,已成为西藏经济发展的一项十分重要而迫切的任务。可以说,发展特色经济既是西藏整个国民经济和社会发展中带有全局性的重大战略问题,也是西藏实现社会经济跨越式发展和长治久安的关键。2007年1月31日,温家宝同志在研究西藏"十一五"规划项目的国务院第167次常务会议上强调,安排西藏"十一五"规划项目和投资,要向基层和农牧区倾斜,把改善广大农牧民的生活条件作为首要任务。2008年3月6日胡锦涛同志参加十一届全国人大一次会议西藏代表团的审议时也提出:"要把中央的方针政策同西藏实际紧密结合起来,走有中国特色、西藏特点的发展路子。"胡锦涛同志强调要深入贯彻十七大精神,走出一条具有中国特色、西藏特点的发展路子。这一战略思想对西藏的经济社会发展、西藏特色农牧业经济发展具有非常重要的指导意义。

一、世界经济发展的要求

当前世界经济逐渐趋向一体化，市场竞争异常激烈，而市场竞争的实质就是各区域优势的竞争、特色的竞争。在这种大环境下，西藏由于受自然、历史等多方面因素的影响，经济发展一直严重滞后于其他省份，许多产业不仅无法与东部沿海发达省份相比，即便与西部许多省区相比也并不具有优势。这就使得西藏未来经济发展必须结合自身区情，大力实施符合西藏资源禀赋和环境条件的经济发展战略，既不能重蹈覆辙，也不能照搬内地的发展模式。要实现西藏经济又好又快发展，就必须根据自身地理位置和资源优势，选择资源优势明显，又有较好经济、社会和生态效益的特色经济，加大对整个经济发展具有较强辐射带动作用的特色产业的培育力度并对其扩大生产规模。可以说，选择一个适当的特色产业，已成为西藏经济发展的一项十分重要而迫切的任务，西藏农牧特色产业即是西藏的一种特色产业。

二、西藏特点的决定作用

由于所处地理位置、生态环境的特殊性以及信息闭塞、历史基础差等原因，再加上自身技术储备、技术人才以及资金严重匮乏，造成了过去西藏农牧特色产业发展一直处于低水平、低层次、低效益状态。要改变这种状态，挖掘高原农牧特色产业发展潜力，就必须走一条适合西藏农牧特色产业特点的发展道路。西藏有包括青稞、牦牛、开斯米山羊绒、藏药原料等丰富、独特的农畜产品资源，大力发展农牧特色产业，将其特色资源优势转化为经济优势是其农牧特色产业发展的突破口。因此，如何找出调整西藏地区农牧特色产业发展的差距与方向，明确今后的发展思路，如何改善、提高西藏农牧民生产生活条件，提高农牧业整体素质，是一项十分紧迫的任务。

三、农产品过剩的影响

随着农牧业生产能力提高，农牧产品出现了剩余。在"一江两河农业综合开发区"的带动下，西藏地区粮食生产连年获得丰收。1988年以来，西藏地区种植业连年夺得丰收，粮油供应短缺的问题得到了有效缓解。到2010年，西藏地区粮食实现了粮油总量基本平衡，部分地区实现自给有余。牧业生产也取得了可喜成就，西藏在草原牧区广泛开展草场保护和建设工作，狠抓防灾抗灾基地、牲畜温饱工程、畜产品基地建设,切实加大了牲畜出栏力度;在农区和半农半牧区,实施农牧结合,大力推进畜种改良、人工种草、牲畜短期异地育肥等工作;在城镇郊区,本着"服务城镇、活跃市场"的原则,大力发展奶牛业、养猪业和养禽业,推行适度规模经营和专业化生产,使畜牧业整体素质和效益得到有效提高。到 2010 年年末,西藏牲畜存栏量已达到 2 321 万头,其中牛 654 万头,羊 1 579 万只,猪 36 万头;西藏肉、奶产量分别达 26.31 万吨和 30.25 万吨,分别是有统计记载的 1978 年的 4.71 万吨和 9.34 万吨的 5.6 倍和 3.2 倍。但由于西藏尚处于粗放的农牧业生产状态,产业化水平不高,未形成具有良性循环和增值功能的产业链,农牧业生产效益较低,农牧区贫困问题仍很严重,因此西藏地区需要加大力度发展农牧特色产业。

四、援藏的决定作用

中央和各省市的大力支援,使西藏农牧业获得了更多的发展机会。"中央关心西藏,全国支援西藏"是党中央、国务院为稳定西藏政治局势和加快西藏经济社会发展而做出的重大战略决策。改革开放以来,党中央先后召开了五次西藏工作座谈会,体现了党中央对西藏的重视和关心,特别是第三次西藏工作座谈会以后,中央所确立的"分片负责、对口支援、定期轮换"的援藏方针,使西藏农牧特色产业获得了更多的发展机会。

第二节　关联性分析的基础

由于地处西部边疆地区,西藏对第一产业的依存度很高。在新形势下,西藏发展农牧特色产业一定要有新思路、新举措。应以市场需求为导向,以提高竞争力为核心,立足资源优势,集中引进技术和人才,深度开发独特资源,迅速形成优势产业,发展专业化、规模化的农牧特色产业,培育新的经济增长点,为西藏经济发展奠定坚实基础。西藏发展农牧特色产业的核心和关键是培育特色产品,它要求在生产的社会化过程中形成自己的专门化产业和产品,在市场需求多样化过程中形成自己的差别化产品,在激烈的市场竞争中形成自己的优势产业和产品。

一、发展现状是关键

改革开放以来,尤其是1980年中央召开第一次西藏工作座谈会以来,在中央和各省市的大力支持和帮助下,西藏各族人民共同努力,经济实力不断增强,各产业迅速发展,产业结构不断优化。2005年西藏生产总值达250.60亿元,其中第一产业为47.87亿元,第二产业为59.45亿元,第三产业为143.28亿元,年人均生产总值达到9 098元,产值结构为19.1∶23.7∶57.2。从最近十几年来看,各产业发展速度都很快,尤其是建筑业、第三产业和工业的增长速度均比较快(具体见表5-1、表5-2)。

表5-1 不同时期西藏各产业年平均增长速度

单位:%

时期	GDP	第一产业	第二产业	具体行业				第三产业
				工业	重工业	轻工业	建筑业	
八五	9.66	2.80	23.62	7.42	7.61	13.49	35.72	12.22
九五	10.73	3.45	9.58	7.46	12.74	14.73	13.44	17.78
十五	12.24	4.12	20.04	10.32	9.19	12.32	25.07	13.19

资料来源:表中数据根据《西藏统计年鉴·2006》有关数据计算得出。

表5-2 "十一五"期间西藏各产业年增长速度

单位:%

时期	GDP	第一产业	第二产业	具体行业		第三产业
				工业	建筑业	
2006	13.3	3.1	23.0	17.2	25.2	12.4
2007	14.0	4.2	16.0	17.7	15.4	16.0
2008	10.1	6.2	7.9	8.7	7.6	12.4
2009	12.4	3	21.7	12.9	24.9	10.4
2010	12.3	3.2	14.1	13.3	14.4	13.7

资料来源:《西藏统计年鉴·2010》。

(一)农牧业仍然是第一产业的基础和支柱

从西藏地区和平解放至2010年,农牧两业总产值占农林牧渔总产值的比重从未低于97%,林渔两业占总产值的比重一直不到3%。2003年西藏实行新的产业分类标准,农林牧渔服务业占了一定的比重,同时林业比重大幅度增加,使得农牧两业总产值比重由2002年的97.79%下降到2003年的89.31%,2004年和2005年又逐步下降为88.76%和88.49%,2008年、2009年和2010年又调整为88.9%、89.3%和94.4%,波动性比较明显(见表5-3)。所以,农牧业一直是西藏地区第一产业中的基础产业和支柱产业。

表5-3　1951—2010年西藏第一产业总产值内部结构

单位:%

年份	农业	牧业	林业	渔业	农牧林渔服务业
1951	32.86	67.14	0.00	0.00	
1959	32.63	67.37	0.00	0.00	
1965	32.26	67.67	0.08	0.01	
1970	30.94	69.00	0.04	0.02	
1975	39.27	60.39	0.31	0.03	
1978	37.36	62.16	0.43	0.05	
1980	46.69	51.86	1.44	0.01	
1985	46.84	51.03	2.09	0.04	
1990	50.32	47.98	1.67	0.03	
1995	49.57	48.41	1.99	0.03	
2000	51.48	45.94	2.56	0.02	
2001	52.31	45.23	2.43	0.03	
2002	52.03	45.77	2.19	0.02	
2003	43.11	46.20	9.05	0.01	1.63
2004	42.34	46.42	9.12	0.01	2.11
2005	44.1	44.4	8.4	…	3.1
2006	43.3	45.0	8.5	0.3	3.0
2007	45.0	43.7	7.9	0.2	3.2
2008	44.9	44.0	7.7	0.3	3.1
2009	41.9	47.4	3.6	0.2	2.9
2010	45.9	48.5	2.4	0.2	2.9

数据来源:《西藏统计年鉴·2010》,2005年以前第一产业不包括农林牧渔服务业。

(二)第二产业总体前进但工业实力仍然较弱

除1983年和1997年外,工业增加值占西藏生产总值的比重从未超过

10%。近几年虽然发展较快,但仍然慢于建筑业(见表5-4)。由于增长速度不同,来自工业的增加值比重由1991年的54%变为2005年的29%,来自建筑业的增加值比重由1991年的46%变为2005年71%,进入"十一五"以后,第一产业比重呈逐步下降趋势,第二产业基本稳定,第三产业比重不断攀升,产业结构日趋合理。

表5-4 1951—2010年西藏生产总值构成表

单位:%

年 份	第一产业	第二产业	分类		第三产业
			工业	建筑业	
1951	97.7				2.3
1959	73.6	12.6	8.6	4.0	13.8
1965	70.9	6.8	2.8	4.0	22.3
1970	66.1	10.3	4.6	5.7	23.6
1975	55.4	20.8	9.3	11.5	23.8
1978	50.7	27.7	9.2	18.5	21.6
1980	53.5	25.2	9.2	15.9	21.3
1985	49.9	17.4	6.9	10.4	32.7
1990	50.9	12.9	6.9	5.8	36.2
1995	41.8	23.6	7.3	16.3	34.6
2000	30.9	23.0	8.6	14.3	46.2
2001	27.0	23.0	7.8	15.2	50.1
2002	24.5	20.2	7.2	13.0	55.3
2003	22.0	25.7	7.5	18.3	52.3
2004	20.1	23.9	7.3	16.6	56.0
2005	19.1	25.3	7.0	18.3	55.6
2006	17.5	27.5	7.5	20.1	55.0
2007	16.0	28.8	8.1	20.7	55.2
2008	15.3	29.3	7.5	21.8	55.4
2009	14.5	30.9	7.5	23.4	54.6
2010	13.5	32.3	7.8	24.5	54.2

数据来源:《西藏统计年鉴·2010》。

总体来说，无论轻工业还是重工业，其实力都很弱，占西藏生产总值的比重很小，其发展速度不稳定，时而快时而慢，且变化幅度大（见表 5-5）。除 1985 年外，西藏重工业总产值明显高于轻工业总产值，轻工业的增长速度快于重工业。西藏轻工业主要是以农产品为原料的轻工业，2000 年以农产品为原料的轻工业的就业人数占轻工业总就业人数的 91%，其产值达到轻工业总产值的 95%，增加值也达到 95%。以上数据表明，西藏工业发展缺乏后劲，但是轻工业发展速度相对较快，以农产品为原料的轻工业是轻工业的主要部分，带动着轻工业迅速发展。

表 5-5　1985—2010 年西藏轻重工业总产值增长速度和比重

单位：%

年份	轻重工业占工业的比重		增长速度（比上年）	
	轻工业	重工业	轻工业	重工业
1980	30.9	69.1	−4.9	−9.6
1981	44.1	55.9	−5.9	−4.3
1982	39.2	60.8	1.7	6.7
1983	38.4	61.6	4.3	8.1
1984	38.0	62.0	71.2	0.7
1985	50.7	49.3	−0.1	5.9
1986	38.3	61.7	−31.7	20.4
1987	44.0	56.0	29.5	3.5
1988	41.8	58.2	19.4	3.0
1989	38.7	61.3	9.1	9.9
1990	39.0	61.0	10.4	2.6
1991	45.9	54.1	35.0	−10.3
1992	46.4	53.6	12.6	3.9
1993	39.3	60.7	2.1	15.1
1994	47.2	52.8	11.8	14.2
1995	31.4	68.6	8.5	17.8

续表

年份	轻重工业占工业的比重		增长速度（比上年）	
	轻工业	重工业	轻工业	重工业
1996	27.2	72.8	-2.9	17.8
1997	34.9	65.1	33.0	23.2
1998	33.0	67.0	11.4	14.8
1999	39.5	60.5	21.2	1.7
2000	37.6	62.4	14.0	7.5
2001	39.8	60.2	8.1	6.3
2002	40.7	59.3	13.1	3.2
2003	37.5	62.5	6.8	11.9
2004	42.2	57.8	16.4	13.1
2005	36.8	63.2	17.6	11.8
2006	39.4	60.6	0.9	35.6
2007	37.1	62.9	10.4	22.2
2008	38.1	61.9	15.9	9.9
2009	41.3	58.7	20.5	8.7
2010	36.6	63.4	-1.2	22.1

资料来源：根据《西藏统计年鉴·2010》计算得出。

（三）第三产业飞速发展

西藏第三产业增加值由1990年的10.03亿元增长到了2005年的143.28亿元，按可比价格计算增长了6.5倍；第三产业从业人员由16.67万人增加到41.20万人，年均增长6.2%，高于全国（4.7%）1.5个百分点，其中"九五"、"十五"期间年均增速分别为5.3%、9.8%，分别高于全国同期2.0个和6.0个百分点；从事批发零售业和住宿饮食业的人数比例由1991年的19.9%上升到2005年的29.3%。

改革开放之后，西藏旅游业从无到有，旅游总人次和总收入急剧增长，对西藏整体经济产生了非常积极的影响。"八五"期间，西藏地区接待海内外游客仅80多万人次；"九五"期间，突破200万人次，达到213.56万人次；"十五"期间达到550.58万人次。旅游总收入在西藏生产总值中的比重迅速上升，由

1994年的3.4%上升到2005年的7.7%;同期外汇收入由1 130万美元上升到4 443万美元。2006年西藏地区接待旅游人数为251.21万人次,旅游总收入为27.71亿元;外汇收入为6094万美元,分别比上年增长了39.5%、43.2%和37.1%;带动2.9万名农牧民参与旅游服务,比上年增长49%,人均收入5 318元,同比增长153%。进入"十一五"以后,西藏旅游业更是获得了飞速发展,已经成为西藏经济发展非常重要的支柱产业和特色产业之一(见表5-6)。

表5-6 1980—2010年西藏部分年份旅游人数及旅游收入表

年份	接待旅游者人数(人次)				旅游总收入(万元)	国内旅游收入(万元)	外汇收入(万美元)
	合计	国际旅游者人数		国内旅游者人数			
		总数	其中:外国人				
1980	3 525	1 059	1 004	2 466	131		80
1985	71 980	15 402	15 041	56 578	399		120
1990	23 954	6 654	9 842	17 300	684		145
1995	206 598	67 814	65 428	138 784	21 375	6 340	1 130
2000	608 335	149 441	134 539	458 894	67 462	25 834	5 226
2001	686 116	127 148	116 440	558 968	75 053	37 053	4 638
2002	867 320	142 279	129 617	725 041	98 777	55 899	5 166
2003	928 639	51 120	45 685	877 519	103 723	88 028	1 891
2004	1 223 098	95 816	88 797	1 127 282	153 195	122 817	3 660
2005	1 800 623	121 308	111 018	1 679 315	193 524	157 536	4 443
2006	2 512 103	154 818	136 159	2 357 285	277 072	228 929	6 094
2007	4 029 438	365 370	338 744	3 664 068	485 160	383 152	13 529
2008	2 246 447	67 997	62 934	2 178 450	225 865	204 237	3 112
2009	5 610 630	174 910	162 458	5 435 720	559 870	506 088	7 873
2010	6 851 390	228 321	214 136	6 623 069	714 401	644 001	10 359

资料来源:《西藏统计年鉴·2010》。

西藏经济取得了巨大成就和可喜变化,但是同全国相比,同西部地区相比,仍然存在很大的差距。从总量上看,在1991—2005年间,西藏生产总值占西部的比重最高的年份为0.80%,占全国的比重最高仅为0.16%(见表5-7)。

表5-7 1991—2005年西藏各产业增加值占西部、全国的比重

单位:%

年份	西部				全国			
	第一产业	第二产业	第三产业	GDP	第一产业	第二产业	第三产业	GDP
1991	1.11	0.28	0.76	0.71	0.29	0.05	0.15	0.14
1992	1.10	0.24	0.70	0.65	0.29	0.04	0.13	0.12
1993	1.05	0.21	0.64	0.57	0.27	0.03	0.12	0.11
1994	0.90	0.23	0.63	0.54	0.22	0.04	0.11	0.10
1995	0.80	0.31	0.57	0.53	0.20	0.05	0.11	0.10
1996	0.72	0.20	0.61	0.47	0.20	0.03	0.13	0.10
1997	0.79	0.30	0.69	0.56	0.21	0.05	0.13	0.10
1998	0.84	0.34	0.81	0.62	0.22	0.05	0.16	0.12
1999	0.94	0.38	0.88	0.69	0.24	0.06	0.18	0.13
2000	0.98	0.39	0.89	0.71	0.25	0.06	0.18	0.13
2001	0.98	0.43	0.99	0.76	0.24	0.07	0.21	0.14
2002	0.99	0.40	1.14	0.80	0.23	0.06	0.25	0.15
2003	0.91	0.49	1.11	0.80	0.24	0.08	0.24	0.16
2004	0.81	0.47	1.11	0.77	0.21	0.08	0.25	0.15
2005	0.81	0.42	1.08	0.75	0.21	0.07	0.20	0.14

资料来源:根据《中国统计年鉴·2006》和《西藏统计年鉴·2006》计算得出。

从结构上看,同全国、西部相比,西藏产业结构仍然不尽合理。2005年,西藏第一产业的比重高出西部1.5个百分点,高出全国6.7个百分点;第二产业低于西部19.1个百分点,低于全国23.6个百分点;第三产业高出西部13.1个百分点,高出全国12.4个百分点。产业结构偏离度越来越大(见表5-8),由1991年的57.2增加到2005年的84.7,同全国的差距也在逐步扩大,表明产业间劳动生产率的差距在逐步扩大。从最近5年来看,西藏总偏离度在缩小,

但是各产业内部不稳定。

表 5-8 1991—2005 年全国与西藏产业结构偏离度比较

单位:%

年份	全国				西藏			
	第一产业	第二产业	第三产业	总偏离度	第一产业	第二产业	第三产业	总偏离度
1991	35.4	20.4	15.0	70.8	28.6	9.8	18.8	57.2
1992	37.0	21.8	15.2	74.0	28.4	9.2	19.2	56.8
1993	36.9	24.2	12.7	73.8	29.5	10.0	19.5	59.0
1994	34.7	23.9	10.8	69.4	31.1	13.6	17.5	62.2
1995	32.4	24.2	8.2	64.8	35.9	18.9	17.0	71.8
1996	31.0	24.0	7.0	62.0	34.3	12.6	21.7	68.6
1997	31.8	23.8	8.0	63.6	37.6	16.7	20.9	75.2
1998	32.5	22.7	9.8	65.0	40.0	16.5	23.5	80.0
1999	33.9	22.8	11.1	67.8	42.0	17.5	24.5	84.0
2000	35.2	23.4	11.8	70.4	42.4	17.3	25.1	84.8
2001	35.9	22.9	13.0	71.8	44.0	16.7	27.3	88.0
2002	36.5	23.4	13.1	73.0	44.2	14.2	30.0	88.4
2003	36.5	24.4	12.1	73.0	42.1	16.7	25.4	84.2
2004	33.8	23.7	10.1	67.6	42.1	17.6	24.5	84.2
2005	32.2	23.7	8.5	64.4	42.3	14.5	27.9	84.7

资料来源:根据《中国统计年鉴·2006》和《西藏统计年鉴·2006》整理。

二、农牧民增收是核心

西藏经济要实现跨越式发展,首先要选准发展的重点产业,通过优势产业的发展带动区域经济的整体飞跃。西藏 2007 年国内生产总值(GDP)为 342.19 亿元,农牧民人均纯收入为 2 788 元。因此,在西藏这样一个农牧业人口占绝大多数、以农牧业生产为主的地区,农牧业毫无疑问是主导产业。西藏经济实现跨越式发展的重要内容是农牧区和农牧业实现跨越式发展,农牧业的跨越式发展又取决于农牧特色产业的发展。

根据农牧业的资源特点、生产现状,西藏农牧业具有地域特色和开发潜力的主要农牧产品包括草原畜牧业中的牦牛、藏系绵羊和绒山羊,城郊和农区畜牧业中的黄牛、猪禽、农区绵羊和饲草料,种植业中的优质青稞、油菜和无公害蔬菜,林业和林下产品中的食用菌、干果、水果和茶叶,优势生物资源保护与开发中的藏药材、虫草、冷水鱼、卤虫、藏猪和藏鸡等。

三、产业提升是推动力

西藏特殊的地理区位决定了实现第一产业发展的出路在于发展特色农牧产品生产。发展特色农牧产品生产是当前和未来第一产业的发展重点。从2003年至今,西藏农牧民人均纯收入连续5年保持两位数增长,2007年达到2788元,比2002年增长了83.3%。农牧特色产业已成为农牧业经济新的增长点和农牧民收入新的增收点,农牧特色产业产值占西藏农牧业总产值的比重达到10.9%,特色农牧业收入占农牧民人均纯收入的比重达到9.8%。劳务收入成为农牧民现金收入的重要来源,2007年西藏劳务输出达到70万人次,实现劳务收入9.5亿元,分别比2002年增长1倍和2.3倍。乡村旅游、民族手工业、个体运输、采集业等非农产业加快发展,农牧民增收渠道进一步拓宽。农牧业产业化经营起步良好,乡镇企业产值、多种经营收入实现了翻番。西藏坚持把发展龙头企业、加快推进农牧业产业化经营作为实现农牧业跨越式发展、增加农牧民收入的重要环节,引导乡镇企业重心向农牧特色产业产业化和农畜特色产品加工转移,涌现出了一批具有一定发展前景和竞争实力的农牧特色产业产业化经营龙头企业。2007年,西藏乡镇企业总产值达23.5亿元,多种经营总收入达30亿元,均比2002年增长1.2倍以上。西藏共扶持和培育了13家自治区级农牧特色产业产业化经营龙头企业(其中3家国家级龙头企业)和51家地(市)级龙头企业。2007年自治区级农牧特色产业产业化龙头企业产值达10.5亿元,实现销售收入9亿元,税后利润1.26亿元,分别比上年增长14.1%、4.8%和7%。

2007年西藏第一产业生产总值达51亿元,其中农牧特色产业产值所占比重为7.21%,第一产业增幅创历史新高,农牧特色产业成为第一产业增长的主要动力。西藏在基本解决粮油肉自给后,及时调整农牧业工作重点,把发展农牧特色产业作为调整农牧业结构、增加农牧民收入的切入点,从2003年开始,集中各涉农部门资金、技术力量,着手实施了农牧特色产业开发项目。截至2007年,西藏7地市共安排实施种植业、养殖业、农产品加工及流通等383个农牧特色产业建设项目,总投资达10亿多元。

据不完全统计,通过实施农牧特色产业项目,西藏新增生产力实现总产值7.08亿元,实现总收入5.31亿元。2006年西藏农牧民人均纯收入中有238元来自农牧特色产业收入,占9.8%;而项目区农牧民人均纯收入中有660元来自农牧特色产业收入,比重达27%。同时,西藏积极引导农牧特色产业向纵深发展,培育出了阿里"金哈达"羊绒制品、那曲县"羌牛"乳制品等一批具有西藏地方特色的农畜产品品牌,有效地转变了农牧业发展方式,拓展了农牧民增收渠道。

"十一五"期间,西藏按照"区域集中、规模做大、质量提升、效益提高"的要求,在引导农牧特色产业向纵深发展方面,突出狠抓标准化、专业化、规模化、市场化四项工作。将先在农牧特色产业项目区以产地认定和产品认证为手段,认真研究制定特色农畜产品产地环境、生产过程、加工包装、储备运输、产品质量等方面的地方标准和技术规程,努力把农牧特色产业项目区培植成为标准化生产示范区,把农牧特色产业经济带培植成为绿色农畜产品生产带。"十一五"期间,西藏制(修)订各类农业地方标准36项,建设农业标准化示范区16个,农业标准普及率达到35%。

研究表明:今后西藏农牧特色产业经济发展必须以市场需求为导向,发挥农牧特色资源和区域优势,实施"一村一品"战略,着力培植区域品牌优势,切实解决"什么都有、什么都不专、什么都不大"的问题。通过选择和培植主导产业和产品,集中生产要素投入,推广现代农牧业科技和装备,推进标准化生产、产业化经营、科学化管理和社会化服务工作,实现要素投入集约化、资源配置市场化、生产手段科学化、产业经营一体化。牢固坚持以市场为导向原则,充分分析市场、开拓市场,以市场需求来确定特色产业及产品的发展规模、发展方向及预期目标;坚持政府引导、监管有力、市场运作、企业自愿、管理科学、效益明显的原则,以农牧特色产品拓展市场、促进流通、打造品牌、创立名牌为目的,组建西藏特色农牧产品营销总公司,引领西藏农牧特色产品又好又快发展。另外,西藏将把生产布局中的连片和扩大种养殖户的生产规模,作为提高特色产业规模效益的重要环节,引导农牧特色产业相对集中、连片发展,着力打造产业集群,解决生产布局上的零星分散和生产规模过小问题,做到"小农户、多形式、大产业"。坚持改革创新,依据市场需求,结合产业特性,努力探索产业跨县、跨地区联合开发,促进特色资源布局区域化、产业规模化、经营企业化。

第三节 特色产业发展与扶贫开发

西藏自治区党委、政府历来十分重视扶贫开发工作,始终把扶贫开发工作作为"三农"工作的一项重要任务来抓。继"八七"扶贫攻坚西藏地区基本上解决了贫困人口的温饱问题之后,"十五"期间,西藏按照中央"把西藏作为一个特殊的集中连片的贫困地区加以扶持"的政策,认真贯彻《中国农村扶贫开发纲要(2001—2010年)》和《中共西藏自治区委员会 西藏自治区人民政府关于"十五"期间进一步加强扶贫开发工作的决定》精神,面向西藏地区,突出重点,把低收入的34个县、393个乡(镇)和148万人口作为重点扶持对象,组织动员全社会力量,充分发挥贫困群众的主体作用,加强领导,加大投入,采取切实可行的措施,推进扶贫开发工作有效开展。

一、特色产业的扶贫功能

新时期新阶段西藏扶贫开发的工作重点正从解决温饱与巩固温饱并重转向加快贫困地区发展、加大产业开发力度,使其成为实现贫困地区脱贫致富目标的重要手段,促进低收入贫困人口持续快速增收。对西藏这样一个贫困问题突出的典型高海拔省份而言,加快经济发展,促进低收入贫困人口持续快速增收,尽快实现"富民、强县、升位"目标,关键在于如何充分发挥资源优势,大力发展贫困地区的农牧特色产业经济。农牧特色产业作为扶贫开发的有力抓手,加快了农牧区的脱贫致富进程,扶贫开发为西藏农牧特色经济发展提供了资金等方面的强有力的支持与条件。

(一)农牧特色产业对扶贫开发具有重要作用

大力发展农牧特色产业开发与建设,对于促进贫困地区产业结构调整,加快扶贫开发进程,缩短扶贫期限有着不可替代的重要作用。

1.有力地带动了农牧区第二、第三产业的发展。通过特色建材为主的优势产业的发展,调整优化了重点扶持地区的产业结构,带动了项目区商业、运输业、餐饮业的发展,促进了农牧区经济的快速发展。

2.有利于促进农牧区劳动力的转移。农牧特色产业开发能够直接或间接地转移农村富余劳动力。2007年,西藏地区通过特色产业扶贫开发直接或间接转移农村劳动力共计7.5万人,通过劳动力转移实现年人均增收3 000元,其中特色建材产业扶贫项目直接或间接转移农村劳动力共计3.6万人,通过劳动力转移实现年人均增收4 700元。日喀则地区南木林县采石场常年实现劳动力转移1 500多人,白朗县恰珠编织厂转移农村妇女劳动力650人。拉萨市城关区纳金乡塔玛采沙场通过组织培训活动,解决当地农民子女就业300余人。

3.有利于提高贫困地区农牧民收入水平。据统计,近几年特色产业扶贫项目区的人均纯收入比非项目区增长39%。2007年特色建材产业项目区年人均增收5 000元,项目经营者的年平均收入最高的达到19万元,最低的达到3 500元。项目区有7万多人走向了脱贫致富道路。

4.农牧区生产生活条件同时得到了改善。通过特色产业开发,西藏地区的水、电、路、通信等基础设施建设得到了优先发展,特别是特色建材业的发展,使项目区的基础设施建设有了很大改善,机械作业率大幅度提高。近三年,特色产业扶贫项目区新增道路245公里,架设桥梁26座,新修涵洞和交叉建筑物38处,铺设输电线路16公里,购置挖掘机、装载机、推土机、切割机、空压机、发电机和运输车辆等机械设备2 054台(套)。同时,特色建材产业的发展,大力推动了西藏地区农牧民安居工程建设。

5.促进了贫困地区农村合作经济的发展。西藏一些各具特色的农业经济在特色产业建设中得到了发展。截至目前,通过扶贫特色产业开发已建立农牧民专业合作组织87家。这些专业合作组织已成为联结广大农牧户小生产与千变万化大市场的桥梁和纽带,同时,也为特色产业良性发展提供了组织保证和不竭动力。以山南地区为例,目前,山南地区仅农业综合开发区,农村经济组织就有8个,社(会)员人数达11 865人,带动农户3 102户。

6.促进了群众观念的很大转变,提高了劳动者的劳动技能。通过实施特色产业项目,广大农牧民群众破除了三种观念、强化了三个意识,即破除了自给自足的观念,强化了市场经济意识;破除了因循守旧观念,强化了争先致富意识;破除了温饱即安观念,强化了发展意识。群众在特色产业开发中得到了较大实惠,激发了干部群众的积极性、创造性、主观能动性和苦干实干的精神,由"要我干"转变为"我要干",成为脱贫致富的重要力量。通过对参与项目建设者的集中培训、现场指导,项目区群众的劳动技能和经营管理能力不断提高。

(二)扶贫开发是农牧特色产业建设的重要平台

1. 西藏扶贫开发的主要内容

(1)基础设施建设：农村小型水利工程、乡村道路、农田土地治理、公益事业建设等。

(2)扶贫点建设：主要是对贫困地区实行整体搬迁和就地改造工程。西藏自治区2000年开始实施扶贫型整体搬迁和就地改造工程，自2005年之后分期分批实施了农牧民安居工程。

(3)产业扶贫：一是动员和鼓励扶贫农发系统干部、科技及工程技术人员出谋划策，集思广益，为扶贫产业开发献计献策。二是鼓励农牧民能人积极参与产业开发，依据投入资金的多少进行利润分红，从而带动更多的贫困户在农牧特色产业开发中受益。三是积极争取产业扶持资金，充分利用整乡推进资金推动产业扶贫。在整乡推进资金中，每年安排总投资的30%以上用于产业扶贫。四是培训转移就业。培训转移就业内容不断丰富，不断加大对农牧特色产业开发建设所需人才的培训力度。

2. 扶贫开发对农牧特色产业建设的重要作用

如果说农牧特色产业作为加快扶贫开发进程的一种手段，那么，扶贫开发以其项目投资倾斜及相关政策倾斜促进了农牧特色产业的开发和建设力度，增强了特色经济实力，为西藏农牧特色产业发展发挥了重要作用。

(1)大力实施特色产业项目扶贫项目，带动贫困农户发展特色种养业生产。自2004年以来，自治区扶贫开发项目中不断加大了对特色产业开发项目的投资力度，增加了项目数量。特色产业扶贫项目采用集中连片、滚动扶持的方式，以户为单位大力发展种草养羊。种植牧草34万亩，规模养殖山羊，覆盖贫困农牧户200多户。结合各地资源特点，在43个县实施了乡镇特色产业扶贫项目，每个乡镇选择2～3个贫困村，大力发展特色种养业项目。投入千万元，广泛开展采石、采沙等特色产业扶贫项目，特色建材已成为特色产业开发建设的亮点。

(2)大力扶持农牧特色产业龙头企业，发挥龙头企业在特色产业开发和建设中的重要作用。在特色产业开发建设中，如果没有龙头企业的带动作用，特色经济很难得到有效、健康发展，而缺乏资金扶持，龙头企业的作用也难以充分发挥。2006年和2007年，扶贫项目资金累计投入800万元，积极支持农产品生产、加工和流通，扶持了种草养畜、中药材加工、青稞生产等企业发展。通过小额扶贫信贷资金扶持具有影响力的一批龙头企业，按照"公司＋基地＋农户"的产业化模式，推行产业化经营，优势产业规模逐步扩大，骨干龙头企业市场竞争力进一步提升。

(3)大力扶持和培育特色产业经济,提高特色产业对农牧区经济的贡献能力。在加快扶持产业项目建设的同时,狠抓特色产业开发建设前、中、后期每个环节,促使产业项目建设转变为特色经济,采取强有力的政策措施。大力实施产业扶贫是贫困地区的内在追求,是脱贫致富、经济发展的必然取向,也是实现贫困户稳定增收的必由之路。结合贫困地区的特色资源优势,因地制宜确立了养牛业、中药材、藏猪、藏鸡、经济林木、蔬菜六大扶贫特色产业,按照产业化发展方向,连片规划建设,形成了特色鲜明的区域主导产业。通过实施产业化扶贫项目,加快了贫困地区产业结构调整步伐,推进了贫困地区特色产业体系形成的进程,增加了贫困群众的收入。2004—2010年,扶贫开发工作重点县农牧民人均纯收入由1 021元增加到1 789元。贫困地区的特色产业发展较快,不但使贫困农牧户人均收入大幅增长,各县财政收入也大幅度提高,社会事业也取得了显著进步,增强了农牧区经济实力,提高了特色产业对农牧区经济发展的贡献。

(4)以特色产业为契机,提高劳动者素质。"授之以鱼不如授之以渔"。各级政府把特色产业建设与农牧民培训紧密结合起来,重点加强对农村实用技术的培训,狠抓先进技术的传播,改进传统的农业方式,变低质为高效,建立以科技示范园为基地的服务网络,以典型示范户为样板,培养了一大批农村科技致富带头人。2003—2007年,共举办特色建材等培训42期,农牧民的科技兴农兴牧意识不断增强。同时,农牧民从科技扶贫中获得了很大收益,有效提高了科技进步对农牧业的贡献率。

3. 特色产业项目建设投资安排情况

西藏自治区党委、政府十分重视特色产业开发建设,千方百计加大对特色产业开发的投入力度。2003年以来共安排实施特色产业扶贫项目320个,共投入资金27 082万元,其中中央财政扶贫资金7 281万元,自治区财政扶贫资金7 000万元,项目区群众自筹和贷款12 801万元。共建成扶贫特色产业项目区150个,其中特色建材项目区75个。所实施的特色产业扶贫项目中,特色建材项目占53%,种植业项目占10%,养殖业项目占15%,加工业项目占8%,家庭旅游业项目占4%,运输业项目占5%,其他项目占5%。特色建材产业成为特色产业中的主导产业,共安排了125个项目,总投资为14 370万元。在特色建材项目总投资中,自治区财政投资5 757.4万元,项目区群众自筹和贷款7 370万元,共建设采沙点28个,采石点40个,其他建材项目7个。

二、特色产业的扶贫效益

实施"八七"扶贫攻坚计划以来,西藏贫困人口从1994年的48万降至2010年底的7万,取得了显著成绩。但目前西藏仍是全国集中连片的贫困地区,新时期扶贫开发的任务仍很艰巨,形势严峻,需要中央给予更大的资金扶持。近年来,西藏坚持走开发式扶贫的路子,努力改善贫困地区和贫困群众的基本生产生活条件,根本改变了农牧区人口长期大面积贫困的状况,贫困人口比重由1994年的18.3%下降到2.7%,降幅达15.6个百分点;18个贫困县农牧民人均纯收入1316元,接近西藏平均水平,年均增速高于西藏平均水平4.4百分点。但基本解决西藏贫困人口的温饱问题,只是实现了扶贫开发战略的阶段性目标。西藏目前仍然是全国最贫困的省区之一,农牧民生活水平还很低。

"十五"期间,西藏累计完成各类扶贫开发资金15.18亿元。其中,中央财政资金12.7亿元(含以工代赈资金6.3亿元),地方财政资金2.48亿元;另外,银行投放扶贫贴息贷款9.9亿元;定点扶贫、社会各界捐款捐物折资6.02亿元。完成扶贫开发项目1500多个,18个对口援藏的省和17个中央骨干企业也向基层倾斜,支持扶贫项目,同"八七"扶贫攻坚相比扶持范围更广,受益对象更多,投资规模更大,开发层次更高,扶贫开发成效更加突出。西藏自治区扶贫办创造性地开展工作,针对贫困地区致贫的不同原因、不同人群,采取因势利导、各个击破的办法,以增加贫困农牧民收入为抓手,以做大做强特色产业为亮点,全方位实施开发式扶贫。为扭转农牧区贫困群众"靠天种地、靠天养畜"的局面,西藏自治区扶贫办与交通厅、水利厅、农牧厅等涉农部门联手,整合资金、整合项目,在贫困地区大规模实施农田水利、草场建设等项目,贫困农牧民通过参与项目建设增加了现金收入,提高了农牧业综合生产能力,建立起农牧民稳定增收的长效机制。

2003年以来,特色产业项目逐年增多,对特色产业的资金投入也逐步加大。每年投资2000万元,主要用于建材产业开发培训、产品开发、石材加工设备的购买,以及干果、蔬菜、藏獒、藏鸡、藏猪、鱼等的加工养殖,效果较好,带动了农牧民积极性,增强了农牧民脱贫的信心,解决了群众增收难、就业难、产业开发建设水平低等问题。特别是从2006年开始,除农牧民安居工程之外,扶贫项目以特色产业开发为重点。农牧特色产业建设在扶贫开发方面的效应包括:

(一)西藏地区贫困状况进一步改善,重点扶持人口大幅度减少

按照农牧民人均纯收1 300元的标准,西藏重点扶持乡(镇)由2001年的393个下降到2005年的20个,重点扶持人口由148万人减少到37.3万人。与此同时,西藏社会各界积极参与扶贫项目。据不完全统计,"十五"期间,西藏社会各界捐款捐物折款达2亿多元,加快了贫困地区的脱贫步伐。西藏7地市依据各自的优势,在扶贫开发中各显身手。拉萨市扶贫办通过"扶龙头、带龙尾"的办法,吸收贫困农牧民子女进厂工作,增加了贫困户的收入;林芝地区扶贫办将扶贫点建设与农房改造相结合,在改善农牧民居住环境的同时,激发了贫困农牧民建设美好家园的信心;山南地区扶贫办采用"以蛋换鸡"的模式,使贫困农牧民不必为缺少启动资金而犯愁;那曲地区扶贫办通过"政府搭台、群众参与、项目带动"的形式,畜产品流通搞得红红火火。

(二)劳动力培训就业转移有所突破,自我发展能力不断增强

针对农牧民因缺少劳动技能而致贫的问题,西藏自治区扶贫办5年间投入扶贫培训资金2 500多万元,开设了建筑、驾驶、绘画、种植、养殖、劳务输出等培训班,培训乡村干部和农牧民群众6万多人次。每年地方财政安排500万元专项培训资金,用于贫困地区干部群众的技能培训,5年累计举办各类培训班704期,培训人员4.3万人次。通过扶贫培训,乡村干部和农牧民群众的素质不断提高,参与开发建设的能力明显增强。西藏扶贫培训成效逐步显现,劳动力培训转移力度不断加大,约有1万人通过扶贫培训实现转移就业。各地区培训的画师,在农房改造中发挥了巨大的作用。这几年用于重点扶贫地区文化教育的支出也逐年增加,2005年比2001年增加了3个百分点,贫困群众学习技能的主体意识不断提高,参与培训和扶贫开发的积极性空前高涨。

(三)特色产业扶贫已经起步,结构调整取得了初步成效

"十五"期间,西藏自治区扶贫办先后安排建设蔬菜大棚431栋,扶持绒山羊养殖户2 600户,养殖藏鸡鸭100万只,藏猪6 835头;建成了亚东鲑鱼、山南冷水鱼等特色产品开发项目;初步建成了山南藏鸡鸭、白朗蔬菜、藏西北绒山羊、林芝中药材等特色产品基地;组建了采石队、建筑施工队等。不少贫困群众依靠特色产业开发增加了收入,实现了脱贫致富。谢通门县开展石材开发,组建了采石队,人员有182人,开采销售石材40万立方米,总产值达264万元,群众直接收入94万元,从业人员人均收入5 000多元,并吸收当地及周边乡镇贫困户38户,有效地解决了贫困户脱贫致富的难题。特色产业开发促进了农牧区经济结构调整,成为农牧民稳定增收的主要来源。

(四)贫困地区社会事业全面进步,新农村建设不断发展

按照"共同团结奋斗、共同繁荣发展"的主题,全社会更加关注贫困地区,更加关心贫困群众,更加支持扶贫事业,从而促进了贫困地区快速发展。目前贫困地区适龄儿童入学率达到91.8%,青壮年文盲率下降到15%,农牧科技贡献率达到35%以上,广播电视覆盖率达到85%以上,乡级卫生院覆盖率达到91.8%,人口自然增长率下降到了11‰。社会事业的进步,加快了贫困地区的经济发展,缩小了地区差距,架起了党和政府密切联系群众的桥梁,在新农村建设中发挥了重要作用。2005年,西藏自治区扶贫办按照全国"以整村推进扶贫为切入点,努力改善贫困地区生产生活条件;以培训促进转移为切入点,努力提高贫困农牧民的综合素质;以产业化龙头企业带动为切入点,努力调整贫困地区农牧业结构"的总体要求,从西藏实际出发,大胆探索扶贫新模式,选择了10个农牧民收入较低的乡镇开展整乡推进扶贫试点。

表 5-7　2003—2007 年特色产业部分项目效益情况表

年度	实施项目	工程量	收入情况	指标
2003	种植(亩)	600	户均收入(元)	5 000
	养殖(万头、只)	1.8	人均收入(元)	1 000
	干果(万株)	3.2	适龄儿童入学率(%)	86
	电视入户率(%)	7		
	拖拉机入户率(%)	3		
2004	采石(万方)	20.6	贫困户均收入(元)	12 000
	采沙(万吨)	5.2	人均收入(元)	1 350
	蔬菜(吨)	360	适龄儿童入学率(%)	86
	培训(期)	12	电视入户率(%)	8
	养殖(万只)	1.3	拖拉机入户率(%)	5
	采沙(万吨)	8.3	户均收入(元)	13 000
	培训(人次)	2 000	人均收入(元)	15 000
2005	采石(万方)	22	适龄儿童入学率(%)	88
	养殖(万只)	2.8	电视入户率(%)	9
	拖拉机入户率(%)	6		

续表

年度	实施项目	工程量	收入情况	指标
2006	采石(万方)	36	人均收入(元)	2 100
	采沙(万吨)	10.5	户均收入(元)	18 000
	加工业		电视入户率(%)	12
	培训(人次)	4 000	适龄儿童入学率(%)	90
	旅游(床)		拖拉机入户率(%)	7
2007	采石(万方)	4 000	户均收入(元)	22 000
	采沙(万吨)		人均收入(元)	2 300
	加工业		电视入户率(%)	12
	培训(人次)	5 000	适龄儿童入学率(%)	90
	旅游业(床)		拖拉机入户率(%)	12
	养殖(万头、只)	3		

三、特色产业的扶贫潜力

(一)西藏农牧业特色优势产业的选择与定位

农牧特色优势产业的选择和定位问题不能离开西藏具体的区域、资源、人文和传统习惯,应该进行科学的分析论证。在今后一个时期内,一般大宗农牧产品将面临较大的市场竞争压力,而特色农牧产品面临的市场竞争压力相对较小,因此发展农牧特色产业是扶贫开发的重中之重。其主要原因是:西藏农牧产品市场供求关系已开始发生两方面的重大变化。一方面,随着西藏农业综合开发能力的提高,实现了重要农牧产品供给由长期短缺到总量平衡、丰年有余的历史性转变。另一方面,随着区外农牧产品竞争的加剧,越来越多的区外特别是青海、甘肃、四川等地廉价的农牧产品将涌入西藏市场,随之可能会出现大宗农牧产品的卖难和价格下降、市场变化无常等情况。与此同时,随着西藏居民生活水平的不断提高,消费结构不断升级,对食品消费提出了新的更高的要求,特色农牧产品消费将会不断增加,这将有利于进一步激发特色农牧产品的生产,培育农牧特色产业资源向产业化发展有着广阔的市场前景。因此选择农牧特色产业作为西藏农牧业经济的增长点,有利于进一步延伸以农牧产品为主的加工工业产业链条,逐步解决贫困问题;有利于促进和带动贫困农牧民年均纯收入的快速增长。此外,西藏特色农牧产品已具备良好的发展基础,农牧特色产品技术及管理已日趋成熟,特色农牧产品领域涌现出了在区内有影响的龙头型企业,这将对西藏贫困地区的特色产业发展起到关键的引领作用。

(二)潜力分析

西藏农牧业资源具有多样化、多宜性的特点,构成了特色农牧产品的多样性。西藏地处青藏高原,有着独特的生态环境,孕育着诸多独特的生物资源。辽阔的地域、复杂的地貌与干旱的气候造就了农牧资源的多样性,从而使西藏成为全国最具特色的高原无污染、纯绿色特色农牧产品生产基地,成为具有区域特色的干果类、特殊物种产品产区和全国五大牧区之一。从市场竞争战略"人无我有、人有我优、人优我特"来看,建设特色农牧产业带既是西藏农牧区经济持续发展的现实选择,也是西藏农牧业和农牧区经济立足区内和国内两个市场快速发展的战略选择。从西藏来看,要发展好特色农牧产业,并使之规模化、上档次,必须立足于特色资源,以市场为导向,在生产、运输、保鲜、加工及营销等环节形成分工明确的系列化产业带、产业链。

1. 青稞产业

这里的青稞产业是指以青稞为主要产品的加工业。西藏是最适宜种植青稞的地区。在日喀则、阿里等农区,青稞种植面积和产量均占农产品种植面积和农产品生产总量的80%以上。今后要继续发挥青稞产业的重要作用,在产业布局上做到:在保证西藏粮食安全的前提下,贫困地区的青稞产业要向副产品系列加工增值方向发展。适应市场需求调整需要,积极发展优质、专用、特用产品,重点安排品种选育以及青稞系列产品开发,引资、引智、引企业介入青稞产品研发、生产、营销等工作。

2. 干果、水果产业

干果、水果是西藏种植效益较高、具有显著优势的农牧特色产业之一,同时也是西藏农牧民群众收入的主要来源之一。进入21世纪以来,西藏有关部门及扶贫开发部门在适宜种植干果的贫困地区通过引进资金,不断增加干果产业开发项目投入,这几年来有了较大发展。从西藏市场发展情况看,干果产业前景十分广阔,但存在总量少、质量不稳定、生产规模有限等问题。今后瓜果产业的发展要突出特色,采用新品种、新技术、新模式,走规范化、基地化、产业化的路子。要高标准、高起点、高质量,集中连片,区域布局,专业化生产。重点发展花椒、核桃、葡萄、杏等经济作物。尽快在主产区建设一批现代化恒温保鲜库,依托储存保鲜技术、温室工厂化技术、高新节水灌溉技术等,大力发展反季节瓜果生产。在适宜种植果树的退耕还林地区主要发展林果业,使这些地区的林果种植面积达到耕地总面积的20%以上。推行果品按品牌整理、分级、包装、上市等做法,注册商标,使品牌果品加工率达到85%以上。同时依托丰富的优质瓜果和一批现代化的龙头加工企业,积极开发保健型、无污染的瓜果加工。

3. 养殖产业

西藏养殖业市场潜力很大,特别是畜产品资源优势独特。下一步应抓住扶贫开发项目向产业开发倾斜的有利时机,争创一批肉类、奶类、毛绒类、皮革类的产品。要建设好藏北牦牛肉系列和阿里山羊绒加工业,加快形成规模,提高商品率,做好引资、引智、引企业工作,提高产品档次。奶类产业要重点依托龙头企业,在现有基础上扩大规模,在拉萨城郊及各地区所在郊区进行布点,提高质量和包装水平,占领更多市场,成为实现增收的重要途径。

4. 其他特色产业

西藏农牧特色产业发展潜力十分巨大,应充分发挥本区资源多样性、多宜性的优势,大力发展无污染的高原绿色产品。藏鸡、藏猪等资源十分丰富,市场前景十分广阔,下一步应采取依托龙头企业带基地合伙农牧户的形式,增强产品的开发能力和市场竞争力。西藏地区林下资源也十分丰富,如菌类、药材等,应通过科技措施大面积进行人工种植,并提高质量和产量,按照西藏自治区特色产业开发建设规划的要求,使其成为具有一定规模的知名品牌。

总的来说,贫困地区特色产业的开发建设一定要按照自治区产业发展战略,通过农牧区经济结构的战略性调整,加快发展优质青稞、油菜产业,以及特色畜牧业、特色养殖业、干果产业等,利用4~6年时间形成在区内外具有一定竞争力的特色农牧业产业带,使贫困地区群众收入显著增加,为加快迈入小康社会打下坚实的基础。

四、特色产业的扶贫空间

经过多年不懈努力,西藏扶贫特色农牧产业已粗具规模,有力地促进了项目区农牧民增收,为西藏扶贫特色农牧产业开发探索了路子,积累了经验。但同时也要看到西藏扶贫特色农牧产业开发还处于起步阶段,存在着产业规模不大、层次不高、机制不完善等问题。

1. 农牧特色产业停留在低层次上,短期行为严重。不少地方,在快速提升经济发展水平的思想指导下,采取简单的特色资源开发利用模式,将特色资源的低层次无序开发,简单地理解为发展特色经济,导致本地特色产品停留在低层次的发展水平上,附加值低,缺乏市场竞争力,产品在市场上往往是昙花一现,很难形成可持续发展的良性机制。

2. 思想观念落后,不适应特色经济发展的要求。主要表现在农牧民商品意识与市场意识淡薄,小农经济思想严重,小富即安,对于生产、加工的农牧特色产品不是积极主动地寻找市场,而是坐等上门收购。在贫困县、乡干部队伍中,不少人市场观念淡薄,思想仍禁锢在传统观念中,习惯于过去的工作方式,重生产,轻流通,缺乏闯劲,不按市场规律办事,把握不住市场机遇。

3. 农牧特色产业缺少龙头企业,没有形成知名品牌。西藏农牧特色产业不论是覆盖面,还是产业规模,都没有得到充分发展,主要原因之一是缺乏龙头企业,还没有形成知名品牌和区域品牌,如林芝、山南等不少地方已出现"一县一品"或"一乡一品"的特色经济体系,但由于缺少龙头企业和知名品牌的引领,农牧民一遇到市场波动就被"卖难"所困扰,并且在行业内和市场上逐渐丧失话语权,达不到规模经济的要求,产业组织小型化,社会协作意识不强,构建特色产业链条、增强产业竞争力的意识不强,没有在企业和产品的特、专、精上下足工夫、做足文章,而是注重"大而全"、"中而全"、"小而全"的企业建设。

4. 产业一体化进展缓慢,特色优势资源综合开发能力低。目前,西藏农牧特色产业内部的专业化分工与合作还未形成,产业链条短且前后联系不紧密,上下游产业协调差,下游产业规模小,跟不上上游产业的发展步伐;产业间缺乏有效支撑,满足最终需求的产品少,产品附加值不够;农牧特色产业中的初级生产和简单加工多,技术含量高、加工层次高的产业发展不足;资源利用结构单一,利用率低,对相关产业的带动力不强,大量特色优势资源无法转化为产业优势、经济优势和效益优势。

5. 具有竞争力的知名品牌不多,营销手段落后。目前,在西藏农牧特色产业中,虽出现了个别具有一定竞争优势的产品,形成了一些区内知名品牌,但绝大多数特色产品不具有质量、品牌竞争优势,许多产品仍以价格低为其主要竞争手段,停留在传统竞争优势阶段,在区外具有竞争力的品牌还较少,品牌效益不明显,品牌集中度和消费者忠诚度还不高。

6. 经济实力弱。西藏是主要依靠中央财政转移支付的省份,地方实力弱,财政很难拿出大量资金投入农牧特色产业发展,而农村集体、农牧民经济实力又相对薄弱,大部分农牧民刚解决温饱问题,难以拿出更大财力支持农牧特色产业。这些不利因素给西藏特色农牧经济快速发展造成了很大障碍。

第四节 特色产业发展与新农村建设

西藏是全国唯一一个贫困连成片的省级单位,如何加快新农村建设,是自治区党委、政府必须解决的大问题,伴随着农牧特色产业的发展壮大,借助农牧特色产业基地发展小城镇和产业集聚区,将有利于解决这一问题。本节研究表明,农牧特色产业发展不仅为西藏新农村建设注入了大量资金,同时也为新农村建设提供了新的思路和良好的环境基础。

一、产业区新农村建设概述

西藏恶劣的环境和频繁的灾害严重制约着农牧区新农村建设,严重阻碍着农牧区生产生活条件的改善和扶贫开发工作的开展。因此,实施"先搬后建再治"的新农村建设战略,改善农牧区生产生活条件,是切实提高西藏新农村建设工作水平的首要选择。

因此,在政府的主导和扶助下,将这些群众搬迁到条件稍好的地区生产、生活,实施贫困户安居工程,是做好农牧民扶贫工作的理想出路,既可以帮助农牧民脱贫致富,又可减轻资源压力,遏制生态恶化,实现自我发展。近年来,西藏成功落实了昌都三岩地区贫困户迁至林芝县、错那县贫困户迁至扎囊县、谢通门县灾民迁至日喀则市、尼木县贫困户迁至曲水县、加查县洛林沟贫困户迁至嘎玛吉塘和惹米、林周县北部地方病村迁出等跨地区跨县跨乡的新农村建设项目;落实了小城镇扩建迁移和县内、乡内搬迁,取得了宝贵的经验,获得了良好的社会效应和经济效益。今后西藏异地搬迁仍是新农村建设的一项重要任务。这项工作量大,面广,务必审慎稳妥推进。必须做到量力而行,注重实效,处理好迁出与迁入两地间的关系,确保搬得出、稳得下、富得起,尽快提高搬迁户的收入水平和生活质量。

另外,实施新农村建设搬迁一定要做到科学规划,坚持高标准、高质量建设移民搬迁点,要引导迁入的贫困人口树立对生态环境的保护意识,防止搬迁后又造成新的资源环境破坏。与此同时,西藏的新农村建设要注重超前性、规模化,要与小城镇建设相结合,逐步改变农村居民分散居住的状况,逐步改变农牧区居民的生活方式,有利于形成对第三产业的规模要求,有利于吸纳更多城乡劳动力就业。事实证明,对因恶劣环境和地方疾病造成贫困的农牧民实施整体搬迁,将有利于推进农牧业综合开发,解决农牧民生产生活上的问题,使贫困农牧民生产、生活全面发展,实现易地脱贫的扶贫开发目标。

二、产业发展与社区建设

农牧特色产业的良好发展,有利于农牧区各项社会事业的全面进步,有利于西藏农牧区村庄与农村社区建设。民主改革50多年来,西藏农牧特色产业取得了全面发展,农牧区村庄与社区建设取得了显著的成绩。

农村社区主要以各种各样的行政村或自然村的形式出现;街道办事处辖区或居委会辖区以及目前一些城市新划分的社区委员会辖区构成了城市社区的基本形式。西藏建立农村社区的试点工作源于2006年7月,自治区民政厅启动了西藏试点农村社区建设工作,将"社区"概念引入农牧区,并将农牧区社区建设纳入西藏新农村建设体系,为"新农村"建设注入了新的元素。

在"十五"期间,自治区各级党委和各级政府按照建设社会主义新农村的要求,围绕安居乐业,完善政策,加大投入,加大了农牧区社区建设的力度,"三农"的投入共计165亿元,比上个五年计划期间增长了1.3倍。实施了最严格的耕地草场保护制度,建设了88个农业综合开发区,农田草场水利基本建设得到加强,农牧业综合生产能力进一步提高,坚持因地制宜、保持特色、量力而行、尊重群众意愿的原则,实施了安居工程,解决了11.4万户农牧民的居住问题;安居工程的实施和农牧业特色项目区的建设不断推进了"八个基本解决",解决了219个乡镇、1 490个行政村通公路,102万农牧民的安全饮水,111个中心乡镇通邮和3 712个行政村通电话,解决和改善了65万农牧民的用电问题,完成了近两万例白内障复明手术,农牧区碘盐推广人口覆盖率达到40%,县乡村的标准医疗设备基本配齐。初步形成了特色农牧业等多轮驱动的农牧民增收机制,有效增加了农牧民的收入,2007年农牧民人均纯收入比2002年增长83.3%。以科学文明进步为导向,大力实施科学知识和劳动技能培训,共安排了1.4亿元,培训农牧民130万人次,新型农牧民正在成为社会主义新农村建设的主体。而这些工作的开展,为推进新农村建设和农牧区社区建设发挥了重要的作用,与西藏人民衣食住行紧密相关的社区建设成就斐然。

以拉萨为例,从20世纪80年代拉萨市区建设团结新村起,从东郊到西郊、北郊建起了一大批居民住宅区,拉萨的近郊县(区)也建起了相对集中的农牧民住宅区,形成了一定规模的城镇社区。党的十六大以来,西藏自治区以加强城乡自治组织建设为重点,以建设和谐社会为目标,以增强社区基层党组织建设、社区管理和服务为内容,大力加强基层民主政治建设,充分发挥社区党团组织的堡垒作用,提高社区居民的参与意识和归属感,社区治安稳定,群众性自治组织在基层特别是在广大农牧区协调利益、化解矛盾、排忧解难方面的优势和特殊作用日益发挥出来,有力地促进了西藏社会的和谐稳定。

三、产业发展与社会事业

"十五"以来,在自治区党委、政府的正确领导下,各级党委、政府始终坚持经济社会协调发展,遵循"一个中心、两件大事、三个确保"的新时期西藏工作指导方针,统筹城乡发展,优先发展教育事业;不断加强卫生、文化建设,促进了农牧区各项社会事业的发展。

(一)农牧区教育事业

1. 农牧区基础教育快速发展,"两基"攻坚成效显著。"普九"和农牧区寄宿制学校建设全面推进,基础教育进一步巩固。"两基"攻坚取得了突破性进展,义务教育普及程度迅速提高。截至2005年年底,西藏有小学890所、教学点1 568个,在校生32.8万人,适龄儿童入学率达到95.9%;有初级中学93所,在校生12.1万人,初中入学率达到75.4%。

2. 职业教育得到巩固和加强。西藏进一步完善了职业教育体系,不断加强职业学校建设力度,调整了中等职业学校的布局,将职业学校由12所调整为10所,在西藏74个县区全面启动了劳动实践基地建设工程。积极组织实施职业教育对外交流合作项目,职业教育办学条件进一步改善,办学规模进一步扩大,办学质量进一步提高。进一步深化了农牧区教育综合改革,积极组织开展农牧民实用技术、技能培训。在7地市的45个县实施了种植、养殖、机械维修等的实用技术培训和面向农牧区富余劳动力转移的农民工职业技能培训。结合西藏劳动力市场的需要,以定点、定向的方式,开展了建筑施工、家政服务、水电运行等农民工就业培训。

3. 农牧区教育投入不断加大,办学条件进一步改善。从1985年开始,西藏在农牧区实行以寄宿制为主的中小学校办学模式,并对义务教育阶段的农牧民子女实行"包吃、包住、包学习费用"的"三包"政策。西藏村完全小学、乡中心小学、县完全小学及各级初级中学的农牧民子女住校生,家庭住址距小学两公里、初中3公里以上的农牧民子女,均享受"三包"政策。

4. 全面推进农牧区教育改革,教育质量和办学效益逐步提高。不断深化农牧区办学体制改革,全面推进农牧区教育综合改革,积极探索"三教"统筹、农科教结合的农牧区教育发展路子。建设了一批农牧区教改示范学校和劳动技术教育示范基地。农牧区以基础教育新课程改革为突破口,不断深化教育教学改革,积极推进素质教育。

(二)农牧区卫生事业

1951年西藏和平解放后,农牧区的卫生事业从无到有、从小到大不断发展,发生了翻天覆地的变化,取得了举世瞩目的成就。各级党委、政府把发展农牧区卫生事业作为解决"三农"问题,统筹经济与社会、城市与农村协调发展的重大举措,不断完善和落实政策措施,始终坚持以初级卫生保健为龙头,以健全服务体系和提高服务能力为主题,以提高农牧民健康水平为目标,不断加强卫生服务体系和卫生服务队伍建设,积极推进新型农村合作医疗制度建设,以城镇为中心辐射农牧区的医疗卫生服务网络已基本建立,整体服务功能逐步增强,农牧区卫生事业有了长足发展,广大农牧民群众的健康水平显著提高。

按照世界卫生组织确定的标准,衡量一个国家人民健康水平主要有三大指标:一是人均期望寿命,二是婴儿死亡率,三是孕产妇死亡率。和平解放初期,西藏人均期望寿命为35.5岁,2005年提高到了67岁;孕产妇死亡率由50‰下降到2.98‰;婴儿死亡率由430‰下降到27.3‰。这三大指标的变化,标志着西藏人民群众的健康水平得到了较大的提高。1959年到2005年,西藏农业人口从113.22万人增长到224.12万人,增长了98%。

1. 遍及农牧区的医疗卫生服务体系基本建立。1951年西藏和平解放以前,西藏农牧区卫生事业十分落后,仅拉萨、日喀则、昌都有少数藏医机构和私人诊所以及零星的民间藏医。和平解放后,农牧区卫生事业发生了翻天覆地的变化,取得了巨大的成就。到2006年年底,西藏共有卫生机构903个。

2. 以免费医疗为基础的农牧区医疗制度不断完善。西藏和平解放以来,党中央、国务院高度重视西藏的医疗卫生事业,一直对西藏农牧民实行免费医疗的特殊优惠政策。以免费医疗为基础的农牧区医疗制度,基本覆盖了西藏地区的全部农牧民。基本解决了缺医少药的问题,实现了就近就医、小病小伤不出乡,常见、多发病不出县,大病转院治疗的目标。1993年以来,国家、自治区用于农牧民的免费医疗经费达7.3亿元。广大农牧民群众的基本医疗和预防保健有了较好保障。

3. 为切实解决农牧区群众看病难的问题,西藏在免费医疗制度的基础上,大力推行农牧区医疗制度。自2004年以来,连续4年提高了农牧民免费医疗标准,年人均免费医疗经费从1993年前的5.5元,提高到2007年100元的标准(见图9-1)。西藏享受免费医疗标准的农牧民人数将达到237万余人(含享受免费医疗政策的城镇居民),体现出农牧区医疗制度以免费医疗为基础、以政府投入为主导的鲜明特征。

(三)农牧区文化事业

20世纪80年代以来,西藏自治区和各地(市)经常不定期地举办群众文艺会演。到2006年,西藏已有县民间艺术团17个,相对固定的乡村业余文艺演出队500多个,藏戏演出队160多个。他们常年活跃在农牧区,深受群众喜爱。逐步建立或恢复了一年一度的拉萨雪顿节、那曲地区恰青赛马会、日喀则珠峰艺术节、江孜达玛节、昌都地区康巴艺术节、山南地区雅砻艺术节、阿里的象雄文化艺术节、林芝地区杜鹃花文化艺术节以及各县、乡的望果节等民间传统文化节庆活动。每逢传统文化节日,各地就会广泛开展民间文化节庆活动,这对丰富农牧区群众的精神文化生活,继承和保护民族传统文化产生了积极影响。农牧区广播电视覆盖率显著提高。"十五"以来,西藏先后实施了"西新工程"、"村村通"等工程。通过"西新工程"的实施,实现了西藏人民广播电台广播节目播出和制作的数字化,完成了西藏电视台新闻、专题、文艺节目采编数字化改造和部分译配设备更新工作。到2005年年底,西藏已有省级广播电台1座(西藏人民广播电台),开办广播节目4套;省级电视台1座(西藏电视台),开办电视节目3套;广播电视专用上行卫星地球站1座,传送2套电视和3套广播节目;实验台5座,其中拉萨3座,昌都、日喀则各1座;地区级广播电视台7座;县级以上调频广播发射台76座;县级以上(含边境口岸)电视转播台79座。

(四)农牧区科技事业

西藏农牧业科技事业以服务"三农"为出发点和落脚点,大力引进、推广农牧业适用技术,实施高原特色农牧业研究开发科技项目,极大地提高了农牧业生产的科技含量,促进了农牧民群众的增产增收。到2004年年底,科技对农牧业经济增长的贡献率达到了30.6%。

1. 建立现代农业示范园区和基地。在西藏各地不同生态区域设立了37个科技示范基地和示范点,重点推广了20项农牧业先进适用技术。建立了农作物原种、蔬菜良种、半细毛羊育种、黄牛改良、农牧综合试验示范基地5个。广泛开展了黄牛、绵羊、山羊改良培育、人工种草、牛羊短期育肥、牲畜常见病防治、秸秆微贮、牦牛本品种选育及牦牛冷冻精液配种研究与示范推广等工作。自治区科技部门先后建立了国家级现代农业示范园区、西藏农作物原种繁育场、西藏麦类作物原种扩繁基地、西藏油菜原种扩繁基地和西藏杂粮作物良种繁育基地。建立了拉萨市城关区自治区级科技产业综合示范基地、白朗县农业科技综合示范园、日喀则江孜生态农业科技园,这些园区和基地的建设在调整农牧业经济结构、保护生态环境方面发挥了重要作用。西藏各类养殖重点户(专业户、示范户)达到4.4万余户。黄牛改良1.5万头,绵羊改良6万只,有效地增加了农牧民群众收入。示范区农牧业生产的科技含量和效益明显提高,充分发挥了项目对西藏农牧业生产的辐射和带动作用,为西藏发展现代农牧业探索出了新途径。

2. 加快农牧区科技成果转化。西藏农牧业科技成果转化项目的实施,对调整农牧业生产结构、增加农牧民收入和改善农牧民生活条件等方面起到了积极作用。根据西藏农牧业科技成果现状和发展特色农牧业的科技需求,2005年立项实施了34个农牧业科技项目,投入科技经费1 061万元。加大了农牧业特色资源研究开发和对增加农牧民收入具有带动作用的科研开发项目的组织领导力度、资金支持力度、跟踪服务力度。重点转化了青稞、冬小麦、春小麦、油菜等20个新品种种植技术成果,绒山羊繁育技术成果,高效无公害蔬菜种植技术成果和江孜大蒜种植技术成果。其中,项目区的青稞每亩增产率达到20.69%,油菜每亩增产率达到40%。高效无公害蔬菜种植技术成果转化项目采取与农户相结合的方式,使项目区的农民每户增加收入2 620元。相继实施了"西藏阳光"、"科学之光"、"阿里光明"和"送电到乡"光伏电站建设等科技计划,太阳能光伏发电装机总容量居全国首位。目前,各类太阳能光电设施总容量近9 000千瓦,推广太阳灶15万台,太阳能热水器20万平方米以上,太阳能采暖房、温室、牛羊暖圈等达25万平方米,实施了太阳能开水系统和太阳能煮饭系统示范工程。

3. 在农牧区开展科普宣传,提高农牧民的科技意识。各级科技部门在农牧区开展了大量科普活动,深受广大农牧民群众的喜爱。向农牧民群众发放《环境保护知识读本》、《农业技术》、《农村经济》等藏文科普读物109 715本(册),养牛、养猪、养鸭技术的科普音像1 000余盘。组织编写出版了藏汉两种文字的《高致病性禽流感防治知识科普手册》。举办了"科技活动周"、"科普一条街"活动,发放各种科普宣传书籍、资料5万余份(册),参与公众达4.6万多人次。认真开展农牧民科技培训工作,共培训农牧民群众51 559人(次)。加快了乡(镇)科普室的建设步伐,西藏农村科普室建设取得显著成效,为满足农牧民群众的科技文化需求作出了积极贡献。

(五)农牧区社会保障事业

1. 农牧区特困群众医疗救助制度。2005年5月,西藏自治区人民政府制定《西藏自治区农牧区特困群众医疗救助暂行办法》,明确了救助对象、救助方式、救助程序、资金来源和筹措办法。在医疗救助资金来源上,一是中央财政安排的医疗救助专项资金,二是农牧区医疗基金的5%,三是不足部分由三级分别负担,即自治区承担60%、地(市)承担20%、县(市)承担20%。2011年年底西藏普遍建立了农牧区特困群众医疗救助制度。

2. 农牧民最低生活保障。根据党的十六大提出的"有条件的地方探索建立农村最低生活保障制度"的精神,从2002年开始,昌都、林芝、日喀则3个地区在9个县开展了农牧区最低生活保障制度试点,将590户、2 222人纳入低保范围,月人均保障标准为60元。2005年,西藏自治区人民政府规定,对年人均收入300元以下的农牧民给予生活救助。同年年底,西藏7.5万农牧民群众享受到了最低生活保障。从2007年起,西藏在全面推行农牧区最低生活保障制度,将年人均纯收入低于800元的特困农牧民全部纳入农牧区最低生活保障范围,23万人因此受益。西藏农牧区特困群众最低生活保障工作进入了制度化、规范化的新阶段。

3. 农牧区五保户的供养。五保供养制度是和平解放以后开始实行并延续至今的一项特殊救助制度。和平解放初期,五保供养主要实行社会救济的办法。民主改革以后,采取了包养、寄养、互助组帮耕帮种帮收和政府补助等办法。西藏自治区成立以后,实行从公益金中开支解决、不足部分由国家救济解决的办法。1984年,西藏自治区民政厅、财政厅印发了《关于用社会救济金供养五保户的具体实施办法的通知》,明确规定了五保的条件、内容(保吃、保穿、保住、保医、保葬)、供养的标准(农区每人每年280~310元,牧区每人每年300~330元)。1994年,国务院颁布《农村五保供养工作条例》后,西藏自治区民政厅、财政厅决定对五保户供养增加补助(城镇每人每月增加14元、农牧区每人每月增加10元)。西藏五保户的供养过去由各级财政负担,2003年起全额纳入自治区财政负担的范围,供养标准由原来的每人588元提高到900元,2004年、2005年又先后两次将供养标准提高为1 200元和1 300元,2007年再次提高到1 500元,高于全国农村五保户人均供养水平。

四、加工型新农村建设

发展特色农产品开发与加工型新农村要在有一定特色资源的农牧区进行。西藏特殊的地理环境,为许多经济作物和畜禽的生长提供了优越条件,并已拥有许多优质、独特、驰名的农畜品种资源和产品资源,如茶叶、蚕豆、山羊绒、地毯毛,牦牛的肉、绒、皮,藏猪、藏鸡,还有一些特殊的野生动物资源等,这些都将使西藏建成国内和国际"绿色食品"、"无污染农产品"和名优特产品基地成为可能。同时,加工区要有良好的区位优势,便于产品的包装和运输。由于加工必然会产生一定的环境污染,因此,区域环境也要有较强的承载能力,具有一定的净化废弃物的能力。如果缺少这些条件,建设特色农产品开发与加工型新农村就不现实。

西藏的农村加工业主要是传统的、家庭作坊式的民族手工业,生产规模小,生产方式落后,产品以满足当地需要为主。发展缓慢,分布稀疏,难以形成整体优势,缺乏规模经济效益。为数不多的乡镇企业也存在信息不灵、效益滑坡的问题,缺乏龙头企业和拳头产品,难以引导种植业结构和产业结构调整,农牧民难以从中得到实惠,整体上影响了农牧民收入的增长。

西藏农牧业发展滞后,农牧民缺乏市场意识。西藏特殊的高原地理环境和长期落后的基础设施建设,迫使广大农牧区依然延续着古老传统的生活生产方式,这必然造就农牧民的市场观念落后,甚至根本没有市场经营意识。在短时间内要想让全体农牧民提高对市场的认识,自觉发展特色农牧产业,是比较困难的,也是不现实的,只有通过政府的积极引导,才有可能实现。而政府的引导作用应该体现在对农牧区特色农牧产品龙头企业的扶持上。实现龙头企业和农牧民利益紧密捆绑战略,才能在实质上促进农村经济的繁荣发展。龙头企业负责寻找市场,开发市场,树立品牌,建立销售渠道的工作,同时将市场信息反馈给农牧民,农牧民负责按照龙头企业提供的信息,适时调整原材料供给方案。这样,各司其职,分担风险,就会极大地调动农牧民的生产积极性。

因此,建设特色农产品开发与加工型新农村需要解决两方面的问题:一是建设农牧区龙头企业的问题;二是如何按照龙头企业对农牧产品的需求,有针对性地组织农牧民发展特色优势农牧业。解决好这两个问题,农牧区经济就有了持续的推动力,西藏全面小康指标就可以逐步实现。

第五节 特色产业发展与对外贸易

西藏农牧特色产业是依靠"特色"取胜的,一般是国内和国际市场的优势产品或独特品牌。因此西藏农牧特色产业的健康快速发展,必须借助于日益扩大的国内外贸易,通过贸易实现产业增长、农牧民增收,实现特色产品增值。本节研究表明,西藏农牧特色产品的出口一方面可以提升特色农牧产品的知名度和附加值,另一方面也可以使西藏独特的资源优势转化成产品优势、竞争优势和经济优势。

一、对外贸易现状与问题

西藏农牧特色产业经过上世纪80年代、90年代的大起大落和短暂的阵痛（大批外贸公司倒闭、人员下岗）之后，到2005年已经开始摆脱前靠政策、左右靠扶持、后靠输血的低级经营模式，初步实现了结构调整和经营方式转型，自营进出口能力不断提高，竞争理念不断强化，外贸促发展、促稳定的意识不断增强，对外贸易在实现西藏农牧特色产业跨越式发展中的作用越来越明显。

西藏农牧特色产业区通过建设出口商品基地，扶持出口产品，拓展国外市场等一系列措施，不仅有力地推动了西藏传统的羊毛、羊绒、矿产品以及其他畜产品的出口，而且发展了藏药、生物制品和手工艺品的出口。西藏自产产品从2001年的560万美元增加到2005年的3 424万美元。西藏与毗邻国家和地区的经济合作不断增强，基础设施建设的不断完善和青藏铁路的建成，为西藏对外贸易的飞跃发展奠定了坚实的基础。

与此同时，西藏对外贸易也表现出与经济发展不协调的问题。西藏经济连续几年保持了12%以上的增长速度。而与西藏经济高速发展不配套的是对外贸易发展缓慢，2001年至2005年，西藏特色农牧产业对外贸易发展平均水平只有9.4%。西藏自治区2005年提出了对外贸易总额要达到2.5亿美元，比2004年增长19%的目标，但实际上2005年对外贸易总额只有20 539万美元，比2004年减少了8%。西藏对外贸易依存度在1994年曾经达到了18%以上，高于当时全国平均依存度，而到2005年对外贸易依存度仅为6%，比全国平均少60个百分点。

二、对外贸易影响因素

20世纪80年代以来，国家对西藏的援助重点一直是西藏的农牧业、农牧区和广大农牧民群众。20世纪90年代后，为了帮助西藏尽快建立起社会主义市场经济体制，1994年7月中央召开了第三次西藏工作座谈会，会议决定，过去给西藏的特殊政策和灵活措施，能够继续运行的予以保留，因情况变化失效或需要改变的，由国家采取新的优惠政策和特别的扶持措施予以替代，充分体现了中央对西藏政策的"宽、优、特"。

援藏政策：农牧业为重中之重。中央第三次西藏工作座谈会为西藏制定了八个方面的特殊政策，包括财税、金融、投资、价格补贴、外经贸、社会保障、农业和农村、企业改革八个方面。农牧业获得继续免征农牧业税等的优惠待遇，并通过"62项工程"的建设，建立起一批农牧业基础设施，为以后西藏农牧业加快发展奠定了更加牢固的基础。

1994年中央决定组织全国部分省市及中央相关部委,帮助西藏实施"62项工程"。从"62项工程"项目分配情况看,主要是农牧业基础设施建设,与农牧业、农牧民生产生活直接或间接相关的项目建设,如农牧水利基础设施建设、农畜产品加工、农牧科技等,涉及7地市、27个县。交通、能源、通信项目也都是直接和农牧区有关的,涵盖了西藏各地市及所有的县,如乡级太阳能广播电视接收站项目就直接涉及74个县、493个乡、57个道班。当年的广播、电视覆盖率分别达到了65%、55%。

中央所确立的"分片负责、对口支援、定期轮换"的援藏方针,使西藏农牧业获得了更多的发展机会和更大的发展空间。在发达省份的对口支援下,西藏农牧业获得了前所未有的大发展。农牧区改变了单一的所有制形式,逐步形成了以公有制为主体,多种经济成分和多种经营方式并存的所有制结构,并正逐步建立健全完善的社会主义市场经济体制,以及以按劳分配为主体的多种分配形式。农牧区的经济体制改革使得广大农牧民获得了生产自主权、经营决策权、产品销售权和收入支配权,成为独立的生产经营者,适应了西藏现阶段的农牧业生产力发展水平,极大地调动了广大农牧民的生产积极性,使农牧业生产、农牧区经济获得了长足发展。

三、对策措施建议

特殊的地理环境、自然条件和历史原因,造就了西藏相对落后的经济,由于西藏交通闭塞,基础设施差,虽有毗邻多国的地缘优势,但没有能形成对外贸易的经济优势。区内对外贸易企业资金缺乏,经营观念陈旧,经营批量小,专业化程度低、集团化水平低,经营效率低下。加上招商引资困难,西藏边境贸易一直处于相对较低的水平和层次上。5个开放口岸的进出口业务量有限,开放口岸在对外贸易中的辐射带动作用远远没有发挥出来。

现阶段西藏边贸的主要对象是尼泊尔。尼泊尔是个内陆农业国,经济落后,市场空间小,与西藏贸易互补性差,没有更多、更好的商品向中国出口。因此中方贸易顺差过大,进出口不平衡,阻碍了贸易的可持续发展。另外,与印度的边境贸易由于开展较晚,目前尚未完全释放出其潜力。

针对西藏对外贸易现状,我们提出如下发展建议:

一是进一步开放市场,扩大对外贸易。近期首先要管理好樟木口岸,使其充分发挥在西藏对外开放的"龙头"作用,同时建设和规划好吉隆口岸和亚东口岸,进一步加大西藏对外开放的力度,使西藏毗邻多国的地缘优势转化为贸易优势。其次,放宽对进出境人员和旅游人员的限制,扩大开放区域,使人员来往便利化,加强边贸与旅游业的结合。西藏地区浓郁的民族风情和独特的边境风光吸引着众多的游客,因此开拓旅游购物市场,带动餐饮、娱乐等第三产业的发展,既可以提高当地居民的收入,也有助于边境贸易的繁荣。

二是加大对西藏农牧特色经济和自产产品的政策倾斜和政策扶持力度。申请国家有关部门对西藏自产产品和民族生活用品的进出口给予特殊优惠政策,逐步实现农、牧、林业与外贸的紧密挂钩,扶持订单农业、订单牧业和订单林业,以大力发展特色经济,扩大自产产品出口,使西藏农牧民群众增产增收、脱贫致富。

三是利用好对口援藏政策,充分发挥对口援藏省区和对口援藏国有大型企业的优势,使援藏工作延伸到外经贸的各个领域。创新管理和经营理念,提高出口商品的结构和质量,不断提高产品的科技含量,创建优质品牌和特色精品,提高企业的市场竞争力。面对市场积极应变,努力拓展国外市场,使西藏的对外贸易持续、快速、健康发展。

四是充分利用国家实施西部大开发战略和实施"十二五"规划的有利时机,加大西藏口岸的开放力度。积极向国家有关部委争取加大对吉隆口岸基础设施建设的资金投入,认真编制西藏口岸开放"十二五"战略报告,加快独木赤列和什布奇两个口岸进行开放的前期可行性调研,并使这两个口岸的开放列入"十二五"口岸开放规划中,结合国家对外贸易发展规划和国家外交战略的需要,积极制定西藏口岸近期、中期、远期发展规划。建议国家援助尼泊尔的资金尽快落实到吉隆、普兰口岸尼泊尔方的基础设施建设上来,以改变尼泊尔方基础设施落后的局面,从而加快推进西藏边贸发展。

第二篇 战略与对策

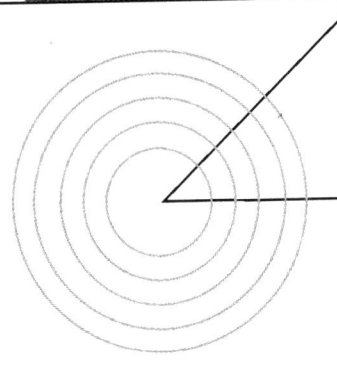

第六章

西藏农牧特色产业发展政策分析

党的十一届三中全会以来,随着全党工作重心向经济建设转移,西藏农牧业和农村经济进入了改革开放、全面振兴的历史新阶段。特别是中央先后召开的五次西藏工作座谈会,给西藏农牧业和农牧区提供了诸多"宽、优、特"的政策,为农牧区改革发展注入了生机和活力。西藏自治区坚持以党的基本路线和建设中国特色社会主义为指导,认真贯彻执行中央为西藏制定的一系列特殊政策和灵活措施,积极推进农牧区改革,实行"土地归户使用,自主经营,长期不变"、"牲畜归户,私有私养,自主经营,长期不变"的农牧区特殊政策,建立统分结合的双层经营体制;大力发展乡镇企业和多种经营,实现农林牧副业全面发展;突破统购统销政策,深化农牧区流通体制改革,放开畜产品、土特产品价格和市场,粮食实行合同定购和保护价收购,加快了农牧特色产业市场化进程,突破单一集体经济的所有制格局,形成了以公有制为主体、多种所有制经济共同发展的所有制格局。各项政策深入贯彻执行,解放和发展了生产力,促进了农牧业和农牧区经济快速发展。按照建设社会主义新农村的要求,围绕安居乐业,完善政策,加大投入,西藏农牧民生产生活条件显著改善,收入大幅度提高,传统农牧业正在向现代农牧业转变,生产生活方式正在向着科学文明迈进。本章通过对中央、自治区、各地市和各部门采取的促进农牧特色产业政策的研究,展示政策成效,揭示政策规律,为寻求新的政策思路提供参考。

第一节 中央赋予西藏的特殊优惠政策

从毛泽东、邓小平、江泽民到胡锦涛,历代国家领导人一直牵挂着西藏的经济发展和社会进步。从和平解放到改革开放,从改革开放到今天,不同历史时期,中央都赋予了西藏特殊优惠的农牧业促进政策。本节通过研究上世纪60年代以来西藏农牧特色产业的促进政策,总结经验,为构建新的政策体系提供参考。

一、产业促进政策

(一)以农牧业为主的西藏产业发展政策实施概述

20世纪60年代初,中央为了促进西藏农牧业的不断壮大,实现西藏社会的长治久安,结合特殊区情和经济社会发展的实际,适时提出了"稳定发展"的农牧业工作方针,为了贯彻这一重大工作方针,西藏工委和自治区筹备委员会在深入农牧区实地调查的基础上,制定出台了《农村中若干具体政策的规定》(即26条)和《牧区若干政策》(即30条)。"26条"的主要内容是:稳定农牧民个体所有制,使农牧民安心生产;认真办好互助组,五年不办合作社;大力开展爱国生产运动,积极扶助发展农牧区手工业和副业生产,活跃农牧区经济;以1960年核实的常年产量为计算基础,计征爱国公粮,五年不变,增产不增税,农牧户存粮备荒;坚决保护农牧区劳动力,加强农业生产。"30条"的主要内容是:稳定牧民个体所有制和牧主所有制,至少五年不办牧业合作社;认真贯彻"牧工牧主两利"政策,允许雇用牧工和出租牲畜,发挥牧工生产积极性和牧主经营积极性;大力开展爱国增产保畜运动,认真办好互助组,积极发展生产;广泛开展自由交换,允许自由借贷,活跃牧区经济;实行轻税政策,四年内增收不增税。这些重要的农牧区促进政策稳定了刚刚当家作主的农牧民的民心,使农牧民真正实现了休养生息,第一次享受到了自己的劳动成果,从而极大激发了农牧民生产积极性,农牧区经济迅速发展。

西藏实施完整的农牧业产业结构调整政策可以追溯到1981年,提出了"西藏经济工作的顺序应当是:牧业、农业、商业、交通、工业及其他"。由于当时的主要任务是解放思想和转变观念,加之缺少具体的实施措施,使这项政策实际上没有得到很好的贯彻执行。1985年西藏提出了"以农牧业为基础,以旅游业为中心,以教育、交通、能源为重点,理关系,打基础,带动其他行业全面发展"的产业结构调整政策,这项政策从总体上提出了西藏农牧产业结构的调整方向,具有西藏特色,体现了产业倾斜发展的战略意图,从而确定了农牧业作为西藏产业中的重中之重的地位。1990年自治区人民政府正式颁布了《西藏经济社会发展规划》,提出了西藏经济的发展重点是:必须重视农牧业为基础的战略地位;继续抓好能源、交通、邮电通信;重点发展有地方特色的加工、矿业、旅游业和内外经济贸易,并进行组织实施。至此,自治区农牧特色产业政策基本确定下来,成为引导西藏经济发展的导向性政策。

(二)西藏农牧特色产业促进政策的特征描述

1. 改革开放前的西藏农牧业促进政策的导向是稳定发展,通过政策倾斜推动利益倾斜,实现农牧特色产业发展。改革开放以来的西藏农牧特色产业促进政策的导向是在稳定发展的基础上,通过确定合理的产业发展顺序,突出农牧业的核心、基础作用,不断调整和优化产业结构,促进西藏农牧特色产业稳定健康发展。

2. 改革开放后出台的一系列农牧特色产业经济政策主要体现在产业组织领域,主要意图都在于增强农牧民的竞争意识,提高竞争素质,逐步实现农牧特色产业从业主体行为的市场化,并通过改革生产关系、加快技术进步、大搞农田水利基本建设、农牧业机械化、轻税免税和休养生息等具体措施,促进农牧特色产业加快发展。

3. 形成了"以农牧业为主"、"农牧并举"、"以农牧业为基础"为主要内容的西藏政策方向标和基本取向,为突出农牧业进而促进农牧特色产业加快发展提供了理论指导。

二、西藏工作座谈会确定的优惠政策

(一)第一次西藏工作座谈会关于农牧业发展的政策述评

为了使西藏农牧民能够更快地富裕起来,使西藏农牧区经济有一个良好的发展基础,1980年3月中央在北京召开了第一次西藏工作座谈会,会议明确指出,必须从西藏实际出发,放宽政策,采取特殊政策让西藏农牧民得到休养生息,逐渐改善生活。自治区党委、政府在统一认识、统一思想和深入调查的基础上,确定了一系列休养生息、治穷致富的具体政策,这些政策可以概括为"放、免、减、保"四字方针。"放"即放宽政策,尊重队、组、户的自主权;"免"即免征农牧业税收,取消一切形式的派购;"减"即减轻农牧民群众的负担;"保"即保证必要的供应。中央对西藏农牧民实行免征农牧业税政策,使农牧民得到充分的休养生息,极大地激发了农牧民的生产积极性。

(二)第二次西藏工作座谈会关于农牧业发展的政策述评

1984年2月至3月,中央在北京召开了第二次西藏工作座谈会,会议针对西藏经济发展实际,对西藏农牧区进一步实行了休养生息的特殊优惠政策,即在农区实行"土地归户使用,自主经营,长期不变",在牧区实行"牲畜归户,私有私养,自主经营,长期不变"。这是中央在总结1980年以来西藏工作经验的基础上,对西藏的特殊性进行了再认识所制定的符合西藏经济发展实际的政策,目的是让西藏人民尽快富裕起来。1984年4月中旬,自治区党委制定了《西藏自治区党委关于农牧区若干政策规定》,主要内容包括:(1)免征农牧业税政策延长到1990年;(2)土地、牲畜的承包期30年不变,集体林木、荒山、荒地的承包期50年不变,其中开发性经营允许继承;(3)取消粮食、酥油、肉类的计划收购,常年开放农、牧、副产品市场,实行自由买卖;(4)任何单位、个人不得向群众摊派,社队干部补贴由地方财政开支,五保户的生活费用由社会救济解决,以及保障农牧民在生产上和经营上的自主权,不再下达种植和养殖计划;(5)县、区办的中小学学生实行包吃、包穿、包住,所需经费由国家开支;(6)鼓励发展多种经营,扶持帮助各种专业户、重点户,允许雇请帮工、学徒;(7)允许农牧民跨县或到区外从事商业和其他经营活动;(8)欢迎区外个体和集体、国有企业来藏设店、建厂、参加物交会、举办展销会,为他们提供方便,保护其合法利益。

"两个长期不变"政策的实施,深受广大农牧民群众的欢迎。到1984年年底,西藏95%的农牧区落实了"两个长期不变"的政策,农牧民家庭自主经营成为农牧区经营体制的基本特点。

在坚持土地、草场、森林等主要生产资料公有制的前提下实行的"两个长期不变"的家庭自主经营制,是所有权和经营权分离的一种经营形式。这种家庭自主经营制,在自愿互利的基础上,有的重新组建了各种形式的生产互助组和换工组,有的在交换和销售环节上组织产销合作,有的联合发展多种经营和工副业,多形式地探索了家庭经济和集体经济以及各种合作经济相结合发展的途径。农牧区实行家庭自主经营责任制以来,专业户、重点户较快地发展起来,多种经营,特别是从事工商业的人数迅速增加。个体经济有了较大的发展,也出现了一些私营经济,同时牧工商、林工商、农工商等多种经济成分组成的经营形式也相继在农牧区出现,使农牧区多种经济成分的经营方式多样化。

(三)第三次西藏工作座谈会关于农牧业发展的政策述评

为了帮助西藏尽快建立起社会主义市场经济体制,1994年7月中央召开了第三次西藏工作座谈会,决定过去赋予西藏的特殊政策和灵活措施,能够继续运行的予以保留,因情况变化失效或需要改变的,由国家采取新的优惠政策和特别的扶持措施予以替代,充分体现了对西藏政策的"宽、优、特"精神。第三次西藏工作座谈会为西藏制定了八个方面的特殊政策,包括财税、金融、投资、价格补贴、外经贸、社会保障、农业和农村、企业改革政策。而农牧业又获得继续免征农牧业税等的优惠待遇,并通过"62项工程"的建设,建立起一批农牧业基础设施,为以后的发展奠定了更加牢固的基础。特别是第三次西藏工作座谈会后,中央所确立的"分片负责、对口支援、定期轮换"的援藏方针,使西藏农牧业获得了更多的发展机会。在发达地区的对口支援下,西藏农牧业不仅从资金、技术、市场等获得前所未有的大好时机,同时也获得了前所未有的大发展。农牧区也逐渐改变了单一的所有制结构,形成了以公有制为主体、多种经济成分和多种经营方式并存的所有制结构,并正逐步完善社会主义市场经济体制,以及以按劳分配为主的多种分配形式。而农牧区的经济体制改革,使农牧民家庭获得了生产自主权、经营决策权、产品销售权和收入支配权,成为相对独立的生产经营者。这项政策基本上适应了西藏现阶段的农牧业生产力水平,极大地调动了广大农牧民的积极性,使农牧业生产、农牧区经济获得了长足发展。

(四)第四次西藏工作座谈会关于农牧业发展的政策述评

2001年中央召开了第四次西藏工作座谈会,在探索和把握新时期西藏工作规律的基础上,形成了一整套符合西藏经济社会发展实际的政策措施,为西藏发展创造了极为有利的政策环境,进一步开创了西藏改革开放和现代化建设的新局面。2005年在自治区成立40周年之际,中央下发了《中共中央、国务院关于进一步做好西藏发展稳定工作的意见》,制定完善了一系列大政方针,进一步丰富和发展了新时期西藏工作的指导思想,明确了新世纪新阶段西藏经济社会发展的战略目标、具体任务和政策措施,为进一步做好西藏工作指明了前进方向。中央强调,继续做好西藏工作,必须坚持以邓小平理论和"三个代表"重要思想为指导,坚持中国共产党的领导、坚持社会主义制度、坚持民族区域自治制度,树立和落实科学发展观,以经济建设为中心,紧紧抓住发展和稳定这两件大事,确保西藏经济社会实现跨越式发展,确保国家安全和西藏长治久安,确保西藏各族人民生活水平不断提高。"十一五"时期,要继续保持"十五"时期西藏生产总值和农牧民收入较快增长的态势,到2020年实现全面建设小康社会的目标。要把改善农牧民生产生活条件、增加农牧民收入作为西藏经济社会发展的首要任务,坚持走有中国特色、西藏特点的发展路子,着力推进以安居乐业为重点的社会主义新农村建设,着力转变经济发展方式,着力推进改革开放,着力保障和改善民生,着力构建青藏高原国家生态安全屏障。加大支援西藏力度,把改善农牧民生产生活条件作为援藏工作的重点。坚持对十四世达赖分裂集团斗争的基本方针,深入开展反分裂斗争,努力构建平安西藏。2006年国务院制定了加快西藏发展、维护西藏稳定的40条优惠政策。2008年7月国务院办公厅转发了国家发展改革委员会关于近期支持西藏经济社会发展的意见。所有这些,都为西藏改革发展稳定提供了更加优惠的政策、更多的项目支持和更加有力的工作指导,已经并将极大地促进西藏跨越式发展和实现社会长治久安。

(五)第五次西藏工作座谈会关于农牧业发展的政策述评

2011年1月18日至20日中央第五次西藏工作座谈会召开,这次会议是在我国全面建设小康社会进入关键时期、西部大开发战略实施10周年、西藏跨越式发展进入关键阶段、反分裂斗争尖锐复杂的形势下,党中央、国务院召开的专题研究西藏工作和对加快四川、云南、甘肃、青海省藏区经济社会发展作出全面部署的一次十分重要的会议,充分体现了党中央、国务院对西藏工作的高度重视和对西藏各族人民的特殊关怀。这次会议以其系统的理论性、高度的战略性、全面的政策性和很强的指导性、针对性、可操作性,在建设社会主义新西藏进程中起到伟大的历史性作用,成为一个具有划时代意义的新的里程碑。会议明确了西藏发展的战略定位,围绕建设"两个屏障"、"两个基地",提出要提高农牧民生产生活水平,大力发展教育、医疗卫生、文化、科技、体育事业,加快建设覆盖城乡居民的社会保障体系和社会救助体系,切实保障和改善民生。加快新农村建设步伐,着力解决农牧区水电路气房等方面的实际困难。继续把西藏作为特殊集中连片贫困区域予以大力支持,加大中央扶贫资金投入力度,以安居乐业工程大推进,努力建设社会主义新农村。继续把改善农牧民生产生活条件、增加农牧民收入作为经济社会发展的首要任务,以增加农牧民收入为核心,善始善终地高质量地搞好农牧民安居工程建设,全面深化以安居乐业为突破口的社会主义新农村建设内涵,更好地改善农牧民生活,更快地改变农牧区面貌。要以优势特色产业的大发展,构建具有西藏特点的现代产业体系。一定要按照走有中国特色、西藏特点发展路子的要求,大力实施"提升一产、做大二产、做强三产"的经济发展战略,从本地资源条件和产业基础的实际情况出发,有重点地发展市场竞争力强的产业,高起点、大规模推进,着力打造一批具有较高知名度的高原特色品牌,形成特色产业的强大生产力。这次会议为西藏农牧特色产业抓特色、提档次提供了理论依据,为农牧特色产业经济加快发展指明了方向。

三、产业发展的配套政策

中央第三次西藏工作座谈会以后确定的对口援藏政策是一项特殊政策,在"中央关心西藏、全国支援西藏"的政策氛围中,西藏农牧特色产业迎来了又一良好的发展机遇期。特别是第五次西藏工作座谈会以后,为实现西藏的跨越式发展和长治久安,中央进一步赋予了西藏一系列重大的特殊的优惠政策,主要包括：一是投资方面，提出继续加大中央投资倾斜力度，扩大专项投资规模，使西藏"十二五"全社会固定资产投资较"十一五"大幅度增长；对中央安排的公益性建设项目，取消西藏地方政府投资配套。二是财政税收方面，提出继续执行并完善"收入全留、补助递增、专项扶持"的财政政策；加大专项转移支付力度，完善支农惠农补贴政策，扩大补贴范围，提高补贴标准。三是金融政策方面，提出维持现行优惠贷款利率和利差补贴政策；继续执行现行的优惠外汇管理政策和扶贫贴息政策；在藏银行业金融机构吸收的存款主要用于服务西藏经济社会发展。四是生态建设方面，提出建立草原生态保护奖励机制，探索生态效益补偿和资源开发补偿试点；发展循环经济，支持重点企业技术改造，提高资源和能源利用效率。在切实保障和改善民生上，一是改善农牧民生产生活条件方面，提出加快新农村建设步伐，着力解决农牧区水电路气房等方面的实际困难；继续把西藏作为特殊集中连片贫困区域予以大力支持，加大中央扶贫资金投入力度。二是社会事业方面，提出实现农牧民子女义务教育"三包"政策全覆盖，将高中阶段农牧民子女全部纳入"三包"范围；完善公共卫生和基本医疗服务体系；完善文化机构运行保障机制。三是社会保障方面，提出2012年前基本实现新型农村社会养老保险全覆盖。四是就业方面，提出支持建立公共就业服务体系，大力开发公益性岗位，政府投资项目优先吸纳当地劳动力就业。

在对口支援上，提出对口支援西藏政策延长到2020年。一是提出承担对口支援任务的省（直辖市）、中央和国家机关及企事业单位，要建立援藏资金稳定增长机制，援藏省（直辖市）年度援藏投资实物量，在现行体制下，按该省（直辖市）上年度地方财政一般预算收入的1‰安排。二是提出做好援藏干部选派工作，加大专业技术人员援藏力度。三是提出对口支援省（直辖市）、企业每年吸纳一定数量西藏高校毕业生就业。

第二节 西藏自治区的产业发展政策

区党委、政府围绕中央五次西藏工作座谈会确定的基本方针政策，立足"中国特色、西藏特点"的发展路子和"着力培育符合科学发展观要求、具有西藏特色的优势产业"的要求，因地制宜、加强领导、扎实工作、加大落实，牢牢抓住"特色"，围绕"特色"做文章，依托特色、发挥特点，靠特色辟蹊径，以特点为突破,推出了大量的政策措施,为全面带动农牧特色产业发展,培育战略支撑产业,推进跨越式发展,转变经济发展方式,全面建设小康社会打下了坚实的基础。本节通过研究这些政策,总结经验,揭示规律,为提出新政策、产生新效果提供参考。

一、符合西藏特点的发展之路

(一)"走出一条具有中国特色、西藏特点的发展路子"是西藏农牧业发展的理论基础

"要把中央的方针政策同西藏实际紧密结合起来,走有中国特色、西藏特点的发展路子"是2008年3月6日胡锦涛同志参加西藏代表团审议时所作出的重要指示。这一战略思想对西藏经济社会发展具有重要的指导意义。这个路子有四层含义:第一,走出一种生产发展,生活富裕,生态良好的文明发展之路;第二,要大力实施提升一产,做大二产,做强三产的经济发展战略;第三,要着力培育符合科学发展观要求,有西藏特色的重点特色产业;第四,努力实现发展为了人民,发展依靠人民,发展成果由人民共享的战略目的。而要走好有中国特色、西藏特点的发展路子,一方面,必须从大政方针政策上和中央保持高度的一致;在指导思想上,就是要全面贯彻落实党的十七大精神,高举中国特色社会主义伟大旗帜,坚持以邓小平理论和"三个代表"重要思想为指导,深入贯彻落实科学发展观,始终坚持"一个中心、两件大事、三个确保"的指导思想;在发展道路上,始终坚持生产发展、生活富裕、生态良好的文明发展道路;在发展战略上,大力实施"提升一产、做大二产、做强三产"的经济发展战略,突出培育一批符合科学发展观要求、具有西藏特色的优势产业;在发展目的上,切实做到发展为了人民、发展依靠人民、发展成果由人民共享;在发展举措上,深化改革开放,狠抓安居乐业,强化项目落实,着力改善民生,加强环境保护,维护社会稳定,夯实基层基础,努力实现西藏经济社会发展的新跨越。另一方面,西藏是具有很大特殊性的地方,要尽力结合西藏的实际,走出一条符合西藏实际的道路。

(二)推进提升一产是顺利完成经济发展目标和推进有中国特色、西藏特点发展路子的基础和关键

2008年自治区党委七届四次全委会提出必须坚持把推进提升一产作为发展现代农牧业的战略性措施,加强农牧业基础建设,大力发展农牧特色产业和产业化经营,加快转变农牧业经济发展方式,努力走出一条具有西藏特点的现代农牧业发展路子。2011年区党委又结合新时期西藏经济社会发展的实

际,将"一产上水平、二产抓重点、三产大发展"的战略调整为"提升一产、做大二产、做强三产",进一步完善了中国特色、西藏特点的西藏农牧特色产业发展战略。

(三)推进提升一产的重大意义

推进提升一产是实现西藏经济社会跨越式发展,全面提高农牧民群众生活水平的战略举措,是西藏能否顺利实现"提升一产、做大二产、做强三产"经济发展目标和走有中国特色、西藏特点发展路子的基础和关键。提升一产根本上就是要统一于"把中央的方针政策同西藏实际紧密结合起来,走有中国特色、西藏特点的发展路子"上;服务于建设现代农牧业、发展农村经济、增加农牧民收入;致力于"小康西藏、平安西藏、和谐西藏"建设。

(四)推进提升一产的主要内容

推进提升一产,就是要积极推进农牧业产业化经营;推进提升一产,就是要向农牧业和农牧区经济发展的深度和广度进军;推进提升一产,就是要开创乡镇企业发展的新局面;推进提升一产,就是要加强农牧业科技工作;推进提升一产,就是要加强农畜产品质量标准体系和检验检测体系建设。

二、西藏优惠产业政策落实综述

(一)明确发展重点

按照社会主义新农村和发展现代农牧业的新要求,自治区政府修订的《西藏自治区农牧业发展"十一五"规划纲要》中明确了"十一五"时期西藏农牧业的发展重点。就是坚持"多予少取放活"的方针,紧紧抓住农牧民增收这个中心,积极引导农牧民增收的渠道从第一产业向二三产业拓展,着力开辟多元化的增收渠道,千方百计促进农牧民收入持续快速增长,实现农牧业增效,农牧民增收,农牧区繁荣;抓住国家和援藏投资向农牧业和农牧区倾斜的机遇,不断加强农牧业基础设施建设,提高农牧业综合生产能力;按照"区域集中、规模做大、质量提升、效益提高"的要求,进一步调整农牧业结构,引导特色农牧业向纵深发展,突出抓好标准化、专业化、规模化、市场化建设四项工作;突出抓好扶龙头、上加工、促联合三个环节,大力推进农牧业产业化经营;重视农牧业科技自主创新,加大科技推广和普及力度;推进农牧区实用人才培养,提高农牧民综合素质;大力培育农牧民专业合作经济组织,扩大农畜产品出口,加强农牧区市场信息服务工作,加快发展农畜产品营销业,提高农牧业市场化水平;重视生态环境保护与建设,实现人与自然和谐发展。上述八项工作重点为西藏农牧特色产业发展确定了基本的发展框架。

(二)明确发展方向、基本任务和具体模式

自治区党委关于贯彻《中共中央关于推进农村改革发展若干重大问题的决定》的意见为进一步推进"三农"改革和促进西藏农牧特色产业发展提出了具体的要求和发展的模式。确定西藏农牧特色产业基本发展方向是：走有中国特色、西藏特点的农牧特色产业现代化路子。确定西藏农牧特色产业基本任务是：现代农牧特色产业建设取得明显进展，农牧特色产业综合生产能力大幅度提高，粮食安全特别是青稞安全得到有效保障。确定西藏农牧特色产业的具体模式要求是：必须坚持把推进提升一产作为发展现代农牧特色产业的战略性措施，加强农牧特色产业基础建设，大力发展农牧特色产业和产业化经营，加快转变农牧业经济发展方式，努力走出一条具有西藏特点的现代农牧特色产业发展路子。

(三)加快农牧特色产业发展模式探索

围绕重大战略，西藏自治区相关部门加强了政策落实和发展模式探讨，主要采取了以下具体措施，推动西藏农牧特色产业健康、有序发展。

1.加强农牧业基础设施建设。以农田水利为重点的农牧业基础设施是现代农牧特色产业的重要物质条件。要搞好规划、统筹安排、连片推进，加快中低产田改造，鼓励农民开展土壤改良，推广测土配方施肥，提高耕地质量。搞好农业综合开发，大幅度增加高产稳产农田比重。搞好水利基础设施建设，完善区地县三级农田水利建设规划，整体推进农田水利工程建设和管理。采取民办公助等形式，鼓励和支持农牧民广泛开展小型农田水利设施、小流域综合治理等项目。加快实施水利富民工程，兴建中小型抗旱水源工程。继续把大中型灌区续建和节水改造作为农牧业固定资产投资的重点，加快墨达、雅砻、江北及中小型灌区工程建设。全面开展病险水库除险加固，确保大中型、重点小型病险水库除险加固任务。加强农业物质技术装备，提高土地产出率、资源利用率和劳动生产率。改善农机装备，加强先进适用农机具的示范推广，提高农牧业机械化作业水平。

2.进一步优化农牧业结构。以市场需求为导向、以普及实用科技为手段、以质量效益为目标，发展农牧业产业化经营，构建具有高原特色的现代农牧业产业体系。按照优势区域、优势资源、优势产业、优先发展的总体思路和区域集中、规模做大、质量提升、效益提高的目标要求，继续搞好农畜产品优势区域布局规划和建设，支持优质农畜产品生产和特色农牧业发展，形成优势突出和特色鲜明的藏西北绵山羊、藏东北牦牛、藏东南林下资源、藏药材、野生动物驯养繁育、藏中优质粮油，城郊无公害蔬菜、藏猪藏鸡开发和青藏铁路沿线畜牧

业等优势产业带。大力发展农畜产品加工业,延伸产业链,提高附加值。加大农牧业综合开发力度,着力把"一江三河"流域打造成为现代农牧特色产业示范区,集中发展青稞、小麦、油菜、马铃薯等大宗商品,推进蔬菜、水果、花卉等园艺产品集约化、设施化生产,因地制宜发展特色产业和一村一品。大力发展畜牧业,农区畜牧业要在增量提质上下工夫,坚持效益优先原则,加快发展奶牛、猪、禽养殖业,狠抓畜种改良,广泛开展种草养畜,加快标准化舍饲养殖小区建设,率先走产业化发展道路;草地畜牧业要在控存增出上做文章,坚持保护生态,强化牲畜出栏,加快畜种改良和畜群周转,构建草畜平衡机制,改变传统的饲养方式,大幅度提高牲畜出栏率和商品率。有条件的地方要加快发展水产养殖及捕捞业。发展林业产业,繁荣山区经济。

3.强化农牧业科技服务。农牧业发展的根本出路在于科技进步。要着眼于建设现代农牧业,坚持引创结合,加大农牧业科技的研发、转化、应用和普及力度。加大农牧业科技投入,支持农牧业基础性科学研究。按照明确职能、理顺体制、优化布局、加强建设、充实一线、创新机制的要求,推进农牧业科研和科技推广服务体系建设与改革。加强农牧业科技人才队伍建设,加快建立吸引科技人员扎根基层、服务"三农"的优惠政策体系,对长期在基层工作的农牧业科技人员的职称评定、工资待遇、子女上学等给予特殊照顾。有条件的地方要积极探索科技有偿服务,实行农牧业科技人员利益与科技成果挂钩的激励机制。加大资金整合力度,采取集中投入、规模经营的方式,在条件适宜的地方培育一批"提升一产"的示范县、示范乡镇,培养一批科学种植、科学养殖示范户。大力推进科技特派员工作,深入实施科技入户工程,强化科技指导直接到户、良种良法直接到田、技术要领直接到人的科技推广机制,加强农牧民技能技术培训,大力培养有知识、懂技术、会经营的新型农牧民。

4.健全农牧业社会化服务体系。建设覆盖全程、综合配套、便捷高效的社会化服务体系,是在家庭经营基础上发展现代农牧业的必然要求。要加快构建以公共服务机构为依托,合作经济组织为基础,龙头企业为骨干,其他社会力量为补充,公益性服务和经营性服务相结合,专项服务和综合服务相协调的新型农牧业社会化服务体系。加强农牧业公共服务能力建设,创新管理体制,提高人员素质,五年内健全县乡(镇)或区域性农牧业技术推广、动植物疫病防控、农畜产品质量监管等公共服务机构。支持专业合作经济组织、行业协会、农牧民经纪人、龙头企业等提供多种形式的生产经营服务。推进农牧区流通现代化,健全农畜产品市场体系,完善农牧业信息收集和发布制度。

5.加快发展农牧民专业合作组织。要按照服务农牧民、进退自由、权利平等、管理民主的要求,扶持农牧民专业合作社加快发展,使之成为带动农牧民持续稳定增收的现代农牧业经营组织,使千家万户的生产和千变万化的市场实现有效对接,提高农牧民进入市场的组织化程度。采取多种形式和渠道,培育农牧民新型合作组织,发展各种农牧业社会化服务组织,鼓励龙头企业与农牧民建立紧密型利益联结机制,加快发展农畜产品经营大户,培养壮大农牧民经纪人队伍和营销队伍。要加强对农牧民专业合作组织的领导和管理,充分发挥其在生产资料的购买和农畜产品的销售、加工、运输、贮藏以及与农牧业生产经营有关的技术、信息服务方面的作用。鼓励金融机构采取多种形式,为农牧民专业合作组织和农牧民经纪人提供服务。

6. 全面提高农畜产品质量安全水平。加强农牧业标准化和农畜产品质量安全工作,严格产地环境、投入品使用、生产过程、产品质量全程监控,切实落实农牧产品生产、收购、储运、加工、销售各环节的质量安全监管责任,杜绝不合格产品进入市场。加强植物疫病和外来物种入侵监控防治工作。加强动物防疫体系建设,实施重点区域动物疫病应急防治工程,加强动物疫病防控的基础工作。对重大动物疫病实施免费强制免疫,完善重大动物疫病扑杀补偿机制。加快实行法定检验和商业检验分开的制度,对法定检验要减少项目并给予财政补贴,对商业检验要控制收费标准并加强监管。

7. 毫不放松抓好粮食生产。粮食尤其是青稞的安全任何时候都不能放松。要加快构建供给稳定、储备充足、调控有力、运转高效的粮食安全保障体系。继续实施提高粮油单产行动,稳定播种面积,优化品种结构,实行科学种田,切实保护粮食综合生产能力。实施粮食战略工程,加大对粮食主产县的扶持力度,通过制定奖励政策、集中力量加强水利等基础设施建设、推进农牧业科技进步等措施,提高生产水平。

第三节 西藏各地市制定的特色产业促进措施

各地市围绕中央五次西藏工作座谈会确定的基本方针政策,立足"中国特色、西藏特点"的发展路子和"着力培育符合科学发展观要求、具有西藏特色的优势产业"的要求,因地制宜,提出了依托特色、发挥特点的农牧特色产业促进政策,为全面带动农牧特色产业发展,培育战略支撑产业,推进跨越式发展,转变经济发展方式,全面建设小康社会打下了坚实的基础。

一、拉萨市的政策措施

拉萨市围绕新农村建设总体部署,按照"提升一产"和发展现代农牧业的总体要求,大力实施"三大区域"、"四大产业"、"十大基地"发展战略,主要抓好"十项重点"、"八个协调"、"六件大事"和"四项措施"。

"十项重点"是指以加强重大动物疫病防治为重点,切实保障农牧业生产安全;以发展农区畜牧业为突破口,加快推进规模化特色农畜产品生产基地与优势产业带建设;以发展绿色无公害农畜产品为重点,抓好农畜产品品牌建设;以加强良种繁育体系建设为重点,打好产业发展的基础;以实施科技入户工程和新型农牧民培训工程为重点,加快推进农牧业科技进步和农牧民转移就业;以实施农户用沼气建设为重点,加快发展庭院生态经济;以加强涉农协会建设为重点,努力提高农牧业的社会化服务水平;以实施农机化工程为重点,不断提高农牧业装备水平;以加强项目融资和管理为重点,加快农牧业发展体制改革。

"八个协调"是指协调抓好农牧业生态环境保护工作;协调抓好龙头企业的培育与农牧业招商引资工作;协调抓好农牧民经济合作组织建设;协调抓好农畜产品与市场体系建设、农牧民经纪人队伍建设;协调抓好农畜产品产地、原产地与品牌认证工作;协调抓好休闲观光农牧业发展工作;协调抓好涉农项目整合与农牧业生态综合开发工作;协调综合农牧民培训、农牧民转移就业与农牧民增收工作。

"六件实事"是指扎雪乡的对口扶贫工作;种养殖大户培育与"一县一业"、"一乡一品"战略布局工作;探索解决基层兽医的待遇问题;农畜产品市场与农资市场供应情况的跟踪调研;贫困户和贫困村、贫困乡镇的项目倾斜;建立健全项目的长效机制。

"四项措施"是指强化领导责任,强化示范引导,强化监督检查,强化考核验收。

二、林芝地区的政策措施

林芝地区围绕新农村建设总体部署,按照"提升一产"和发展现代农牧业的总体要求,在特色上下工夫,做足特字文章,充分利用独特的资源环境优势,大力实施特色经济和优势资源转化战略,引导和带动广大农牧民积极参与产业经济发展,初步形成了具有地域特色的农牧特色经济模式,提升产业上档次、上水平。

1. 充分利用气候优势,大力发展特色农牧业。林芝地区按照"因地制宜、分类指导、发挥优势、重点扶持"的原则,建成了朗县洞嘎辣椒和花椒、朗镇核桃、波密易贡辣椒、米林嘎玛水果等农副产品特色乡(镇);建设了工布江达县、林芝县藏猪藏鸡特色养殖基地;建设了花椒、核桃、天麻、野生菌类产业基地。

2. 充分发挥资源优势,大力发展藏药业。林芝地区开展了藏药材资源普查统计,并分门别类,建立了县、乡药材资源档案。在此基础上,坚持"公司+农户+基地"的发展模式,建立了各类藏药材种植基地,发展种植周期短、见效快、药用价值高、经济效益好的藏药材。

三、日喀则地区的政策措施

日喀则地区按照中央和自治区的部署更多地关注农牧区,关心农牧民,支持农牧业,把农牧业、农牧区、农牧民问题作为一切工作的重中之重,摆在比以往更加突出、更加重要的位置,坚持以市场为导向,以科技为动力,以效益为中心,以投入为保障,立足区域特色和资源优势,进一步加大农牧业和农牧区经济结构调整力度,千方百计提高农畜产品的生产质量和农牧业经济效益,促进农牧民收入尤其是现金收入的较快增长。巩固和加强了农牧业基础地位,不断改善生产条件,加快科技推广步伐,调整产业结构,促进产业化经营,按照把"小的做大,大的做强,特的做优"的要求,构建和优化农牧特色产业体系,强化农牧特色产业支撑保障能力,引导农牧特色产业向产业化、标准化、区域化方向发展。

四、那曲地区的政策措施

1. 抓好农牧特色产业,夯实产业化发展基础。那曲地区围绕新农村建设总体部署,按照"提升一产"和发展现代农牧业的总体要求,全面落实科学发展观,深化农牧区改革,大力调整产业结构,发展农牧区经济,增加农牧民收入,维护农牧区稳定,实现农牧业跨越式发展。把草场承包到户工作继续做深做细,将增收、产业结构调整与草场承包责任制有机结合起来,提高草地资本经营水平,建立藏北高寒草地畜牧业良性发展机制。抓好四大攻关:一是藏北三江源草原生态退化卫星遥感监测分析报告;二是藏北三江源草原生态功能区划报告;三是改造和提升那曲传统草地畜牧业报告;四是铁路沿线经济带发展战略报告。在农牧业结构调整、科技创新和农牧民增收问题上狠下工夫,加大实用技术推广力度,积极发展特色经济,提高经济效益。以科技承包为保证,加强农牧特色产业结构调整和优良品种推广工作。抓好生态载畜量现代牧业指标体系落实,强化畜牧业内部结构调整。抓好牲畜疫病防治和防抗灾工作。预防和治疗威胁畜牧业生产的各类传染病和寄生虫病,保证应免畜免疫率达到100%。切实打牢思想认真到位、工作措施到位、责任落实到位的防抗灾工作基础,全方位多层次做好防抗灾工作。按照"高标准、高质量、高效益"的要求,加强草原生态项目申报与建设、管理工作。

2. 加快实施农牧业特色产业项目,加快产业化进程。围绕天然草地退牧还草工程、青藏铁路沿线牦牛育肥经济带建设及农牧业特色产业项目,落实了班戈、尼玛、巴青、安多、申扎等县天然草地退牧还草工程、特色产业、兽防站建设及县级动物检疫监督设施建设,为全地区农牧特色产业发展打下了坚实基础。

五、山南地区的政策措施

1. 以"特"制胜,以"优"发展。山南地区围绕提升一产,坚持特色与规模并重,用市场化理念推进一产发展。依托雅砻畜禽、雅拉香布等企业,通过招商引资、投资入股等形式,扶持发展了一批集中与分散相结合的农畜产品生产基地,逐步实现特色农牧产业发展由分散型向集约型转变。以大蒜、黄牛奶源、藏鸡养殖、绵羊短育、冷水鱼、藏药材、林果业等为主的特色产业充分显示了特色农牧业在推进结构调整、发展农牧区经济中的巨大作用。畜牧业产值进一步提高,优质畜禽良种比例进一步扩大。按照"大力发展农区畜牧业,加快发展城郊畜牧业,稳步发展草地畜牧业"的思路,围绕黄牛改良、以藏鸡为主的禽类养殖等特色项目的实施,加大了畜种改良,扩大了人工种草面积,加强了标准化畜禽养殖小区建设,积极发展禽类养殖和牲畜短期育肥,农牧特色产业对农牧民收入的贡献率仅次于外出打工,在促进县域经济发展、优化生态环境方面发挥了重要作用。

2. 狠抓常规农牧业管理,推进农牧特色产业开发。近几年山南地区加大了农牧特色产业开发力度。通过实施重大农牧特色项目,实现了粮食稳产、特色做大做强,围绕乃东县鲁琼草籽基地项目、牧草复种项目,隆子县黄牛改良项目,桑日县藏红花种植项目,曲松县藏獒养殖基地和短期育肥项目、藏鸡养殖项目、草场围栏项目等重大的常规农牧业项目建设,夯实了传统农牧特色产业的发展基础。

六、昌都地区的政策措施

昌都地区按照"提升一产"的发展战略,围绕农牧民增收中心工作,狠抓粮食生产和特色产业开发,进一步加大农牧业经济结构调整力度,农牧业生产保持了良好发展的态势。

1. 重视农牧特色产业开发。昌都地区在规模化、专业化、提升产业层次、提高产品质量上实现新突破,围绕特色产业项目,抓好昌都藏系阿旺绵羊品质改良、九龙牦牛品种优化工程、高产奶牛养殖基地、藏鸡养殖村、荞麦系列产品深加工项目,加快推进农牧特色产业化建设步伐。

2. 积极引导农牧民创办各类促进经济发展的专业合作经济组织。围绕养殖业、施工队、民族手工业等专业合作组织建设,通过政策扶持、资金支持、技术引领,鼓励农村带头人、致富能手组建奶牛养殖合作社和建筑施工合作社,带动县域经济发展,帮助农牧民致富,实现经济效益和社会效益双带动、双提升。

七、阿里地区的政策措施

阿里地区坚持把改善农牧民生产生活条件、增加农牧民收入作为首要任务,狠抓农牧特色产业,深化农牧区改革,确保以安居乐业为突破口的新农村建设。

1. 优化农牧业产业结构。在"控制牲畜饲养总量"的前提下,以适度扩大绒山羊生产和提高适龄母畜比例为重点,进一步加快了畜牧业结构调整步伐。

2. 加强农牧特色产业项目建设。加大农牧特色产业项目建设投入,改善农牧业生产条件,拓宽农牧民增收渠道,促进农牧业生产健康发展,改善农牧民生产生活条件。

3. 加强科技推广工作,加大科技培训力度。通过建设青稞良种繁育田基地、油菜子种植示范基地、蔬菜大棚,加快种植业科技技术普及。为提高绒山羊产业开发科技含量,在日土绒山羊原种场、措勤县紫绒山羊原种场开展绒山羊生产性能测量和规范建档立案工作。通过举办农牧业实用技术培训班,加大对基层农牧专业技术人员和农牧民的培训工作力度。

4. 积极探索发展农牧民专业合作经济组织,寻找农牧民增收途径。一是加强了农牧民专业合作组织的宣传工作,使农牧民群众提高了对专业合作经济组织的认识;二是对有特色、有开发潜力的行业进行分析,对愿意参加组织的牧民进行摸底排查;三是政府积极引导,在政策、资金及其他方面给予一定的优惠和帮扶,鼓励农牧民专业合作组织的发展。

第四节　相关部门制定的特色产业促进政策

西藏自治区相关部门围绕中央五次西藏工作座谈会确定的基本方针，围绕"中国特色、西藏特点"的发展路子和"着力培育符合科学发展观要求、具有西藏特色的优势产业"的要求，立足本职，因地制宜，推出了大量支持农牧特色产业发展壮大的政策措施，为促进农牧特色产业健康、快速发展做出了重要贡献。

一、涉农部门制定的政策措施

西藏自治区农牧部门围绕发展现代农牧业、推进社会主义新农村建设任务，按照"提升一产"的发展战略，坚持以农牧民增收为中心，重点抓结构调整、游牧民定居、特色农牧业、动物防疫、良种推广、产业化经营、科技支撑、项目建设、劳务输出、农牧民培训，促进农牧特色产业生产，重点开展了以下工作：

1. 以项目建设推动特色农牧产业发展。为了加强项目建设，规范项目建设程序和行为，切实提高项目建设质量和投资效益，在认真执行《农业基本建设项目管理办法》的基础上，结合西藏实际，制定出台了《西藏自治区特色农牧业项目管理办法》等若干规范性文件，对项目申报、安排、实施、监管、验收和投资问效等主要环节进行全程管理。实行统一计划、集中管理、分门负责、分级实施的管理体制。项目建设严格实行"五制"，即：领导负责制、项目法人责任制、招投标制、合同制、监理制。使特色农牧业项目建设进展顺利，确保工程质量、建设进度和资金的合理安全使用，提高投资效益。

2. 落实支农政策，充分调动农牧民群众的积极性。党和国务院以贯彻落实科学发展观和构建和谐社会的两大战略思想为指导，明确提出了"要把解决好农业、农村、农民问题作为全党工作的重中之重，放在更加突出的位置"的科学论断。在"三农"工作新理念、新思想指导下，构建了政府支农惠农政策经费新构架，制定和实施了一系列支农惠农政策，实行"多予、少取、放活"和"工业反哺农业、城市支持农村"的方针，各项扶持农牧特色产业的政策力度空前加大。

二、金融部门制定的政策措施

西藏各银行机构紧紧围绕西藏经济社会跨越式发展和全面建设和谐西藏、平安西藏和小康西藏的宏伟目标,认真贯彻落实国家大政方针,围绕"提升一产、做大二产、做强三产"的经济发展战略,抓住青藏铁路通车和中央进一步加大对西藏的支持力度等有利时机,按照"抓重点、破难点、促亮点"的信贷工作总体思路,突出信贷支持方向,把社会主义新农村建设、优势矿产业、绿色食品业和藏医药业等特色产业、旅游业等第三产业、交通和电力为重点的基础设施建设项目、生态环境保护和建设作为信贷支持重点,在有效防范风险的前提下,加大信贷投放力度,确保信贷总量适度增长,促进经济可持续发展,为2010年西藏人均生产总值与农牧民人均纯收入进入全国中等行列,2020年同全国一道实现全面建设小康社会的宏伟目标奠定了坚实的基础。为此采取的金融扶农措施主要包括:

1. 突出抓好社会主义新农村建设,促进农牧民增收。按照全面提高农牧业综合生产能力、确保粮食安全、加大结构调整力度、加快农牧民增收的要求,做好金融服务工作。一是抓好农牧户小额信用贷款和信用乡、村的评定工作。农行西藏分行各分支机构根据当地经济发展实际,依靠当地党政组织,做好农牧户贷款证发放和管理,加大信用乡、村的评定管理,有针对性地解决农牧民群众的有效需求。进一步加强对农牧户贷款证及信用乡、村动态管理,增强农牧民诚信意识。二是完善"钻石卡"评定发放工作,逐步扩大范围,不断满足农牧户大额信贷资金需求。三是创新农牧区信贷方式,解决农牧民群众因生产、经营需要而超过小额信用贷款额度的资金需求。对农牧户用于建筑业、种植业、养殖业等超过小额信用贷款额度的多种经营资金需求,逐步探索实行动产质押、仓单质押及农牧业产业化经营龙头企业为农牧户提供担保等多种形式,解决农牧民发展经济的大额信贷资金需求。农行西藏分行积极与西藏财信担保有限公司合作,在符合政策的情况下,开展农牧户大额贷款业务。四是进一步用好扶贫贴息贷款政策。对游牧民定居和地方病搬迁的安居工程发放扶贫贴息贷款予以支持。五是积极支持农牧业产业化经营龙头企业发展,特别是支持公司+基地+农户的生产经营模式。对通过合同或订单能直接增加农牧民收入的农牧业产业化经营龙头企业的流动资金需求,农行西藏分行各级分支机构积极发放扶贫贴息贷款予以支持。六是积极支持乡镇企业的发展,采取灵活多样的方式,满足其生产经营的合理资金需求。七是积极支持农牧民安居工程建设。在充分考虑农牧户偿贷能力和有效防范信贷风险的前提下,农行西藏分行对农牧户用于安居工程的合理信贷资金需求予以支持。八是大力支持西藏扶贫、农发部门安排的产业化经营项目和农牧部门安排的农牧特色产业建设项目。农行西藏分行在坚持"放得出、收得回、有效益"的原则下,重点支持自治区确定的绒山羊、牦牛、藏系绵羊、林下资源和藏药材、优质粮饲、城郊农副产品、藏猪藏鸡七个特色产业带建设,培育和创建了一批具有市场竞争力的特色农畜产品品牌。九是改进和加强对农民工的金融服务。认真贯彻落实《国务院关于解决农民工问题的若干意见》和《中国人民银行关于改进和加强对农民工金融服务工作的指导意见》的精神,围绕构建社会主义和谐社会的大局,以人为本,高度重视做好对农民工的金融服务工作。辖区各商业银行分支机构积极探索和完善符合职业教育培训特点的贷款管理办法,对农民工和农牧区适龄青年在就业有保障、国家认证且符合商业银行相关信贷管理规定的教育培训机构接受一年以上职业教育培训的,采取由教育培训机构统一"承贷承还"的办法,向参加职业教育培训的农民工或农牧区适龄青年提供商业性助学贷款。对吸纳农民工就业的企业且符合信贷原则的贷款需求,按照政策规定积极提供信贷支持。对扩大农民工就业市场容量的乡镇企业、劳动密集型小企业和农牧特色产业化经营龙头企业,加大支持力度,发挥其辐射带动作用。

2. 改进和加强支农支牧金融服务。农业银行基层营业所要发挥贴近农牧民的优势,深入农牧户开展调查研究,及时了解农牧户的金融服务需求;创新服务品种,完善信贷、资金、结算等服务功能,提高支农支牧综合服务水平;从实际出发,改进贷款方式,优化贷款手续,合理确定贷款期限,主动上门服务,不断完善对农牧民的金融服务。

三、科技部门制定的政策措施

西藏各级科技部门始终把特色农牧业科技工作作为科技工作的重中之重抓紧抓好,经过不懈努力取得了一批具有区内、国内先进水平的科技成果。科技兴农兴牧的势头已初步形成,并根据西藏科学技术总体实力在全国处于较低水平、需要全面提高的实际,根据经济发展的需求、资源优势与产业特色,以特色农牧业、特色生物资源、新能源、藏医药、优势矿产资源、生态环境保护为突破口,突出重点、突出特色,有所为、有所不为,坚持重点突破、整体推进,坚持近期目标与长远目标相结合,为提高农牧业生产效益、增加农牧民收入发挥越来越重要的作用。

1. 狠抓农牧特色产业科技工作。农牧业是西藏传统优势产业,近几年西藏的青稞、油菜、牦牛、绒山羊、藏猪、藏鸡等特色产品的品种选育及研究开发支出不断增加,实施了农牧业重点科技计划项目50多项;印发了《西藏自治区科技特派员试点工作实施方案》,选派了科技特派员深入县区,推动基层科技项目实施,使科技扶贫工作取得显著成效。

2. 推动特色资源的研究与开发。共安排特色资源研究开发与社会发展领域科技计划项目20多项,雄巴拉曲神水藏药厂等企业被认定为西藏自治区高新技术企业,高新技术企业年产值逐年增加。

四、财政部门制定的政策措施

按照构建社会主义和谐西藏的要求,大力支持社会主义新农村建设,财政部门的农牧特色产业发展促进政策措施主要包括:

1. 探索财政支持新农村建设的新路子。一是财政部门在拉萨成功举办了以"健全公共财政体系,加快促进西藏社会主义新农村建设"为主题的首届"西藏财政发展论坛"。邀请国内和区内专家学者参加论坛,为西藏财政支持社会主义新农村建设献计献策。论坛从西藏实际出发,对如何强化公共财政职能、支持改善农牧民生产生活条件、加大对农牧区各项社会事业的投入、积极为农牧民增收创造条件等几个方面进行研讨。二是财政部门在拉萨成功承办了我国部分省市财科所共同合作的构建农村公共服务体系研究协作会,与会专家关于农村公共财政体系建设的深刻见解给构建西藏农村公共财政体系以很大启发。

2. 继续加大财政支农力度。一是整合资金用于支持农牧业特色产业发展。二是大幅度增加农牧民培训资金投入,有力地促进了农牧区富余劳动力转移。三是认真落实各项涉农补贴政策。四是大力扶持和培育农牧特色产业龙头企业和乡镇企业。五是加大农业综合开发、农田水利基本建设、农牧业防灾减灾等投入。七是积极支持边境县乡建设。

3. 切实帮助农牧民解决生产生活中的实际困难和问题。一是安排救灾资金用于灾区群众房屋重建、冬令春荒生活补助和恢复生产。二是安排专项资金用于农牧区白内障患者手术康复治疗。三是以政府为主导,加大在农牧区推广食用碘盐,财政安排农牧民食用碘盐价格补贴资金。四是研究解决大骨节重病区群众异地搬迁后生产生活问题,安排专项资金用于解决大骨节重病区群众异地搬迁后的生产资料供应问题。五是调整提高村干部误工补贴。六是解决农牧区基层老干部、老党员、老模范的生活待遇问题,体现党和政府对基层老同志的关心,加强基层政权建设。

第七章

西藏农牧特色产业发展相关问题分析

西藏农牧特色产业发展与农牧民经济专业合作组织建设、农牧民收入构成、区域经济发展、农牧区社区建设、农牧区社会服务设施建设以及基层组织政权建设均有密切的关系,因此,要不断壮大西藏农牧特色产业实力,夯实西藏农牧特色产业发展基础,就必须从上述各方面寻求突破,实现产业发展和农牧民经济专业合作组织建设、农牧民收入提高、区域经济发展、农牧区社区建设、农牧区社会服务设施建设以及基层组织政权建设协调统一,和谐推进。

第一节 特色产业发展与农牧民增收

西藏农牧特色产业的发展为农牧民增加了收入,使农牧民收入结构发生了巨大变化,与此同时,农牧民收入的增加又为农牧特色产业的发展提供了资金支持。因此,本书作者认为,要不断增加农牧民收入,就必须在改变农牧民的传统观念上下工夫,在促进和谐农牧区建设上做文章,并以促进农牧民增收为出发点,推动和加快农牧特色产业发展。

一、农牧民收入现状

为了说明西藏农牧民收入现状及其变化,本书作者选择西藏七个地市农牧区居民人均纯收入为分析对象。

表 7-1 西藏各地区农牧民人均纯收入与 GDP 增长率

单位:元,%

地区			2000	2001	2002	2003	2004	2005	2006	2007
人均纯收入	全西藏	绝对值	1 331	1 404	1 521	1 691	1 861	2 078	2 435	2 788
		增长率	5.8	5.5	8.3	11.2	10.1	11.7	17.2	14.5
	拉萨市	绝对值	1 427	1 559	1 714	1 896	2 179	2 402	2 825	3 250
		增长率		9.3	9.9	10.6	14.9	9.3	17.6	15.1
	昌都地区	绝对值	1 258	1 358	1 441	1 532	1 679	1 844	2 156	2 490
		增长率		7.9	6.1	6.3	9.6	9.8	16.9	14.5
	山南地区	绝对值	1 298	1 340	1 461	1 612	1 892	2 159	2 529	2 893
		增长率		3.2	9.0	10.3	17.4	14.1	17.1	14.4
	日喀则地区	绝对值	1 195	1 336	1 467	1 541	1 739	1 896	2 215	2 534
		增长率		11.8	9.8	5.0	12.8	9.0	16.8	14.4
	那曲地区	绝对值	1 335	1 417	1 531	1 679	1 935	2 123	2 490	2 843
		增长率		6.1	8.0	9.7	15.2	9.7	17.3	14.2
	阿里地区	绝对值	1 169.0	1 279	1 374	1 464	1 620	1 801	2 104	2 390
		增长率		9.4	7.4	6.6	10.7	11.2	16.8	13.6
	林芝地区	绝对值	1 656	1 807	1 934	2 112	2 392	2 723	3 149	3 596
		增长率		9.1	7.0	9.2	13.3	13.8	15.6	14.2
地区 GDP 增长率			10.4	12.7	12.9	12.0	12.1	12.1	13.3	14.0

资料来源:《西藏统计年鉴·2010》。

分析表 7-1 可以发现,2000—2010 年西藏各地区农牧民人均收入中,林芝地区高于其他地区;2000—2003 年间,各地区农牧民人均收入增长率低于西藏人均 GDP 增长率;而 2004—2007 年,各地市农牧民人均收入增长率则高于西藏人均 GDP 增长率。就西藏农牧民人均纯收入以及增长率看,在 2006 年以前,西藏广大农牧民人均纯收入增幅均低于西藏当年 GDP 增长率,且年度差异比较大,最高的 2006 年农牧民人均纯收入增长 17.2%,高于当年 GDP 增长率(13.3%)3.9 个百分点,但最低的 2001 年,农牧民人均收入增幅还不足当年 GDP 增长率的一半。

二、农牧民收入构成

近年来,西藏各级农牧部门实施了强化扶持特色产业开发、非农产业发展等措施,有效地促进了当地农牧民增收,促进了当地经济发展。2003 年以来,西藏农牧民人均纯收入连续保持两位数增长,特色农牧业成为农牧业经济新的增长点和农牧民新的增收点,特色农牧业产值占西藏农牧业总产值的 10.9%,特色农牧业收入占农牧民人均纯收入的 9.8%。2010 年西藏农牧民人均纯收入中有 589 元来自特色农牧业收入,占 19.8%,农牧特色产业项目区农牧民人均纯收入中平均有 1 000 元来自特色农牧业收入,达到 27%。2010 年,西藏 220 多万农牧民的人均纯收入达 3 855 元,比上年增长 12.7%,连续 5 年保持两位数增长,农牧特色产业在农牧民增收过程中发挥了重要作用。

为了进一步分析和论证农牧特色产业在农牧民增收中的重要贡献,本书作者选择在农牧业特色产业发展领域有突出成效的几个典型事例。如:(1)尼木县藏鸡生产有着很好的基础,2010 该县成功招商引入了尼池生态农业综合开发公司,以藏鸡养殖为主的特色种植、养殖业建设迈出新步伐。(2)山南地区 2010 年以大蒜、黄牛奶源、藏鸡养殖、绵羊短育、冷水鱼、藏药材、林果业等为主的特色产业产值达到 2.49 亿元,占农牧业总产值的 23%,同比增长 15.6%,充分显示农牧特色产业在推进结构调整、发展农村经济中的巨大作用。(3)琼结县着力发展藏鸡养殖、短期育肥、生猪养殖等特色产业。(4)2008 年以来,朗县通过突出发展特色农牧产业,加快了农牧业产业化建设步伐,农牧民人均纯收入均高于该地区的 GDP 增长率和农牧民平均纯收入增长率。(5)2004 年以来,日喀则地区实施了优质青稞生产基地、马铃薯生产基地,白朗、拉孜县蔬菜生产基地等特色产业项目。(6)那曲地区在发展专业化农牧民合作经济组织的基础上,以专业化带动农牧民增收。(7)南木林县艾马岗乡发展特色土豆产业增加收入,该乡人均收入从三年前的 1 600 元,增加到 3 520 元。

综上所述,西藏农牧特色产业的发展壮大为农牧民增加收入、改善收入结构发挥着重要的作用。同时,随着西藏农牧特色产业的迅速发展,还将给广大农牧民带来更多、更大、更高、更实惠的利益。

三、农牧民增收的关键

农牧特色产业是依据市场经济规律,按市场经济发展的原则,通过调整和优化农牧特色产业生产结构以及加工、销售、服务等环节实现产品增值,全面提高经济效益,实现农牧业发展、农民增收的现代农牧业生产活动。目前,西藏已具备进一步调整和优化农牧特色产业生产结构的条件。首先是我国大宗农牧产品供应充足,农牧产品市场已由卖方市场向买方市场转变,为西藏这个缺粮省区调整优化农牧业结构提供了宽松的外部环境。区内粮食库存充足,粮食综合平衡供给能力增强,结构调整有了较为宽松的内部环境。其次是农牧产品购销体制发生了根本变化,可以更好地利用市场机制搞活流通。再次是通过多年来农牧业综合开发,为调整农牧特色产业生产结构提供了有利基础。

(一)培育主导产业,调整优化农业结构

发展西藏农牧业,关键是要根据市场需求,在提高农牧产品质量和效益上下工夫。各地市应根据市场需求,立足本地资源和基础,确立主导产业和"龙头产品",走高产、优质、高效的市场化农牧业新路子。一是要围绕基地建设,提高经济作物和畜产品的比重,对传统的种养业进行改造,大力发展具有本地特色的林果业或珍稀禽畜、水产品,打造特色品牌,做好精加工、精包装等增值、增效工作,搞好区域布局,形成"一地一业、一村一品、一户一项"的产业群和产业链,增强市场竞争力。二是要抓好乡镇企业和农牧区第三产业的发展。

(二)发展农牧特色产业基地,夯实市场化农牧业发展基础

西藏农牧业必须走产业化的路子,实行贸工农畜一体化经营。而发展农牧特色产业基地是市场农牧业、贸工农一体化的基础。抓好农牧特色产业基地建设,必须坚持做到"三化":布局区域化,即各县(区)、乡(镇)要根据实际情况建立不同类型的农牧特色产业基地,并确定各自的主导产业或"龙头"产品;产品特色化,即种植业和畜牧业要向特色方向发展,如江孜的大蒜、加查的核桃,是西藏的特优产品,要在大力发展这些品种上下工夫。此外,亚东鱼、藏牦牛、绒山羊以及特种淡水养殖等都是名特优品种,应积极发展;经营集约化,即在抓好农牧特色产业基地建设时要注重规模生产、集约经营。就西藏来说,目前应着重做好油菜子、马铃薯、反季节蔬菜、藏牦牛、绒山羊等特色产品的开发和种养基地建设,使之形成集约化经营,发挥规模效应。

(三)稳定农牧区政策,鼓励农牧民投身特色农牧业

当前的主要任务是抓好退耕还林(草)、土地承包和减轻农牧民负担政策的落实,让农牧民吃下"定心丸",就能更好地保护和调动广大农牧民群众发展特色农牧业生产的积极性,使他们更加放心地投身农牧特色产业的开发。

(四)抓好载体建设,确保农牧民增收

建设好农牧特色产品大流通的市场载体,是发展农牧特色产业的基本要求。一是要加大投入,建设好市场,增强市场容量。二是要抓好配套设施建设,提高市场载体的综合功能。各地市要下力气抓好城乡交通、通信设施建设,尤其是农牧区公路建设,保证农牧产品市场真正发挥集散地作用,使之做到收得来、销得快、运得出、效益高。三是要规范和完善中介组织,发挥市场载体的带动作用。各地市要建设一支活动能力强、经验丰富的农牧产品促销队伍,有条件的地区要积极开展"网上"销售,面向国外、区外,发布网上信息,搞好农牧特色产品外销。

(五)强化科技服务,健全社会化服务体系

一是要建立科技服务目标责任制。建立健全各级领导抓科技工作的责任制,真正形成党政一把手亲自抓,分管领导具体抓,相关科技部门通力协作的良好工作局面。二是要实行多形式多层次的技术承包。要结合县乡政府机构改革,加快农业、林业、畜牧、乡企等涉农科技部门的职能转变,调整其职能范围和工作目标,把提供种子、培训人才、推广技术信息服务等作为科技部门的主要任务,建立科技人员绩酬相称的分配机制,调动广大科技人员的积极性,最大限度地发挥科技服务的作用。三是要搞好农牧民科技培训。各地市应结合实际组织配套先进成熟的适用技术,逐乡逐村进行培训,重点培训好青壮年劳动力,保证农牧民群众所学的栽培、管理技术用得上、用得好。四是要建立行之有效的科技服务支撑体系。进一步加强以县级科技部门为指导,乡级科技站所为骨干,村队及科技示范户、专业户为基础的农牧业技术推广应用服务体系建设。

第二节 特色产业发展与区域经济

西藏农牧特色产业是推动经济跨越式发展的主导产业之一,从理论与实践两个层面搞清楚农牧特色产业与西藏经济发展之间的内在关系,对于促进农牧特色产业发展,推进西藏经济持续、健康、协调发展具有重要意义。本书作者认为,大量事实证明,西藏经济发展正处在高速增长时期,国民经济整体保持快速增长,经济结构进一步优化,经济增长质量大大提高。在这一过程中农牧特色产业发挥了重要作用。而要进一步实现西藏经济持续、健康、协调发

第七章 西藏农牧特色产业发展相关问题分析

展,就必须不断壮大农牧特色产业,实现农牧特色产业与区域经济互相促进、共同壮大。

一、特色产业的经济贡献

目前已经形成的衡量农牧特色产业对区域经济发展贡献的理论认为,应该从发展速度、发展规模、发展质量等方面衡量农牧特色产业对西藏经济发展的贡献。而从理论上搞清楚农牧特色产业对于西藏经济的贡献,对于进一步搞清楚农牧特色产业在国民经济中的特殊地位,制定有利于农牧特色产业发展的政策具有重要意义。

(一)西藏农牧特色产业对国民生产总值的贡献

农牧特色产业对国民生产总值的贡献程度,一般可以通过农牧特色产业所创造的产值以及这一总量占国民生产总值的比例来衡量。从特色产业实现的产值来看,一般而言,农牧特色产业创造的产值越大、比例越大,农牧特色产业的贡献也就越大。一个国家或地区农牧特色产业产值总量以及占国民生产总值的比重高低,与该国或地区商品与服务市场化程度以及中间需求率有关。商品与服务市场化程度越高、中间需求率越高,农牧特色产业对国民生产总值的贡献就越大。本书作者通过调研发现,农牧特色产业对西藏国民生产总值的贡献从绝对值和相对值两方面来看均不高,这一事实说明,西藏农牧特色产业虽然具有基础性作用,但对地区经济贡献程度仍有较大的提升空间。

(二)农牧特色产品对调节与平衡市场供求的贡献

良好的商品流通是国民经济健康运行的重要标志,而西藏农牧特色产品的迅速增加将有助于促进经济运行和商品流通更趋合理化、科学化,它不仅对国民经济运行具有自动调节作用,而且还可以加速相关产业增长方式的转变,是进行经济宏观调控的重要领域。目前,农牧特色产业和特色产品正在悄然改变着西藏的生产、流通、消费格局,市场供需正在由粗放型模式向集约型模式转变。毫无疑问,农牧特色产业和产品对加速商品流通、调节市场供求等正在发挥着积极作用。表7-2给出了出藏物资完成情况,体现了特色产品对调节市场供需的重要作用,表中土畜产品和木材两项数据逐年增加,表明西藏农牧特色产业和产品对于市场供求调节的贡献正在发生着稳中有升的良性变化。

表 7-2　1980—2003 年出藏物资完成情况表

单位:吨

年份	出藏物资总计	土畜产品	铬铁矿	木材	其他
1980	42 500	4 200	22 500	900	14 900
1990	107 746	1 399	73 908	8 987	23 452
1995	135 510	7 533	69 871	37 659	20 447
2000	170 448	7 652	73 855	25 913	63 010
2001	171 801	7 674	74 088	26 134	63 905
2002	172 834	7 700	74 215	26 355	64 564
2003	173 508	7 716	74 342	26 480	64 925

资料来源:《西藏统计年鉴·2010》。

毫无疑问,表 7-2 说明农牧特色产业对于调节和平衡西藏市场供求是非常重要的,其作用是无法替代的。

(三)西藏农牧特色产业对市场发育和完善的贡献

农牧特色产业的市场贡献主要表现在推动市场范围扩张、促进市场体系完善等方面。农牧特色产业发展,尤其是农牧特色产品市场化使农牧特色产业触角延伸到国民经济各个部门,不仅提高了国民经济效益和效率,而且使市场范围不断扩大,农牧特色产业所表现出来的强劲增长势头,满足了经济发展过程中消费迅速增长对农牧特色产品需求的增加。更为重要的是,农牧特色产业的扩张导致交换与贸易活动地域越来越广,规模日趋扩大,加速了地区之间、企业之间更为广阔的分工与协作,促进了统一大市场的形成。

二、区域经济促进产业发展

正如上文叙述的那样,西藏农牧特色产业在丰富当地农牧特色产品种类、促进经济发展、增加农牧民收入、促进广大农牧民更新观念等方面发挥了重要的作用。同时西藏区域经济发展反过来又促进了西藏农牧特色产业的发展。

(一)区域经济发展为农牧特色产品提供了广阔的市场

随着西藏区域经济的迅速发展,人民生活水平不断提高,广大人民群众对农牧特色产品的需求和消费迅速增加,这为西藏农牧特色产业的发展提供了广阔的市场。为此,本书作者选择近几年的农牧区居民家庭主要实物消费量及其变化来说明上述结论。

表 7-3 典型年份西藏农牧区居民主要实物消费量

单位：公斤/人

项目	年份					
	1990	1995	2000	2005	2006	2007
粮食（原粮）	183.63	264.56	280.18	282.32	284.60	290.60
细粮	155.64	89.08	134.73	170.58	162.55	174.73
稻谷	4.12	13.04	40.06	69.31	68.13	74.06
小麦	55.45	76.04	94.67	101.27	94.42	100.67
粗粮	27.99	175.48	145.45	111.74	122.05	115.87
蔬菜	22.83	23.31	23.58	21.78	22.81	24.00
食用油	3.56	4.59	6.17	4.83	5.88	7.07
植物油	2.18	3.55	5.00	4.80	4.88	6.07
动物油	1.38	1.04	1.17	0.03	1.05	1.00
肉类	14.69	12.17	11.83	23.60	23.27	17.83
猪肉	1.48	1.06	1.90	2.05	2.28	2.46
牛羊奶	50.02	14.06	12.25	42.47	43.04	38.29
家禽	0.01	0.01	0.01	0.04	0.02	0.04
蛋类	0.51	1.05	0.64	0.48	1.46	0.64
茶叶	3.97	2.35	1.77	7.83	8.31	8.11
建筑材料						
水泥	0.73	0.22	0.94	6.38	20.04	29.24
木材	0.24	0.21	0.95	0.09	0.33	0.50
玻璃	0.03	0.11	0.09	0.01	0.15	0.34
服装	0.69	0.99	1.06	1.57	0.76	0.72
化肥	70.85	73.25	14.5	13.04	21.71	22.52
农药		0.47	1.32	0.45	1.00	1.32
生产用燃料	13.26	15.03	13.17	8.06	7.19	7.19

资料来源：《西藏统计年鉴·2010》。

从表 7-3 可以明显看出,农牧民消费包括粮食(原粮)、蔬菜、食用油、猪肉、牛羊肉、家禽、蛋类、茶叶等主要生活必需品以及建筑材料等改善居住条件的消费品均有不同程度的增加。在这些消费品中,蔬菜、食用油、猪肉、家禽以及蛋类等的显著增加一方面说明西藏广大农村居民的生活水平显著提高,消费越来越多元化,另一方面这些涉农牧特色产品的消费增加开拓了农牧区消费品市场;而建筑材料消费量的飞速增加一方面说明西藏农牧区居民的生活水平已经发生了很大变化,这种变化无疑与农牧特色产业的发展高度相关,另一方面建材消费的增加为建材市场的规模扩大提供了基础。

与上述农牧区涉农牧特色产品消费量增加相对应的是,广大城镇居民的消费也在不断增加。表 7-4 给出了 1990 年到 2007 年之间典型年份西藏城镇居民全年人均购买的主要农副产品的数量。

表 7-4 典型年份城镇居民全年购买主要商品数量

单位:公斤/人

项 目	年 份						
	1990	1995	2000	2003	2005	2006	2007
粮 食	149.7	117.9	91.4	91.9	99.7	110.9	107.1
油脂类	7.2	6.5	7.6	13.3	14.4	12.2	11.1
猪肉	10.4	16.5	14.4	13.9	12.8	10.3	9.2
牛肉	5.4	13.5	13.8	13.3	15.4	19.9	21.4
羊肉	5.4	2.0	1.7	2.9	2.6	8.3	5.6
家禽	1.4	2.6	4.9	9.6	9.1	3.7	3.7
鲜蛋	3.8	9.5	4.9	8.4	5.9	12.9	5.8
水产品类	2.7		5.7	4.6	6.0	2.6	1.9
鲜菜	52.4	68.9	84.7	94.3	105.7	85.7	82.2
茶叶	1.0	1.6	1.4	0.5	0.6	0.6	0.7
干鲜瓜果	15.6	26.9	35.7	46.6	42.8	29.4	24.9

资料来源:《西藏统计年鉴·2010》。

从表 7-4 可以看出,西藏城镇居民在 1990—2007 年消费的主要产品的数量呈现以下变化:就粮食而言,从 1990 年的 149.7 公斤下降到 2007 年的 107.1 公斤,下降非常明显;油脂类在 2000 年以后尤其是 2003 年以后基本趋于稳定;猪肉的消费量呈稳中趋降的态势;牛肉、羊肉则在消费总量中增加显著;鲜菜的消费则呈现明显增加的趋势。毫无疑问,上述变化趋势最起码说明两方面的问题:一是,西藏城镇居民的消费品中,涉及农牧特色产品的数量呈显著增加的势头,这为西藏农牧特色产业尤其是养殖业的发展提供了广阔的区内市场;二是,伴随着西藏区域经济的飞速发展、城乡居民收入大幅度提高,城镇居民的消费等级不断提升,这将为西藏农牧特色产业的发展提供更加丰富的市场需求。

综上所述,本书作者认为,从区内城镇和农牧区两个市场考察,随着西藏经济飞速发展、城乡居民收入以及消费能力不断提高,区内经济发展导致的市场扩大将为西藏农牧特色产业发展提供更加广阔的市场空间;伴随西藏农牧特色产品在内地和国际市场的知名度的不断提升,经济一体化将为西藏农牧特色产品的远销以及农牧特色产业的发展提供更加宽广的平台。

(二)区域经济发展为农牧特色产业发展提供了更加充裕的资金支持

在西藏区域经济飞速发展的同时,各级政府和民间对西藏广大农牧区的投资也在迅速增加,据有关部门统计,在2006年至2008年期间,西藏共安排实施农牧特色产业扶贫项目320个,投入资金27 082万元,其中中央财政扶贫资金7 281万元,自治区财政扶贫资金7 000万元,项目区群众自筹和贷款12 801万元,共建成扶贫特色产业项目区150个。为了直观地展示西藏农牧特色产业以及农牧区的投资情况,本书作者选择2005年到2007年西藏农村投资情况作简单说明(见表7-5)。

表7-5 2005—2007年西藏农村投资及其按照各种标准的分类

单位:万元

指 标	年 份		
	2005	2006	2007
投资总额	60 323	305 102	395 351
按隶属关系分			
中　央			21 455
地　方	60 323	305 102	373 906
按建设性质分			
新　建	305	150 236	168 999
扩　建		320	1 532

续表

指标	年份		
	2005	2006	2007
改建	545	7 817	5 411
单纯建造生活设施	15 709	146 369	218 966
恢复			380
单纯购置	43 764	360	63
按国民经济行业分			
农林牧渔业	40 954	4 550	1 598
采矿业		500	
制造业		4 699	667
电力、燃气及水生产和供应业			1964
建筑业	1 086		
交通运输、仓储及邮政业	2 419		1 333
信息传输、计算机服务和软件业			
批发和零售业		349	
住宿和餐饮业	65	2 250	
金融业			
房地产业	15 604	273 308	349 277
租赁和商务服务业			2000
科学研究、技术服务和地质勘查业			
水利、环境和公共设施管理业			18 100
居民服务和其他服务业			
教育		2 500	753
卫生、社会保障和社会福利业			135
文化、体育和娱乐业			190
公共管理和社会组织	195	16 946	19 334
按资金来源分			

续表

指标	年份		
	2005	2006	2007
国家预算内资金	952	54 052	63 170
国内贷款	7607	20 783	18 291
利用外资			
自筹资金	39 022	98 115	213 920
其他资金来源	12 742	132 727	99 980
本年新增固定资产	60 323	245 322	339 031
本年施工房屋面积（万平方米）	165.77	599.62	737.19
其中：住宅	125.75	524.30	627.53
本年竣工房屋面积（万平方米）	164.72	502.09	708.25
其中：住宅	124.71	447.17	599.39
本年竣工房屋价值	15 199		307 812
其中：住宅	11 704		241 304
施工项目个数（个）	10	130	163
其中：本年新开工	10	125	163
本年投产项目个数（个）	9	112	142

资料来源：《西藏统计年鉴·2010》。

通过表7-5我们不难发现，西藏农村从2005年至2007年的社会投资呈不断增加趋势，2005年为60 323万元，2006年为305 102万元，2007年为395 351万元，环比增加405%和29.6%，增长明显，尤其在2006年，由于促农政策的进一步拓展，这种增长非常明显。而就其增加资金的分布来看，主要来自地方，如2005年和2006年农村投资基本来自地方资金。2007年中央安排的资金为21 455万元，开始不断增加。而从投资行业看，2005年在农林牧渔业安排资金为40 954万元，占当年投资总额的67.9%，这与从2005年开始的部分农牧特色产业的项目投资高度相关；而从2006年开始对于该领域的投资不断减少，如2006年仅为4 550万元，仅占当年投资总额的1.5%；2007年该领域的投资仅为1 598万元，占当年投资总额的0.4%，总体呈现逐年大幅下降态势，这种投资的变化充分体现了政府投资导向的变化和投资重点的转移。与此相对应的是：其他领域尤其是房产领域的投资不断增加，如2005年为15 604万元，2006年为273 308万元，2007年为349 277万元，分别占当年农村投资总额的25.9%、89.6%以及88.3%,总体呈稳定增加趋势。而这种投资行业的变化则与2006年以后的安居工程等项目的开展和进一步推广有很大的关系。

第三节 特色产业发展与农牧区社区建设

西藏农牧区社区建设是构建和谐社会的重要组成部分,而在构建和谐农牧区社区的过程中,西藏农牧特色产业的发展壮大发挥了重要的、不可忽视的作用。本书作者认为:西藏农牧特色产业的集中集聚,促进了农牧特色产业区社区建设,同时农牧区社区发展又反过来促进了农牧特色产业的发展壮大。

一、理论考察

所谓社区,是指居住在一个区域里共同生活的人群。他们进行互相联系的经济和政治活动,形成一个共同的生活集体,具有一定程度上相同的价值观念和相似的认同意识,并有相应的实体单位。农村社区主要以各种各样的行政村或自然村形式出现;街道办事处辖区或居委会辖区以及目前一些城市新划分的社区委员会辖区则构成了城市社区的基本形式。西藏自治区对于农村社区的试点源于2006年7月,自治区民政厅启动了西藏自治区试点农村社区建设工作,将"社区"的概念引入农牧区,并将农牧区社区建设引入新农村建设,为新农村建设注入了新元素。毫无疑问,在未来的农牧区社区里,村民们团结组织起来,发展生产,美化村庄;开展各种文体活动,有着丰富的业余文化生活;老有所养,病有所医,弱势群体能够及时得到救助;村民一家有难,全村支援;村中联防联治,平安和谐;村民人人是主人,人人都积极参与村里的各项事务,将会彻底扭转农村分散、管理成本居高不下的局面,使自治区社会主义新农村建设上升到一个新台阶。

当然上述对于农牧区社区的界定是从社会功能角度展开的,那么社区是否还可具备诸如经济功能在内的其他功能呢?毫无疑问是具备的。社区在城市变成了城市的细胞,社区建设和管理是城市建设和管理的基础工作,在发展社会主义市场经济的新形势下,许多社会职能将更多地依托社区实现。因此社区也是社会组织中最基本的细胞,在组织经济活动、促进社区经济发展工作中发挥着重要的、不可替代的作用,同时在一定程度上还是宏观社会的缩影,在建设和谐社会中具有重要的地位。

依据上述分析我们不难发现,西藏农牧特色产业项目区的行政村和自然村也具备上述社区的基本特征。正如前文所述及的那样,在广大农牧特色产业项目区内,农牧特色产业对于项目区内农牧民的收入提高、观念更新等发挥着不可替代的作用,而且很多农牧特色产业项目就依托农牧区的社区建立起来,甚至在一些地方还建立了以农牧产业带头人为核心的村委会组织,而这些农牧产业的带头人又反过来成了促进社区建设的主导力量。因此在西藏新农村建设过程中,如何将农牧产业建设村、农牧特色产业项目区以及农牧区社区建设紧密地结合起来就不仅具有理论意义,更具有现实意义。

二、实践经验

西藏农村社区建设源于2006年,在"十五"计划期间,自治区党委和政府按照建设社会主义新农村的要求,围绕安居乐业,完善政策,加大了农牧区社区建设的力度,"三农"的投入共计165亿元,比上个五年增长了1.3倍。实施了最严格的耕地草场保护制度,建设了88个农业综合开发区,农田草场水利基本建设得到加强,农牧业综合生产能力进一步提高,坚持因地制宜、保持特色、量力而行、尊重群众意愿的原则,实施了安居工程,解决了11.4万户农牧民的安居;这种安居工程的实施和农牧业特色项目区的建设不断推进了"八个基本解决":解决了219个乡镇、1 490个行政村通公路,102万农牧民的安全饮水,111个中心乡镇通邮,3 712个行政村通电话的问题,解决和改善了65万农牧民用电问题,完成了近2万例白内障复明手术,农牧区碘盐推广人口覆盖率达到40%,县乡村的标准医疗设备基本配齐。初步形成了特色农牧业等多轮驱动的农牧民增收机制,有效增加了农牧民的收入,2007年农牧民人均纯收入比2002年增长83.3%。以科学文明进步为导向,大力实施科学知识和劳动技能培训,共安排了1.4亿元,培训农牧民130万人次,新型农牧民正在成为社会主义新农村建设的主体。而这些工作的开展,为推进新农村建设和农牧区社区建设发挥了重要的作用。与西藏人民衣食住行紧密相关的社区建设成就斐然。

以拉萨为例,自20世纪80年代拉萨市区建设团结新村起,从东郊到西郊、北郊建了一大批居民住宅区,在拉萨的近郊县(区)也建起了相对集中的农牧民住宅区,形成了一定规模的社区。党的十六大以来,西藏自治区以加强城乡自治组织建设为重点,以建设和谐社会为目标,以增强社区基层党组织建设、社区管理和服务为内容,大力加强基层民主政治建设,充分发挥社区党团组织的堡垒作用,提高社区居民参与和归属意识,社区治安稳定,群众性自治组织在基层特别是在广大农牧区协调利益、化解矛盾、排忧解难中的优势和特殊作用,有力地促进了西藏社会的和谐稳定,不断满足居民日益增长的物质文化需要,使西藏人民安居乐业有了保障。

第四节 特色产业与社会事业发展

全国范围的产业发展实践反复证明,产业发展越快的地方,社会事业的进步就大,发过来社会事业的加快发展又给产业发展创造了良好的外部环境和条件。作为全国农牧业重要构成部分的西藏农牧特色产业的发展历程也验证了这一结论。为此本书作者认为,要加快农牧特色产业发展,必须建立健全社会事业,促进农牧特色产业发展和社会事业共同进步、共同提高。

一、社会事业发展概括

(一)卫生事业不断发展

截至2010年年末,西藏共有卫生机构1 352个,实有病床床位8 838张。卫生技术人员9 983人,每千人病床数和卫生技术人员数分别达到了3.02张和3.44人,表7-6具体展示了本世纪以来西藏医疗卫生事业的发展状况。

表7-6 2002—2010卫生机构床位数和技术人员数

单位:张,人

年 份	床位数	技术人员数	每千人拥有床位数	每千人技术人员数
2002	6 087	7 913	2.38	2.97
2003	6 216	8 287	2.40	3.07
2 004	6 413	8 569	2.34	3.13
2005	6 767	8 914	2.44	3.22
2006	7 496	8 895	2.67	3.17
2007	7 127	8 535	2.51	3.02
2008	8 765	9 435	3.05	3.29
2009	8 553	10 047	2.95	3.47
2010	8 838	9 983	3.02	3.44

资料来源:《西藏统计年鉴·2010》。

在西藏医疗卫生事业不断进步的基础上,医疗结构迅速增加,农牧民也不断享受到了优质的医疗服务。为了推动农牧区医疗卫生事业的发展进步,国家在西藏医疗领域实现了两项特殊优惠政策:一方面对西藏农牧民一直实行免费医疗制度,另一方面医疗人才实行全国对口支援。改革开放以来,中央不断加大对西藏农牧民医疗费用的投入,随着医疗卫生社保等条件的改善,西藏各族人民群众的寿命得到了很大提高,目前,西藏人均预期寿命达到67岁,比和平解放前提高了31.5岁。农牧民享受免费医疗,1993年以前,西藏农牧民人均免费医疗经费为5.5元。1993年,西藏自治区政府颁布了《西藏自治区免费医疗管理办法》,当年下拨了1 000万元专项经费,农牧民免费医疗经费达到人均10元。1994年,又下拨专项资金2 000万元,农牧民免费医疗补贴达到人均15元。2003年,西藏自治区根据中央的决定,全面推行以免费医疗为基础的农牧区合作医疗制度,颁布了《西藏自治区农牧区医疗管理暂行办法》,进一步完善了免费医疗制度,使农牧民群众得到了更好的免费医疗保障。截至2011年年底,西藏已经基本实现了社会保险全覆盖。

(二)城乡社会救助体系不断完善

为建立健全城乡社会救助体系,保障城乡困难群众基本生活,促进西藏经济社会又好又快发展,西藏自治区出台了8项有力措施,全面部署建立健全城乡社会救助体系各项工作,在西藏建立健全以城乡最低生活保障制度和农村五保供养制度为基础,以医疗、教育、住房救助和法律援助等专项救助相配套,以临时救济、慈善救助和社会互助为补充的,覆盖城乡的社会救助体系,形成制度完善、管理规范、运行有序、保障有效、救助水平与西藏经济社会发展水平相适应的长效帮扶机制。主要采取了8项措施:完善城乡居民最低生活保障制度,完善自然灾害应急救助机制,完善农村五保供养制度,健全城乡医疗救助制度,实施城乡低收入家庭住房保障制度,积极推进法律援助制度,推进困难群众就业再就业工作,建立健全临时救助制度。

(三)农牧区基础条件明显改善

改革开放以来,随着西藏农牧区经济体制改革的不断深入,在有效带动农牧业投资体制改革的同时,对农牧业基础建设的投入逐年增加,农牧区基础条件明显改善。据统计,"十五"期间,仅西藏农牧部门实施的农牧业基础设施和项目建设投资就达8.3亿元,比"九五"时期增长9.4倍。"十一五"以来,中央加大了对西藏农牧业的投资力度。2006年,中央对西藏农牧业基础设施和项目建设总投资高达7.2亿元,比上年增长60%;2007年达到近8亿元,比上年增长11.1%。2007年年初国务院召开第167次常务会议,专门研究并原则同意西藏"十一五"建设规划,其中涉及农牧业和农牧区建设的项目有动植物防疫检疫、游牧民定居、农牧特色产业、农牧业科技推广体系建设、农牧户用沼气、农牧产品质量监督体系建设等12个重点项目,国家投资达22.96亿元。进入"十二五"以来,国家对西藏农牧业的投资进一步增加,西藏农牧特色产业的发展基础、发展环境加速改善。

(四)教育及其他社会事业不断进步

到2010年,西藏普通高等教育院校达到6所,在校生31 109人;各类中等职业教育学校6所,在校学生22 613人;普通中学112所,在校学生179 720人;普通小学872所,在校学生299 408人;幼儿园在园幼儿23 414人。表7-7具体给出了1992—2010年西藏部分年份各级各类学校的发展情况。

表7-7 1992—2010年西藏部分年份各级各类学校数量

单位:所

年份	高等学校	中等学校	中等专业学校	普通中学	小学	幼儿园
1992	3	76	14	62	2831	36
1995	4	102	16	86	3943	29
2000	4	110	12	98	842	21
2001	4	111	11	100	895	20
2002	3	114	11	103	899	32
2003	4	115	10	105	892	41
2004	4	120	10	110	886	41
2005	4	128	10	118	890	42
2006	6	128	10	118	880	46
2007	6	124	7	117	884	61
2008	6	126	7	119	885	83
2009	6	124	6	118	884	88
2010	6	128	6	122	872	119

资料来源:《西藏统计年鉴·2010》。

(五)农牧区金融服务不断发展

在其他部门和领域采取扶持农牧业的同时,各级金融机构也加大了扶贫工作力度。以农业银行西藏分行为例,多年来,农行西藏分行认真贯彻落实中央赋予西藏的优惠金融政策,主动把县及县以下机构的主要职能调整到支持"三农"工作上来,先后出台了支持新农村建设、农牧业特色产业发展等一系列意见措施,大力支持西藏农牧区经济发展、农牧业结构调整和农牧民增收致富,取得了显著成效,深受地方各级党政部门和广大农牧民的肯定和赞誉。表7-8、表7-9全面展示了西藏金融业的全面发展和金融机构对西藏农牧产业的支持。

表 7-8 西藏 1992—2010 年部分年份金融机构各项存款统计表

单位:万元

年 份	存款合计	企业存款	财政存款	城乡储蓄存款
1992	290 493	103 950	30 106	69 880
1995	716 307	329 620	171 699	193 747
2000	1 449 755	734 012	74 919	404 807
2001	2 129 002	1 256 992	96 742	501 778
2002	2 829 653	1 705 832	62 803	703 825
2003	3 208 709	1 816 101	47 630	918 982
2004	3 617 220	2 074 667	97 697	1 074 935
2005	4 551 139	2 196 389	158 668	1 230 959
2006	5 445 494	2 471 416	454 718	1 398 071
2007	6 424 371	2 953 682	468 457	1 595 615
2008	8 278 506	3 860 619	734 226	1 848 908
2009	10 272 388	4 397 700	1 052 153	2 263 699
2010	12 955 418	3 275 738	1 361 434	2 671 317

资料来源:《西藏统计年鉴·2010》。

表 7-9 西藏 1992—2010 年部分年份金融机构各项贷款统计表

单位:万元

年 份	存款合计	工业贷款	商业贷款	农业贷款
1992	208 413	19 790	116 668	
1995	522 528	33 505	252 170	22 452
2000	806 248	84 600	240 382	8 739
2001	966 246	89 714	261 107	14 044
2002	1 211 279	92 530	328 332	33 645
2003	1 444 358	94 193	308 971	54 683
2004	1 678 969	56 021	186 296	67 694
2005	1 788 521	76 921	153 160	73 441
2006	2 037 107	58 565	147 274	92 137
2007	2 234 699	100 538	65 870	62 287
2008	2 189 754	94 376	39 939	28 104
2009	2 480 072	63 639	41 026	30 167
2010	3 014 941	77 363	49 874	36 673

资料来源:《西藏统计年鉴·2010》。

在增加农牧区贷款的同时,农行西藏分行还加强了金融创新,推动农牧特色产业发展。一是创新推广农牧民小额信贷业务。为了有效地解决农牧户贷款难、农行难贷款这一两难问题,于 2001 年出台了《农行西藏分行〈农牧户贷款证〉管理暂行办法》,推出了金、银、铜三卡小额信贷产品,根据农牧户的承贷条件,分别授予不同的信用额度。2005 年在西藏范围内提高了三卡信用额度,同年又新出台了《农行西藏分行农牧户贷款证"钻石卡"管理办法(试行)》,对已富裕起来和生产经营已形成一定规模的农牧户进行了信用评级授信,分别确定 10 万元、15 万元、20 万元三个不同信用额度予以重点支持。对超过上述贷款额度的农牧户资金需求,采取抵质押、农牧户互保、个人信用保证等担保方式予以支持。二是大力支持农牧民安居工程建设。积极响应西藏自治区提出的以"安居乐业"为突破口建设社会主义新农村的号召,制定下发了《农牧民安居工程贷款管理暂行办法》,明确了安居工程贷款的对象、条件、额度、期限及管理等相关规定。三是推进信贷扶贫等政策性金融服务工作。认真贯彻落实中央和自治区扶贫工作的方针政策,坚持"突出重点、兼顾一般"的原则,把自治区确定的34个重点扶持县及393个重点扶持乡作为信贷扶贫工作的重点,对持有铜卡和人均收入1 300元以下的农牧户、游牧民定居和地方病搬迁、通过合同或协议直接带动农牧民增收的农业产业化企业项目均按扶贫贷款利率给予支持,同时做好政策性粮食储备(收购)的金融服务工作。四是推进农牧区信用环境建设。制定实施了《农行西藏分行信用乡(镇)、村管理办法》,加强与基层党政部门及村级组织的沟通协调,对评定为信用乡(镇)、村范围内的农牧户扩大了授信额度,并实行动态管理,使广大农牧民信用意识、诚信观念得到了增强,为构建诚信社会做出了积极贡献。五是积极支持优质青稞与油菜子深加工、藏药材开发生产、牦牛系列食品开发和畜产品流通等国家、自治区、地区级农牧产业化龙头企业近20家,促进企业技术进步和提升经营效益,增加农牧业产品附加值和综合效益,并有效带动了农牧户增收。六是认真落实中央的优惠金融政策。对农牧区实行比较宽松的现金管理政策;对各类贷款一律执行比全国利率低两个百分点的政策,同时对农牧民逾期贷款实行不加罚息的政策,切实减轻了借款人的利息负担。

二、教科文卫事业

西藏在普及科学技术、促进科技事业稳步发展方面也取得了显著成效。目前,西藏有科研院所33所,各类专业人员34 700多人,学科领域涉及数十个门类,其中藏学、高原生态、藏医药等学科领域的研究在全国处于领先水平。40多年来,西藏科研人员共完成科研项目2 680多项,其中13项获"国家科技进步奖"。文化事业也取得了巨大成就,自治区和各地市有效地抢救和保护了西藏优秀的民族传统文化,出版了《中国戏曲志·西藏卷》、《中国民间歌谣集成·西藏卷》和《格萨尔王传》等30多部民族文化研究专著。先后修复开放了1 400多座寺庙,及时修缮和保护了大批文物。布达拉宫、大昭寺和罗布林卡被列入世界文化遗产目录,15个保护项目被列入国家首批非物质文化遗产保护目录,5个乡被命名为国家级民间艺术之乡和特色艺术之乡。近年来,广播电视村村通工程、西新工程进展顺利,现在西藏广播覆盖率达90.77%,初步形成了无线、有线和卫星等多种技术手段并用的广播电视覆盖网。西藏还拥有一批符合国际标准和规范的体育运动设施,具有西藏特色的运动项目得到挖掘、规范和推广,一批传统体育项目走出西藏,成为全国性的体育竞赛项目。一大批优秀运动员在全国各类体育运动项目和竞技比赛中取得优异成绩。

第五节 特色产业发展与公共事务

农牧特色产业健康发展,离不开公共服务的大力支持。本节在回顾西藏基层组织和政权建设取得的辉煌成就的基础上,认为西藏自治区对于农牧区公共事务建设应该立足于:以加强城乡自治组织建设为重点,以建设和谐社会为目标,以增强社区管理和服务为内容,大力加强基层民主政治建设,充分发挥群众自治组织在基层特别是在广大农牧区协调利益、化解矛盾、排忧解难中的优势和特殊作用,促进西藏社会的和谐稳定,同时也为农牧特色产业快速健康发展创造了良好的外部条件。

一、产业发展与基层组织

(一)西藏基层组织建设回顾

1. 基层民主建设走上制度化道路。经过长期建设,西藏自治区基层民主建设已走上制度化、规范化轨道,以民主选举、民主决策、民主管理、民主监督为主要内容的村民自治制度逐步落实,有力地推进了基层民主政治建设和基层干部廉政建设,促进了农牧区的经济发展和社会稳定。

2. 基层社会事业有了较大发展。西藏自治区基层党建事业以及社区治安、服务、环境、文化、卫生等各项事业都有了较大的发展,基层管理与服务功能不断增强,在反分裂斗争、整治"脏乱差"、社会治安、调解矛盾、邻里互助、社会保障等方面,发挥了不可替代的作用,促进了基层"三个文明"的协调发展,促进了和谐社会的构建。

3. 社区党建成绩卓著。西藏自治区按照社区的构成要素和便于管理、便于自治、便于资源共享的要求,提高了社区的整合能力。社区党建工作延伸到西藏各个角落;所有社区居委会实行了民主选举,扩大了直接选举和户代表选举的比例,普遍建立了社区成员代表会议、议事协商、民主理财等制度,开展了民主决策、民主管理和民主监督的探索和实践;驻西藏单位积极参与社区建设,共驻共建,居民自治制度得到了加强。

4. 基层组织在反分裂斗争中发挥了战斗堡垒作用。西藏地处反分裂斗争的前沿,而广大农牧区又是西方敌对势力和十四世达赖分裂集团实施颠覆、渗透、破坏活动的重点。因此,西藏各级部门始终高度重视、大力加强对农牧区的反分裂斗争和爱国主义的宣传教育,让广大农牧民群众切实感受到社会主义大家庭的温暖,坚决抵制十四世达赖分裂集团的破坏活动,从源头上解决社会问题和社会矛盾。加强村委会组织、能力和作风建设,为反分裂斗争夯实了基础,提供了可靠的基层组织保障,打下了坚实的群众基础,推动反分裂斗争在基层特别是广大农牧区扎实有效地推进。

(二)西藏农牧特色产业发展与政权建设的对策

1. 深入开展"三个坚持"的教育。在西藏,坚持中国共产党的领导、坚持社会主义制度、坚持民族区域自治制度,是坚持中国特色社会主义的具体体现。要扎实推进社会主义核心价值体系建设,坚持用中国特色社会主义理论体系武装农牧区党员,教育农牧民群众,引导农牧民牢固树立爱国主义、集体主义、社会主义思想,唱响共产党好、社会主义好、民族区域自治制度好、改革开放好、民族团结好的主旋律,用中国特色社会主义共同理想凝聚力量,巩固各族人民团结奋斗的共同思想基础。深入揭批十四世达赖分裂集团,坚持用西藏50多年来的沧桑巨变和改革开放以来的新发展、新变化、新生活的生动事实,教育农牧民群众,让他们懂得只有做到"三个坚持",才能稳定西藏、建设西藏、发展西藏,才能谱写好西藏各族人民美好生活的新篇章。

2. 坚持不懈地开展科学发展观的普及教育。科学发展观是我国经济社会发展的重要指导方针,是发展中国特色社会主义必须坚持和贯彻的重大战略思想。要以开展深入学习实践科学发展观活动为契机,组织力量编写宣讲科学发展观的通俗教材,用群众喜闻乐见的方式面对面地向群众宣讲,用通俗易懂的语言把党的理论创新成果向群众讲明白,用更加美好的未来为广大群众提神鼓劲。通过坚持不懈的宣传教育,让各族群众把美好生活是什么样子、怎样创造美好生活的问题弄明白,从而使各族人民群众坚定对科学发展观的政治信仰,坚定对中国特色社会主义的信念。

3. 加强农牧区社会管理。要坚持服务农牧民、依靠农牧民,完善农牧区社会管理体制机制,积极探索开展农牧区社区建设试点工作,保持农牧区社会和谐稳定。加强法制宣传教育,搞好农牧区法律服务,提高农牧民法制意识,推进农牧区依法治理。拓宽农牧区社情民意表达渠道,完善矛盾纠纷排查化解工作机制。农牧区广大干部特别是基层干部要做好进村入户下访工作,切实把矛盾和问题解决在基层,化解在萌芽状态。开展基层平安创建活动,大力加强乡镇派出所建设,改革农牧区警务工作,搞好社会治安综合治理。建立健全农牧区应急管理体制,提高危机处置能力。依法管理宗教事务,发挥宗教界人士和信教群众在促进农牧区经济社会发展中的积极作用。坚决制止利用宗教、宗族、宗派势力干预农牧区公共事务的行为。

4. 完善党领导农牧区工作的体制机制。要强化党委统一领导、党政齐抓共管、农牧区工作综合部门组织协调、有关部门各负其责的农牧区工作领导体制和工作机制。各级党委和政府要坚持把农牧区工作摆上重要议事日程，进一步加强党委农牧区工作综合部门建设，在政策制定、工作部署、财力投放、干部配备上切实体现重中之重的要求，主要领导要亲自抓，分管领导要具体抓，形成齐抓共管的工作格局。县（市、区）党委的工作重心和主要精力要放在农牧区工作上。探索建立职能明确、权责一致、运转协调的农牧业行政管理体制，选好配强县乡党政领导班子特别是主要负责人。完善体现科学发展观和正确政绩观要求的干部考核评价体系，把粮食生产、农牧民增收、耕地保护、环境治理、和谐稳定作为考核地方特别是县级领导班子绩效的重要内容。支持人大、政协履行职能，发挥好人民团体以及社会组织在促进"三农"中的积极作用。

5. 加强农牧区基层组织建设。党的农牧区基层组织是党在农牧区工作的基础。要以领导班子建设为重点，以健全党组织为保证，以三级联创活动为载体，把党组织建设成为密切联系群众、带领农牧民致富、促进农牧区和谐稳定的坚强领导核心。选好配强乡（镇）、村领导班子，特别是党组织书记。建立健全城乡党的基层组织互帮互助机制，构建城乡统筹的基层党建新格局。抓好以村党组织为核心的村级组织配套建设，以党的基层组织建设带动其他各类基层组织建设，充分发挥共青团、妇代会、民兵等在建设社会主义新农牧区中的作用。健全村党组织领导的充满活力的村民自治机制，深入开展以村民会议、村民代表会议为主要形式的民主议事决策实践，以自我教育、自我管理、自我服务为主要目的的民主管理实践，以村务公开、财务监督、群众评议为主要内容的民主监督实践，推进村民自治制度化、规范化、程序化。采取多种措施，通过地方财政转移支付和党费支持等途径，积极创办村办经济实体，逐步解决一些行政村集体收入薄弱问题，形成农牧区基层组织建设、村干部报酬和养老保险、党员干部培训专项资金保障机制。改善乡、村工作等条件，用两年时间基本建成所有村级组织综合活动场所，基本建成现代远程教育网络。

6. 加强农牧区基层干部队伍建设。建设一支有信念、讲奉献、有本领、重品行的农牧区基层干部队伍，对做好农牧区工作具有重要意义。要拓宽农牧区基层干部队伍来源，提高综合素质，着力解除他们的后顾之忧，充分调动他们的工作积极性。注重从农牧区致富能手、退伍军人、外出务工返乡农牧民中选拔村干部。加大高校毕业生到村任职工作的力度，有步骤地实施一村一名大学生计划。鼓励党政机关干部、企事业单位员工到村工作。推动优秀年轻的村干部到县乡党政机关、街道、企事业单位交流锻炼,重视从优秀村干部中考录公务员,选拔乡镇干部。

7.加强农牧区党员队伍建设。深入开展学习实践科学发展观活动,巩固扩大先进性教育活动成果,做好发展党员工作,改进党员教育管理,增强党员意识,建设高素质的农村党员队伍。继续做好把党员培养为致富能手、把致富能手培养为党员的"双向培养"工作。扩大基层党内民主,尊重党员主体地位,保证党员按照党章规定履行义务、行使权利。依托党校、远程教育站点等阵地,组织农牧区党员学习党的理论和路线方针政策、法律法规、实用技术。继续实行党员联户制度,负责对群众帮思想、帮政策、帮技术、帮资金、帮劳力等,共建致富户、文明户。要建立健全党内激励、关怀、帮扶机制,关心和爱护基层干部,积极扶助农牧区离退休老干部、老党员、老模范和生活困难党员,帮助他们解决实际困难,增强党组织的亲和力和凝聚力。要加强和改进流动党员管理,建立健全城乡一体的党员动态管理机制。

8.加强农牧区党风廉政建设。大力发扬党的优良传统和作风,密切党群、干群关系,是做好农牧区各项工作的重要保证。要坚持标本兼治、综合治理、惩防并举、注重预防的方针,坚持教育、制度、监督、改革、纠风、惩治相结合,以落实党在农牧区的方针政策,维护农牧民群众根本利益,改进基层党员干部作风为重点,推动惩治和预防腐败体系在农牧区的建立和完善。开展廉政文化进农牧区活动,全面推进政务公开、村务公开,健全农牧区集体资金、资产、资源管理制度,做到用制度管权、管事、管人。引导各族干部特别是农牧区基层干部弘扬新风正气,抵制歪风邪气,真正做到想群众之所想、急群众之所急、办群众之所需、解群众之所难。广大党员、干部要进一步发扬"老西藏精神",坚持权为民所用、情为民所系、利为民所谋,关心群众疾苦,倾听群众呼声,集中群众智慧,讲实话、出实招、办实事、求实效,坚决反对形式主义、官僚主义,努力创造实实在在的工作成绩。

9.发展农牧区先进文化。社会主义文化建设是社会主义新农牧区建设的重要内容和重要保证。要坚持用社会主义先进文化占领农牧区阵地,满足农牧民日益增长的精神文化需求,切实保障农牧民群众基本文化权益。大力推进广播电视村村通、文化信息资源共享、社区和乡镇综合文化站建设、农牧区电影放映、电视进万家、农家书屋等重点文化惠民工程,建立稳定的农牧区文化投入保障机制,尽快形成完备的农牧区公共文化服务体系。加强农牧区文物、非物质文化遗产保护。要广泛开展农牧民乐于参与、便于参与的文化活动,建立文化科技卫生"三下乡"长效机制,支持农牧民兴办民间演出团体及其他文化团体,引导城市文化机构到农牧区拓展服务。着力培养一支热心农牧区文化事业、专兼结合、相对稳定的队伍,使农牧区文化工作有人管、有人做。重视丰富农牧民工文化生活,帮助他们不断提高素质。大力宣传马克思主义祖国观、民族观、文化观、宗教观和唯物论、无神论。加强社会主义思想道德建设,用社会主义荣辱观引领风尚,发挥道德模范榜样作用,引导群众自觉履行法定义务、社会责任、家庭责任。广泛开展文明村镇、文明集市、文明户和志愿服务等群众性精神文明创建活动,形成助人为乐、扶贫济困、尊老爱幼、邻里和睦、男女平等的社会风尚。发展农牧区体育事业,开展农牧民健身活动。

二、产业发展与公共财政

(一)公共财政概述

公共财政是以市场经济为基础,满足社会公共需要的一种财政类型。市场经济条件下的公共财政与计划经济条件下的财政相比,主要有以下几个显著的特点:一是公共财政是与市场经济有内在联系的财政;二是公共财政是非盈利性财政;三是公共财政是法制化的财政;四是公共财政是提供公共产品,满足公共需要的财政。公共财政的特性决定了公共财政的收入体系、支出体系和宏观调控体系的建设。就公共财政支出体系而言,主要是满足公共需要:一是用于国家机构的运转和国家安全的支出;二是用于社会事业发展的支出;三是用于公益事业和公共工程的支出;四是用于社会保障的支出;五是用于政策性补贴等其他支出。

(二)西藏公共财政建设的特点

西藏位于祖国的西南边陲,在中央的关心和大力支持下,西藏经济建设取得了突飞猛进的发展。但是由于受特殊的自然条件制约,无论是经济总量、人均GDP,还是地方财政收入,与内地省份的差距仍比较大。总体上看,西藏还是全国城乡居民收入差距最大的地区之一,是全国最主要的集中连片的贫困地区之一,是全国城镇化率最低的地区,是全国自然灾害频发的主要地区,也是全国主要靠中央财政补助的地区。西藏的基本区情,决定了西藏公共财政除具有公共财政共性外,还应有着其特殊性。

1.公共财政弥补市场缺陷的任务十分繁重。西藏的市场经济发育程度较低,市场做不到和市场做不好的问题非常突出,政府财政保障的范围要宽。一方面企业还离不开政府,本应由企业自身解决的问题,有时还需要政府来解决。如国有企业职工的房改问题,由于西藏国有企业效益普遍差,加之企业职工特别是老职工多数是 20 世纪 60 年代初,响应党的号召来西藏支边搞建设的老同志,他们积累少,拿不出钱来自主解决住房问题,必须由企业解决。企业拿不出钱搞房改,就必须由政府帮助解决。否则,就会成为西藏不稳定的因素之一。另一方面,西藏国有企业规模小,成本高,与内地同类企业无法竞争,需要政府帮助找市场。否则,企业都倒闭了,下岗分流人员再就业等又将成为社会问题。

2. 财政支出刚性强,行政成本高,经费保障标准要求高。财政支出中,人员经费支出(含人员工资、公用经费等)占比重高,建设与事业发展经费支出相对较低。就行政运行成本来说,基本上是内地的两倍还高。

3. 财政供养人员增长快。近几年内地省区都在精减行政机构,控制财政供养人员的增长。而在西藏情况完全不同。一是县、乡(镇)基层由于条件艰苦,一直缺编。二是由于西藏恶劣的气候条件,国家给予西藏特殊的退休政策,行政事业单位男、女职工退休年龄比内地均提前 5 岁,按规定不到退休年龄的职工工作满 30 年也可办理退休。三是近几年中央针对西藏的特殊情况,新增了部分公安、政法部门的编制。四是西藏区内大中专毕业生实现全就业的压力大。五是西藏特殊支出多。这也是内地省区不存在的,西藏边境线长,维护祖国领土完整的任务十分繁重;十四世达赖分裂集团分裂祖国的野心不死,反分裂任务十分艰巨;西藏是以藏民族为主的少数民族地区,信教群众多,宗教设施等重点文物的维修与保护等特殊支出都要政府财政承担。

(三)公共财政在西藏的实践

1. 公共财政开始向农牧区覆盖。一是紧紧围绕突出改善农牧区生产生活条件这个重点,坚持政策和资金向农牧区倾斜。二是安排专项资金重点支持农畜特色产业、特色农牧产品加工业的发展,增加农牧民收入。三是增加农牧区义务教育的投入,"两免一补"政策得到全面落实。四是农牧区广播电视"村村通"和"西新工程"顺利实施。五是农牧区初级卫生网初步建立,传染病、地方病得到有效控制。六是农牧区社会保障制度初步建立,农牧民社会保险全覆盖任务重。

2. 财政调控经济的能力得到了进一步加强。一是重点支持一大批重点工程项目建设。二是安排产业发展资金、企业技改资金、中小企业担保资金、外经贸发展资金和科技三项费等财政专项资金,重点支持外贸出口企业、优势矿产业、旅游业等特色经济和优势产业发展。三是适时出台财政政策,通过财政补贴、财政贴息等财政手段调节经济,确保西藏连续多年经济保持两位数增长。

3.大力支持社会各项事业发展。投入教育、科技、文化、卫生等方面的资金逐年增加,科技成果转化、实用科技和应用技术推广取得了明显进步。文化、广播影视事业投入扩大。村级文化站建设工作顺利推进,布达拉宫、扎什伦布寺、大昭寺等一批国家级重点文物得到及时修缮和有效保护,广播电视覆盖率大大提高。疾病预防控制体系、公共医疗卫生体系进一步健全,防病救治能力得到加强。实施退耕(牧)还林(草)和天然林保护工程,开展草场网围栏建设,在促进草场承包责任制实施的同时,推动草原生态保护,大力支持太阳能等替代清洁能源的开发利用,加大对珠峰、纳木错等自然保护区的投入,促进生态环境保护和可持续发展。

4.社会保障能力进一步提高。城镇职工基本养老、失业、工伤、医疗保险和城镇居民最低生活保障线、医疗救助制度运行良好,基本实现了全覆盖,农牧区社会保障制度建设逐步完善。

5.坚持稳定压倒一切,政法部门经费保障机制逐步完善。财政对公安、安全、政法委、检察院、法院等政法机关的经费,给予了重点保障;加大投入改善了政法部门的基础设施和办案条件;加大解决社会热点、难点问题和处置突发事件的资金投入,有力维护了正常社会秩序,妥善解决了人民内部矛盾,保持了社会局势的长期稳定。西藏公共财政框架初步建立,但是与公共财政的总体目标要求相比,西藏公共财政框架的建立仍是初步的,公共财政保障仍是低水平的,公共财政覆盖面仍是比较窄小的。

(四)西藏公共财政面临的挑战

从构建公共财政收入体系看,公共财政收入体系应由三部分组成:税收、制度化的规范收入和公债。按照预算法和国家的有关规定,地方财政收入主要是税收和规费两部分。这两部分,前者是公共财政最主要、最基本的收入来源。因为税收是政府借助于明确的法律依据取得的收入,具有权威性和强制性,只有它才是作为政治权力行使者的政府在财政上的充分体现,也才能保证政府正常和顺利地为社会提供公共产品。后者是公共财政收入的辅助来源,严格地体现为政府服务企业、个人间的利益交换关系。规费也就是企业、个人受益者为本人所享受到的专门服务的付费,与市场提供的对个人服务的付费一样,有着一对一的交换关系。规费是政府进行社会管理的内容之一,其收入仍然属政府的财政收入。西藏公共财政存在三个方面的问题:一是税收收入规模极为有限;二是规费收入占地方一般预算收入的比重偏大;三是经济发展质量不高,财政收入占GDP的比重明显偏低。

从构建公共财政支出体系看,经过多年的努力,西藏公共财政支出已涉及农牧区在内的各个领域。但是由于西藏地方财政收入极为有限,绝大部分支出靠中央财政补助。与内地不同,西藏是在依靠中央财政补助的前提下构建公共财政支出体系的。中央财政补助中,除一般转移支付补助外,绝大部分是下达了支出项目的专项补助。由于受财政收入"蛋糕"小的制约,财政的调控能力有限,加上西藏行政运行成本高,地域辽阔,人员居住分散,社会各项事业发展特别是涉及农牧区教育、文化、科技、卫生等事业发展的成本很高。西藏公共财政建设存在很多问题:一是公共财政支出保障水平比较低,各项事业特别是农牧区教育、科技、文化、卫生、社会保障等事业的财政保障程度亟待提高;二是公共财政覆盖面比较窄,政府提供的公共产品还没有完全惠及全体社会成员;三是农牧区范围广,农牧民居住分散,政府公共产品难以发挥集约效应;四是市场缺位、政府越位的问题还难以彻底解决,仍需要一个漫长的过渡期。构建西藏公共财政收入体系、支出体系和宏观调控体系,是西藏财政工作一项长期、艰巨、复杂的任务。

(五)西藏公共财政建设应采取的对策

构建公共财政收入体系方面,一是要正确处理"离不开"和"不依赖"的关系。始终坚持两条腿走路,一方面积极争取中央财政支持,稳步增加西藏可控财力;另一方面正确把握经济决定财政、财政反作用于经济的基本规律,着眼于培植新的财政经济增长点,综合运用预算、税收、贴息、补助、贷款担保、设立产业发展基金等政策手段支持经济发展,做大做强经济总量。二是要用活、用足中央赋予西藏的特殊财税优惠政策,加大财政支持产业结构调整的工作力度,不断提升经济增长的质量和效益。三是要注重县域经济发展,壮大财源税基,增加地方财政收入,稳步提高地方财政收入占GDP的比重。四是要加强税收征管,逐步提高税收收入占财政收入的比重。

1.构建公共财政支出体系方面。一是要加快推进社会主义市场体制建设。要按照市场经济规律办事,正确处理政府与市场主体的关系,政府要有进有退,该由市场办的事,应交给市场;该由政府办的事,应由政府承担起来,政府主要是为社会提供公共产品,为社会成员提供公共服务。二是要在"保工资、保运转、保改革、保稳定"的前提下,以全面建设社会主义新农牧区为重点,政府财力的重点要向农牧区倾斜,向基层倾斜,让公共财政的"阳光"更多地普照到农牧区。要通过加大财政投入,加快农牧区基础设施建设,促进各项社会事业发展,推进社会保障体制建设。

2.构建公共财政宏观调控体系方面。要围绕政府在不同时期的经济社会发展目标作为公共财政的宏观调控目标。一是要充分利用预算、税收、投资、补贴、贴息等杠杆,调节社会总需求的平衡。二是在宏观调控上,既要注重经济快速增长目标,更要注重社会公平分配。要充分利用财政政策,逐步缩小城乡差距,使城乡经济社会均衡、统筹发展。

综上所述,构建西藏公共财政收入体系、支出体系和宏观调控体系是西藏财政工作一项长期、艰巨、复杂的任务。今后一个时期,西藏公共财政建设的着重点,应放在构建公共财政支出体系和公共财政宏观调控体系上。要按中央提出的构建社会主义和谐社会和建设社会主义新农村的要求,财政资金和财政政策要进一步向农牧区倾斜、向基层倾斜,促进城乡统筹发展。中央提出"改善农牧民生产生活条件,增加农牧民收入,是西藏经济社会发展的重要任务,是衡量西藏发展战略成功与否的重要标准",这也是西藏公共财政建设的出发点和归宿,更是检验西藏公共财政的重要标准。现阶段,公共财政支出体系和公共财政宏观调控体系建设的重点,就是要让财政资金和财政政策向农牧区倾斜,向基层倾斜。

1. 建立财政对"三农"投入的长效机制。一是要切实研究和解决"三农"资金投入不足问题,使财政资金、财政政策进一步向农牧区倾斜,确保每年中央财政一般转移支付增量和地方财政收入增量按一定比例投入"三农",建立起财政资金向"三农"投入的长效机制。二是要确保财政政策到位、资金到位、服务到位,全力促进农牧区发展、农牧业增效、农牧民增收。

2. 努力改善农牧区生产生活条件。一是加大农牧区基础设施建设投入,大力支持农牧区电网改造、广播电视"村村通"工程、"饮水工程"、道路及给排水工程等基础设施配套建设和基层政权建设,改善农牧区生产条件。二是实施农牧民安居工程,采取政府补贴方式,坚持农牧民自愿原则,实施以农牧民民房改造、游牧民定居和扶贫搬迁为重点的农牧民安居工程,改善农牧民居住条件。

3. 促进农牧民增收。一是支持农牧区产业结构和经济结构调整,大力发展农牧业特色产业,提高农牧业综合生产能力和农畜产品附加值,确保农牧民收入稳步增长。二是进一步深化农牧区综合改革,提高基层特别是村级组织公用经费标准,防止农牧民负担反弹。三是加强农牧民技能培训,提高农牧民素质,为农牧区富余劳动力的转移创造条件。四是进一步完善粮食直补、农机补贴、良种补贴、化肥补贴等支农补贴机制,使农牧民享受更多的实惠。

4. 支持农牧区各项社会事业加快发展。一是加大农牧区基础教育投入。逐步理顺各级政府间教育经费管理关系,明确各级政府的事权和财权,逐步建立分级负担、分级管理的教育经费管理体制。进一步完善自治区财政转移支付制度,保障教育经费投入,努力改善基础教育条件,改善中小学学生学习、生活条件。适时调整农牧区基础教育"三包"标准。同时,要加大投入,改善办学条件,逐步提高农牧区高中入学率。二是大力支持农牧区文化事业发展。在抓好农牧区文化基础设施建设的同时,支持"边境文化长廊"建设,丰富群众文化娱乐活动,满足群众精神文化需要。三是积极支持农牧区公共卫生事业发展。重点加大农牧区公共卫生体系建设,加快完善农牧区医疗制度,适时提高农牧区免费医疗标准。改善农牧区医疗卫生条件,提高救治能力。逐步完善疾病预防控制体系特别是农牧区地方病防控体系,提高疾病预防能力。

5.进一步健全和完善农牧区社会保障体制。一是提高农牧区特困群众生活救助能力,拓展扶贫范围。二是全面实施农牧区特困群众医疗救助办法,建立农牧区特困群众医疗救助体制,解决农牧区因病返贫、因病致贫的问题。三是建立健全农牧区"五保户"供养制度,科学、合理地制定供养标准,确保农牧区"五保户"基本生活需要。

6.确保农牧区社会稳定的基本需要。西藏公共财政一定要确保反分裂、维稳固边的经费支出,并坚持向县、乡基层政法部门倾斜。坚持按照高于普通行政机关的标准,足额安排公、检、法、司和政法系统公用经费、业务经费,确保县级检察机关、法院机关、司法机关和基层政法部门公用经费按标准安排落实到位。落实好中央补助的政法专款,帮助基层政法部门改善基础设施条件和办案条件。加大解决社会热点、难点问题和处置突发事件的资金投入,化解社会矛盾,维护社会正常秩序和社会局势长期稳定。

7.完善和规范自治区财政对下转移支付办法。一是要规范自治区对下一般转移支付办法,加大对地县一般转移支付力度,增加地、县级可控财力,促进县域经济及各项事业的统筹发展;二是要规范自治区对地、县专项转移支付办法,合理有度地整合资金,确保项目建设资金到位、管理到位、服务到位;三是要规范自治区对个人转移支付办法,特别是要规范对城镇低收入人群和农牧民个人的各种直接补贴、补助的转移支付办法,确保制度落实,使补贴、补助对象真正受益。

第八章

西藏农牧特色产业发展战略分析

基于上文对于西藏农牧特色产业的理论与实证分析,要不断壮大西藏农牧特色产业实力,夯实西藏农牧特色产业发展基础,就必须从特色畜牧产业化发展战略、饲草饲料生产加工战略、牦牛改良战略以及特色畜产品加工业等层面寻求突破,实现整体推进。

第一节 特色畜牧业产业化发展概述

一、草地资源与利用

(一)天然草地牧草生物量

西藏地处高寒,热量不足,其草地产草量普遍较低,每亩产可食鲜草69.6公斤。各地(市)草地产草量差异较大,水热条件较好的东南部草地产草量最高,由东南向西北降水量逐渐减少,干旱程度逐渐加重,草地产草量也逐渐降低。西部最干旱的阿里地区,产草量最低。昌都地区产草最高为176.3公斤/亩,林芝地区为142.3公斤/亩,拉萨市为146.8公斤/亩,山南地区为127.6公斤/亩,日喀则地区为99.4公斤/亩,那曲地区为40.88公斤/亩,阿里地区为39公斤/亩。

从草地类型看,可食牧草产草量最高的是热性草丛类,每亩产可食鲜草556公斤;其次是沼泽类,每亩产鲜草311.7公斤。每亩产可食鲜草200公斤以上的其他草地类依次为:山地草甸类233.3公斤,低地草甸类233.2公斤,暖性草丛类211公斤,热性灌草丛类206.6公斤,温性草甸草原类201.3公斤。

(二)草地营养

西藏草地牧草营养物质含量丰富,总营养物质含量大都在90%以上,粗蛋白质含量绝大多数在10%以上,粗脂肪含量在20%以上,无氮浸出物含量在40%以上,粗纤维含量在30%以下,具有"三高一低"的显著特点。氮碳型草地是西藏分布最广的一种草地,共计5.56亿亩,占西藏草地可利用净面积的52.36%,其牧草粗灰分含量小于10%,氮碳营养比为1∶4.5~8;氮碳灰分型草地净面积3.11亿亩,占西藏草地可利用净面积的29.25%,氮碳营养比为1∶8~15,其粗灰分含量为10%~20%;其他5种营养类型草地仅占西藏草地可利用净面积的18.39%。

(三)草地利用及承载能力评价

1.草地利用

按照草地的性能和利用方式,可以将西藏草地划分为放牧草地、刈割草地、难利用草地。放牧草地按照适宜利用季节可进一步划分为暖季草地、冷季草地和全年草地。

(1)暖季放牧草地。西藏有人区宜用草地中有暖季草地7.26亿亩,其中:草地净面积6.48亿亩,占西藏可利用草地面积的72.6%,紧靠有人区边缘的无人区草地在夏季也有畜群进入。暖季草地牧草一般在5月上、中旬返青并开始放牧,暖季草地一般放牧120~180天,大多数地区为150天左右。

(2)冷季放牧草地。西藏冷季草地面积2.26亿亩,其中:草地净面积2.03亿亩,占有人区宜用草地净面积的22.7%。冷季放牧草地利用时间较长,东南部地区为10月下旬至翌年5月上旬利用,西部地区10月上旬至翌年5月底利用,大多数地区冷季草地要利用185~245天。

(3)全年放牧草地。西藏有全年放牧草地4.383万亩,其中:草地净面积4.14万亩,分别占有人区宜用草地面积的4.4%和4.6%。

(4)刈割草地和人工草地。西藏人工草地累计面积约300万亩,刈割草地30多万亩。近年来对一些海拔低、水土条件好、坡度较平缓的天然草地补播披碱草、紫花苜蓿等,对一些重要的可供家畜越冬用草地进行灌溉改良;此外还在拉萨河、雅鲁藏布江、年楚河一些河滩地上,建立了一些小面积的人工草地。改良草地和人工草地大都可以用于割草。

(5)难利用草地。西藏有近2.42亿亩难利用草地(不含门隅地区),由于缺水、交通不便等原因,目前尚未利用。

(6)附属草地。除上述草地外,西藏有林间草地和伐林迹地45.0万亩,可载畜149.02万个绵羊单位;有农田田坎地117.0万亩,可载畜9.75万个绵羊单位;还有一些利用条件好的稀疏植被,在夏秋亦具有一定的放牧利用价值,可承载28.37万个绵羊单位。

2. 季节草地载畜能力评价

西藏有人区暖季草地(含无人区)载畜量5 237.78万个绵羊单位,加上稀疏垫状植被载畜量合计为5 748.46万个绵羊单位。暖季现有存栏牲畜3 591.92万个绵羊单位,尚可发展2 156.54万个绵羊单位,发展潜力为37.52%。

西藏冷季草地和适于冷季使用的全年草地之和为2.4亿亩,其中:有人区冷季草地在放牧期内能载畜1 320.66万个绵羊单位;全年利用草地(含割草地)的载畜量为253.38万个绵羊单位。将全年利用草地载畜量计入冷季放牧草地进行季节草地载畜力平衡,则冷季草地能承载1 574.04万个绵羊单位,冷季饲草载畜量为345万个绵羊单位。西藏冷季草地和冷季饲草载畜量合计共1 923.02万个绵羊单位,年末牲畜存栏3 538.24万个绵羊单位,与冷季草地和冷季饲草载畜量相互比较,超载1 615.22万个绵羊单位,超载83.98%。

冷季草地面积小,使用期长,载畜力低,而暖季草地面积大,使用期短,载畜力高。冷暖季草地分布不平衡,利用不合理,是制约西藏草地畜牧业发展最主要的因素。

3. 草地退化情况

西藏草地由于存在严重的过度放牧、过度垦殖、砍伐柴草、挖掘药材等不合理利用和掠夺式经营,使草地得不到休养生息,退化严重。西藏7个地(市)草地退化面积达到6.4亿亩,占西藏草地总面积的51.45%,荒漠化、盐渍化、鼠虫灾害、草地人为破坏等问题严重。

(四)草地建设情况

1. 草地管理

党的十一届三中全会以来,自治区全面贯彻调整、改革、整顿、提高的八字方针,积极调整畜群结构,提高适龄母畜比例,控制牲畜头数,实行牲畜归户、私有私养、自主经营、长期不变的政策,极大地激发了农牧民经营草地畜牧业的积极性;1985年颁布了《西藏自治区草原管理暂行规定》,开始把草地管理与建设纳入议事日程。特别是《中华人民共和国草原法》和《西藏自治区实施〈中华人民共和国草原法〉细则》的颁布实施,标志着西藏草地管理工作步入法制化、规范化轨道,有力促进了西藏草地的合理利用、保护、管理和建设。

2. 草地建设

根据西藏的生态环境和草地资源特点,自治区先后制定了全面保护、合理利用、重点建设的畜牧业工作指导方针及稳定发展草地畜牧业的工作思路,在国家有关部(委)的大力支持下,有计划、有步骤地实施了防抗灾基地、牧区示范工程、牲畜温饱工程、畜产品基地、科技示范县、牧民定居工程、退牧还草工程等多项基础设施建设,重点开展了草地围栏封育、牧草补播、草地灌溉、灭鼠治虫和除毒草等天然草地改良和植被恢复工作。截至2003年年底,西藏累计围栏草地达到1 650万亩,草地三灭达到495万亩,天然草地改良达到2 250万亩,天然草地灌溉达到3 600多万亩。经过综合建设的草地,平均产草量增长了40%以上,平均植被覆盖度提高了25%以上。先后从国内外引进牧草品种500余份,经过多年的引进和栽培试验,筛选出紫花苜蓿、垂穗披碱草、燕麦、黑麦草和苇状羊茅等20多个适应西藏人工草地种植的牧草品种,西藏累计种植牧草面积达到300万亩,扩大了牲畜饲草饲料来源,提高了西藏畜牧业防灾抗灾能力。

3. 草地退化治理

20世纪70年代以来,在西藏各级党委、政府的高度重视和努力下,各地(市)县陆续开展了一系列草地退化防治的研究工作,采取了控制牲畜总量、提高牲畜出栏率、加快畜种改良、优化畜群结构和实施退牧还草等草地综合治理措施,坚持依法治草,有效遏制了草地抢牧、滥牧、乱牧等破坏草地的行为。

(五) 草地建设与保护存在的主要问题

1. 自然条件严酷,草畜矛盾突出。西藏地处高原,冷季漫长,草地以高寒类型为主,牧草生长期短,造成草地季节性生产与牲畜饲养需求失衡,草畜矛盾突出。根据草地载畜能力评价,实际载畜量大于理论载畜量,造成草地退化、沙化、荒漠化,草地生态失衡。目前西藏天然草地沙化、退化形势十分严峻,草地退化面积已达6.4亿亩,其中严重退化的草地面积约占总面积的30%左右。尤其是以那曲为主的藏北草原退化趋势更为严重,退化草地面积已达2.05亿亩,约占当地草地面积的49%;而日喀则地区由于沙化、鼠害、人为等多种原因,全地区95%可利用草地不同程度地有所退化,并仍以每年1%的速度递增,目前重、中度退化面积已达5 000万亩,占可利用草地面积的35%。草地退化已经成为困扰畜牧业发展、危及生态环境和国计民生的重大问题。如西藏那曲地区,其高山草甸与高寒草原两大类草地的平均产草量由20世纪60年代的184公斤/亩、78公斤/亩,分别减少到90年代的73.8公斤/公亩、34公斤/亩,减少了50%～60%;牲畜个体生产能力也明显减少,牛胴体重减少近50%,酥油产量减少5公斤/头,绵羊产毛量减少近0.25公斤。据不完全统计,西藏退化草地涉及县级行政区22个,所造成的直接经济损失每年约 8 亿元。

2. 西藏自然灾害频发,草地生产能力下降。西藏是一个多灾、易灾地区。40 年来的气象资料表明,平均每 10 年就会发生一次大面积的雪灾,每 5 年有一次中型雪灾,年均 8 级以上大风日数达 30 天以上,加之鼠类活动猖獗,草原虫害时有发生,使本身脆弱的生态环境日益恶化,严重威胁着人类的生存和发展。

3. 草地保护与建设投入力度不足,草地建设仍呈局部改善、整体恶化趋势。近几年,国家、自治区各有关部门进一步加大了草原牧区建设力度,实施了退牧还草、天然草地植被恢复等重点项目,草原建设取得了一定成绩。但由于基础设施特别是草地基础设施投入不足,科技支撑能力弱,加之落实草场承包责任制起步晚,草地监管执法力度不够,草地畜牧业仍然摆脱不了靠天养畜的被动局面,牲畜依然沿袭着夏壮、秋肥、冬瘦、春死的恶性循环,草地建设也仍呈局部改善、总体恶化趋势。

二、产业化趋势

(一)国际动态及其发展趋势

农牧业现代化和新兴产业的兴起,成为世界农牧业现代化发展新的标志。目前,全世界农畜产品及食品加工业的销售额已超过 3 万亿美元,居各行业之首,是全球经济中的重要产业。发达国家农畜产品加工业的总产值已经超过农业总产值的 2~3 倍,从业人数也远远高于农牧业。随着人们生活水平的提高、膳食结构的改善、消费市场的扩大,畜产品加工业已经成为各国特别是发达国家国民经济的重要产业。

近半个世纪以来,引导世界畜产品加工技术进步潮流的欧美畜产品加工业已经完成了全面的工业化改造,各国纷纷选择适合自身实际的发展模式,发挥特色原料优势,从原料生产、初加工到冷藏保鲜,从加工机械、添加剂生产,到包装材料、冷链运输、产品流通的配套,传统产品加工与现代工艺技术、新产品开发有机结合,畜产品加工业与其原料生产和相关产业在共同发展中实现了高度融合。高新技术在畜产品加工中得到广泛应用,生物技术、智能技术等已贯穿从原料加工到产品流通和安全消费的各个环节,不仅保证了产品营养、安全、卫生、方便、快捷、风味多样,降低了生产成本,而且节约了资源,保护了环境,实现了可持续发展。

(二)国内动态及其发展趋势

改革开放 30 多年来,我国农业和农村经济发生了巨大变化,进入了畜产品供求基本平衡、丰年有余的阶段。随着优质畜产品生产基地和特色资源的保护与培育,畜产品深加工业迅速崛起。全国农畜产品加工率已经达到40％左右,农畜产品加工业产值与农牧业产值的比值已从0.1∶1跃升至0.5～0.6∶1。农畜产品生产的稳定发展,为农畜产品加工业的发展提供了较充足的原料;人民群众收入的增加和生活水平的提高,为农产品加工业发展提供了广阔的市场空间。

与此同时,我国畜产品加工也取得了长足发展,加工技术研究与开发已进入新阶段,一大批产业化龙头企业迅速崛起,在涉及畜产品精深加工、副产物综合利用、防腐保鲜研究领域取得重大突破,取得丰硕成果。在应用高温短时杀菌、无菌灌装等乳品加工技术,膜分离、浓缩等畜产副产物综合利用技术,冷却保鲜、分割包装肉加工生产技术等畜产加工领域已接近或达到国际先进水平。

尽管我国畜产品加工有了长足的发展,加工技术取得重大突破,但整体上仍落后于世界先进水平:一是产品加工技术水平相对落后,与国际先进水平有较大差距;二是产品加工业结构不够合理,深加工和精加工产品少,产品档次低;三是企业总体规模小,加工行业创新能力差,产品加工业与原料基地的产业链尚未真正形成;四是产品加工标准体系和质量控制体系不完善,食品安全和环境污染问题较为突出,尤其在西部地区,特色资源未能得到充分利用,产品加工科技发展缓慢,加工技术落后,生产企业少、规模小、效益差,是特色优势资源向优势产业转化的瓶颈。

(三)西藏畜牧业产业化发展趋势

经过一个转折、两个里程碑的发展历程,西藏经济社会保持了快速发展的良好态势。随着近些年来基础设施的不断改善特别是青藏铁路的建成运营,西藏的综合运输能力大幅增长,运输成本大幅降低;伴随沿青藏铁路新经济带的逐步形成,为以农牧业为主的藏北、藏中地区的特色优势产业发展带来了新的发展机遇。

党中央国务院明确指出,要从西藏实际出发,大力发展特色优势产业,尤其是要大力发展特色农牧产品加工、优势矿产资源开发、特色旅游业等,努力形成新的经济增长点,增强西藏自我发展能力。同时,自治区近些年来陆续制定出台的一系列促进产业发展的政策措施,对口支援工作不断深入,招商引资规模不断扩大,为西藏畜产品加工业不断壮大提供了良好的发展空间和政策环境,企业自身请进来、走出去的意识不断增强,加快了与区外的经济技术合作,外部资金、技术的不断引进,利益共享、风险共担机制的不断健全,将有力促进西藏特色优势产业向集团化、规模化、效益化方向发展。鉴于此,为充分发挥农牧特色产业项目区资源优势和区域优势,应坚持"以种带养,以养促种,种养结合"的畜牧业发展战略,以科技进步为动力,改革和完善畜牧业产业化技术服务体系,强化以科技、信息服务为主的畜牧业社会服务功能,增强农牧民科技意识和商品意识,充分调动技术人员、农牧民推广畜牧业技术的积极性和创造性,加快现代科技向农牧业和农牧区的全面普及,不断提高科技水平,带动产业升级。

目前,以高原之宝、西藏阳光、拉萨地毯等为龙头的数十家畜产品加工企业已粗具规模。高原之宝纯牛奶、高原之宝乳酸奶、金哈达羊绒衫、珠峰牦牛肉干、亚克птот皮制品及品牌较多的藏毯等产品已深受消费者喜欢,部分产品已打入国内外市场。伴随特色品牌效益的逐渐显现,以及西藏特色农牧产品在国际上知名度的提高,未来西藏特色畜产品加工业将有着广阔的发展前景。

三、产业化制约

(一)生产系统中的制约因素

1.西藏特色畜牧业产业发展起步晚,科技支撑力度不足。草地畜牧业是西藏国民经济的主要支柱产业之一。西藏拥有的天然草地、草食家畜总量和人均占有量均居全国前列,草地畜牧业是西藏各族人民世代繁衍生息和赖以生存的传统产业,在西藏经济的发展中占有重要地位。长期以来,靠天养畜,以消耗草地资源为代价、低水平和低效益为基本特征的传统饲养状态,加之畜牧业产业长期处于自给自足的生产状态,使得特色畜牧业产业化进程与国民经济持续快速发展不相适应。产业规模小、生产条件差、产业链短、市场有限、产品附加值低,特色畜产品开发缺乏科技支撑,产业化发展的体制、机制不完善。既制约着畜牧业的可持续发展,也制约着畜牧业产业化的快速成长。

2.草地保护与建设力度不够,退化严重,制约着特色畜牧业可持续发展。草地资源是发展畜牧业最基本的生产资料,草地畜牧业生产水平的高低,很大程度上取决于草地资源的数量与质量。长期以来,西藏对天然草地的保护与建设缺乏科学的规划与管理,草地保护、改良与建设投入不足,配套设施建设滞后,人、草、畜矛盾突出,季节性草地利用不合理,草地退化严重,牧民以增加牲畜数量来满足畜产品的需求。据统计,西藏草地退化面积已达6.4亿多亩,其中严重退化的草地面积约占总面积的30%左右右。此外,西藏草地的草层低矮,高度小于25厘米,可供割贮青干草的割草地贫乏,贮草能力低。因此,在长达5~6个月漫长的冬春季节,家畜从草地牧草摄取的营养物质有80%

用于维持自身生命活动,而只有6%~20%的用于畜产品的再生产,草地牧草转化为畜产品的转化率低。冷季草地的生产力制约了草地畜牧业的发展,造成特色畜种正常的营养需要得不到满足,长期处于半饥饿和低营养水平状态,限制了其潜在生产力的发挥,影响了生产性能的提高。

3.良种繁育体系不健全,特色畜牧业生产水平和效益不高。良种繁育体系建设是提高特色畜种质量的基本建设。尽管近几年来,西藏已在林周、日土、尼玛等特色畜种主产区建立了相应的选育场、原种场和扩繁场等良种繁育基地,为特色畜牧业生产提供了优良种源,但是由于服务体系建设和实用技术推广的力度不大,特色畜种数量和质量不能得到同步增长,与日益增长的市场需求相比,仍处于相对滞后的状态。世界畜牧业发达国家发展畜禽的经验证明,良种繁育体系建设是提高总体生产水平的最有效方法。目前西藏已建的良种扩繁基地存在着规模小、经营不规范、配套基础设施建设滞后等问题,使得畜种改良推广工作进展缓慢,良种化程度低。加之服务体系不健全,生产性能下降,出栏率低、商品率低,造成特色畜牧业增长的质量和效益不高。

4.畜群结构不合理,饲养管理粗放。畜群结构中适龄母畜所占比重低,老弱和低产劣质个体比重高,近亲繁殖普遍,致使品种质量退化,生产性能降低,影响了牲畜的出栏率、商品率。畜牧业基本上沿袭着传统的靠天养畜的饲养模式,大部分牲畜四季无棚圈,冬春草料储备严重不足,终年不补饲现象普遍存在,呈现年复一年的夏壮、秋肥、冬瘦、春死的恶性循环,经济效益很低,严重地影响着特色畜牧业的可持续发展。

(二)畜产品加工中的制约因素

1.畜产品加工转化率低。西藏特色畜产品加工与现有原料生产总量极不相称。国外畜产品加工转化率达80%;全国平均接近40%,全国农畜产品加工业产值与农业总产值的比例为0.6∶1。然而2002年,西藏畜产品加工业产值3亿元,仅占畜牧业总产值的11.72%,占农牧业总产值的5.36%。可见,西藏畜产品加工业尚处于起步、发育阶段,畜产品转化率低,经济效益差,不能形成对经济发展的有效支撑。

2.畜产品加工缺乏具有较强经济实力和带动能力的龙头企业。自治区的畜产品加工企业总体呈现规模小、设备简陋、技术力量薄弱、集团化程度低、产品研发投入不足、经营管理手段落后、市场开拓意识不强,没有形成经济实力雄厚、带动能力强的一批规模效益型龙头企业。目前,西藏畜产品加工企业66家,其中经自治区认定的龙头企业仅7家,企业的资产总额为14.88亿元,年销售收入为3.08亿元。现有加工企业连接基地12万亩,辐射连接农户仅

10万户,对农牧民增收和地方经济发展的带动能力十分有限。

3. 企业经营管理人才匮乏,没有一支与现代企业发展相适应的人才队伍。2003年,西藏企业经营管理人才仅2 029人,且并不完全是在生产经营第一线,企业经营管理者整体素质不高,缺乏开拓创新精神,小富即安、安于现状的现象普遍存在,现代化管理意识和能力亟待加强,还没有建立起一支与市场经济相适应的企业家人才队伍。与此同时,企业职工素质偏低,技术人员缺乏,缺乏有效的竞争激励机制和团队精神。

4. 畜产品加工缺乏统一规划和指导。近些年来,自治区加大了对特色优势产业发展的指导和管理,由于尚未形成科学合理的管理机制,畜产品加工业从原料生产到加工过程,没有形成产加销一体化经营体系。对畜产品加工业缺乏必要的总体战略规划和宏观指导;企业信息闭塞,市场应变能力不强,致使一些产品生产滞后于市场需求和消费结构调整,一些企业在低水平上盲目扩张,造成较大浪费。行业管理部门对经济效益好的企业多头管理,对经济效益差的企业扶持力度不足,给企业带来沉重负担。

5. 畜产品副产物利用率低。以家畜屠宰副产物为例,国外的利用率达到90%,国内发达地区也达到了40%～50%,仅屠宰副产物血液一项,可生产包括食品、药品、化妆品在内的数十种产品,价值超过原料的数倍。但在西藏,屠宰副产物利用率不到5%,造成了资源的极大浪费。

(三)流通体系中的制约因素

1. 基础设施建设滞后。中央第三次西藏工作座谈会确定的62项重点工程,在一定程度上缓解了西藏基础设施严重滞后的状况;中央第四次西藏工作座谈会确定的117个重点项目,使西藏交通、能源等基础设施状况有了较大改观。但是,由于西藏地域广阔,不少地区的基础设施还相当滞后,尤其是广大牧区交通问题尤为突出,使畜产品得不到及时、快速流转,严重制约了畜牧业的健康发展。

2. 要素市场不健全,农牧民商品意识淡薄,企业竞争能力差。一是由于对基础设施投入不足,牧区畜产品交易市场、中介市场、服务市场不完善,是制约畜牧业发展的主要因素之一;二是长期以来,广大农牧民受传统观念的束缚,普遍存在着"惜杀、惜售"现象,市场观念和商品意识淡薄,同时缺乏一批起带动作用的懂技术、会经营的致富带头人,致使畜产品转化为商品的难度加大;三是企业原材料收购途径不畅,开拓市场特别是开拓区外市场的能力有限,研发和广告宣传投入不足,没有体系化的营销网络,畜产品商品化程度低。

(四)生产与技术服务体系中的制约因素

1. 科研水平低,对特色畜牧业产业化支撑不足。对牦牛和绒山羊的基础研究、实用技术研究投入不足,设备简陋,手段落后,研究进展缓慢,技术储备不足。现有的科研工作及其成果仅停留于资源现状调查等领域,研究水平偏低;区域之间、部门间科研交流少,各地研究内容、成果趋同;对影响特色畜种产业发展的基础研究和关键技术研究缺乏,远不能满足产业化生产的需要。

2. 科技推广体系不健全,农牧民接受科技能力弱。当前西藏科技队伍总量不足、不稳定,知识结构老化,更新难,人才匮乏,科技推广体系不健全、体制不完善、职能不清晰,科技推广难度大,科技在畜牧业发展中的贡献率低,产、学、研相互不协调,未能形成相互衔接、优势互补的良性科技格局。社会公众的科技意识参差不齐,农牧民对新知识、新技术、新技能的接受能力较低,影响了畜牧业科技的推广和普及。

四、畜产品流通

(一)流通体制

改革开放以来,随着市场经济的不断完善,西藏的市场流通体制发生了根本变化,已经形成了政府宏观指导和农牧民自产自销、自主经营相结合的生产模式与流通体制;同时,自治区不断加大了流通体系建设,在地、县陆续建设了活畜交易市场、农畜产品交易市场,与传统自发的集市贸易、物交会等一起初步构建起了覆盖西藏城乡的流通网络,活跃了西藏农牧区经济。但是,由于资金投入有限,广大牧区市场设施匮乏,尚未对畜产品交易形成有力支持,大部分偏远地区有市无场、点少分散,畜产品流通渠道不畅,产品质量监督不健全,市场管理力度不足,尚未建立起一套成熟的市场流通体制和与之相配套的产品流通方式。

(二)流通方式

目前西藏存在着牧民自主经营、个体经营、企业收购、政府调节等多种形式并存的流通格局,其中以个体经营为主体。在市场流通中主要有以下方式:

1. 农贸市场。目前西藏已有的各级农贸市场是农畜产品的主要集散地,是畜产品流通的主渠道。此外,定期、不定期的物资交易会和传统节日、自发的以物易物交易方式,也是农畜产品流通的重要途径。如:那曲的"羌塘恰青赛马节"、日喀则的珠峰文化艺术节、昌都的康巴艺术节、林芝的杜鹃花节、日土的孜米齐和仲巴的里孜物资交易会等,既丰富了当地农牧民的节日文化生活,也促进了农畜产品的流通,又增加了农牧民收入。

2. 外贸市场。西藏有诸多与周边国家和地区的传统互市贸易集散地,其中:樟木口岸、亚东口岸、普兰口岸交易量最大。此外,其他民间传统交易市场交易额逐年增加,为西藏大规模的贸易合作奠定了坚实基础。以日土为例,该县与印度北部及克什米尔地区相邻,边境线长350公里,25处传统小额贸易点和连接双方的各条山间通道成为边民互市的桥梁,为双方边民互通往来、过境经商提供了便利,交易的商品以羊绒为主。

五、畜产品市场分析

(一)牦牛产品

1. 牦牛肉。随着经济发展、人民生活水平的提高,必然会引起人们膳食结构的改变,不仅数量增加,而且品种趋于多样化,对牛羊肉的需求量将进一步提高。牦牛肉由于品质好、风味独特、色泽鲜红、含蛋白质高(21%)而脂肪含量低(1.4%~3.7%)、无污染,受到国内外消费者的欢迎。目前在西藏区内外具有民族传统特色和高附加值的牦牛肉制品有:风干肉、真空保鲜分割肉、牛排、雪花肉、清真牛肉、肥牛肉等,其市场优势强,前景乐观。

2. 毛、皮、奶产品。牦牛是我国青藏高原为起源的特色家畜,是世界屋脊的景观牛种,更是支撑西藏畜牧业经济的优势资源和藏民族重要的生产、生活资料。牦牛对青藏高原生态环境有惊人的适应性,是其他牛种无法替代的;牦牛是万能畜种,它所生产的肉、乳、毛(绒)、皮、角、尾以及粪等畜产品不仅用途广泛,而且品质优良,因此,藏民族亲切地把牦牛称为"诺尔"(宝贝)。

牦牛奶具有色泽为微黄,含干物质(16%~18%)和脂肪(6%~8%)高,脂溶性维生素和钙、磷丰富的特点。由于牦牛本身的生物学特性,决定了它的泌乳期只有180天左右,虽然与奶用牛品种相比牦牛个体单位产奶量少,但是在当今环境污染日趋严重的情况下,人们对天然食品和绿色食品愈加崇尚,而牦牛目前完全依赖于高山天然草场,未经过人工饲养,乳、肉等产品口味鲜美,风味独特,且营养丰富,是名副其实的绿色食品和天然食品,在港、澳、台地区被视为"野味"产品深受青睐。

牦牛是牛属家畜中唯一生产毛和绒的动物。牦牛毛粗而长,是当地农牧民生活材料之一,主要用于编织帐篷、绳索、毛口袋等生活用品。牦牛绒纤维细,无髓毛含量高,强力大,弹性好,是优质纺织原料。目前,其纺织品不仅在国内,而且在国际市场上也悄然抬头,引起了国内外商业界对牦牛绒产品的关注,具有较好的市场前景。

3. 牦牛冻精制品。西藏牦牛冻精站研制的牦牛、野血牦牛(1/2、1/4)冷冻精液产品质量较高,冷冻精液具有保存时间长、便于运输、受胎率高、节省牦牛饲养成本和不受空间限制等特点,更主要的是可扩大和延长优良牦牛的使用范围与年限。该项技术在西藏经多年的推广验证,不仅技术成熟,而且逐步受到广大农牧民的欢迎。因此,无论从5个牦牛选育区已推广的15.93万头适龄母牦牛,还是西藏140多万头逐繁母牦牛的授配数量而言,牦牛及野血牦牛(1/2、1/4)冻精液的使用空间大,市场前景十分看好。

4.牦牛生物制品。动物胚胎制作是目前世界上比较先进的生物技术,是动物克隆尖端科学技术领域的基础研究学科,由于它能大大地缩短家畜育种所需的世代间隔,被广泛地应用于畜牧研究领域。但在目前,国内还尚未有牦牛胚胎研制成功的报道。从国际上牦牛分布产区和动物育种工程的经营方向分析,研究牦牛胚胎制作有着巨大的发展潜力和重要的学术价值,更有着广阔的市场前景。按照其他家畜胚胎的国际市场售价,牦牛胚胎的价格不低于1 000美元。目前,在国际上,坦桑尼亚、美国、尼泊尔、蒙古等国家是牦牛胚胎首批主要销售国家。由于牦牛胚胎有着重要的生物学价值,备受国际市场关注,国际市场十分看好。以牦牛血为原料提炼的凝血酶,牦牛骨中提取的抗氧化物质,都是药用价值极高的物质,这些领域的研究目前在区内尚属空白,因此开发前景大。

(二)羊肉及绒毛制品

1.羊肉。山羊肉具有营养丰富、高蛋白、低脂肪、低胆固醇、安全健康等特性,成为广大人民膳食中喜爱的畜产品。由于山羊的采食特性,使山羊肉还具有相对安全的特点。

我国山羊肉市场的需求呈现逐年上升的趋势,近几年羊肉的市场价格一直高于猪肉价格,并稳定维持在较高的价位。目前我国山羊肉产量年均增长速度6%左右,而需求量的增长速度则在10%左右。随着人们生活水平的提高和健康意识的增强,对羊肉的需求量将越来越大,羊肉已成为城乡居民膳食结构中不可缺少的食品之一。

2.山羊绒。当前山羊绒处于供求趋旺态势,羊绒深加工正处在工艺改革时期,人们回归自然的消费需求和对轻、柔、美、软、薄、贴体、透气、保湿等性能的追求越来越高,所以绒山羊的永续利用是今后相当长时间内不会改变的趋势。20世纪80年代英国收集了世界各地的绒用山羊向白色绒方面选育,同时也在开发黑、灰色山羊绒的织品。澳大利亚曾将野山羊进行驯化,并进行了深入的选育研究,最后他们承认,澳大利亚的绒用山羊业只能是作坊式的生产,无法与我国的绒山羊业相比。意大利是当今高档男装生产风靡的国家,在绒纺工业上已可以用1公斤净绒纺出200支细纱,只是由于从我国买进的原料缺乏质量保证而寻求着其他解决办法。日本和英国已与蒙古人民共和国在绒山羊生产与加工领域展开深入合作。我国西部大开发战略,加强了对绒山羊饲养限制,已引起国际绒纺工业界的高度重视。山羊绒在我国诸多畜产品中是唯一可以左右国际市场价格的拳头产品,我国缺乏的是对山羊绒进行加工整理。

由于山羊绒生产的特殊性,从目前情况看,世界山羊绒产量不会明显增长,每年14 000吨的羊绒产量将保持一段时间。长期以来,中国一直是世界最大的羊绒服装出口国,但是也一直受西方发达国家关税、出口配额和贸易壁垒的限制,随着我国加入WTO,尤其是2005年以后,其他国家已完全取消了对中国纺织品和服装的配额限制。随着关税降低,我国羊绒业原料的绝对优势和劳动密集型产业的比较优势将发挥出来,对羊绒产品出口极为有利。

第二节 特色畜牧业产业化发展战略

一、发展的必要性

(一)发展特色畜牧产业是推进西藏全面建设小康社会的必然要求

西部大开发以来,西藏经济快速发展,社会持续稳定。党中央提出的全面建设小康社会目标和中央关于新时期西藏工作的指导方针,使西藏经济社会发展进入了一个新阶段。但是,西藏小康社会建设,重点和难点在广大农牧区,农牧区经济发展事关西藏小康社会建设成败,改善农牧民生产生活条件、增加农牧民收入是经济社会发展的首要任务。

(二)发展特色畜牧产业是西藏农牧产业结构调整的必然途径

随着经济结构不断调整,西藏产业结构调整有了突破性进展,工业总产值在国民经济中的比重越来越大。鉴于目前西藏主要农产品实现了由长期短缺到总量基本平衡的根本转变,粮、肉、油达到自给自足,农业已由过去二元结构向粮、经、饲三元结构转变,为畜牧业及产业化发展提供了物质保障。当前及今后相当长一个时期,充分发挥特色资源优势,加快产业化发展步伐,努力走出一条符合西藏区情的低能耗、高效益、无污染的新型工业化道路,是西藏经济社会发展的重要任务之一,也是经济结构不断优化和调整的必然要求,特别是畜牧业产业化发展,是新型工业化道路最直接、最有效的方法和途径之一,对形成西藏新经济增长点和加快农牧区经济发展有着举足轻重的作用。

(三)发展特色畜牧产业是实现农牧业跨越式发展的必然选择

农牧业现代化的重要标志之一就是要不断提高畜牧业在大农业中的比重。从一定程度上讲,没有畜牧业现代化,就没有农业现代化。目前,西藏畜牧业总产值占农业总产值的46.2%,农牧民现金收入来自畜牧业的收入约占56%。西藏经济要实现跨越式发展,首先要选准主导产业,通过特色优势产业发展,带动区域经济飞跃。西藏经济能否实现跨越式发展,农牧区能否实现小康,取决于特色畜牧业产业发展。因此,加快特色畜牧业产业化发展,是实现农牧业跨越式发展的必然选择。

二、发展的可行性

(一)西部大开发为西藏的特色畜牧产业发展创造了极为有利的政策环境

中央关于实施西部大开发战略、中央第五次西藏工作座谈会及西藏自治区陆续出台的一系列加快产业发展的各项优惠政策措施,为西藏产业建设创造了良好的发展机遇。首先是随着国家宏观战略的调整和西部大开发战略的扎实推进,我国产业结构不断升级和由东向西梯次推进,为西藏资源性产业开发提供了较好的发展空间和机遇;其次是已经形成的中央关心西藏、全国人民支援西藏的大好局面,为西藏特色优势资源开发利用和产品走向区外、走向世界,并充分利用两个市场带来了更为有利的条件;再就是随着自治区制定出台的一系列加快招商引资、促进产业发展的政策措施和政府服务意识、服务水平的不断提高,为特色畜牧业产业化营造了良好的政策环境。

(二)独特的畜种资源为西藏特色畜牧产业发展提供了有利条件

特殊的地理位置和生态多样性,孕育出独特而丰富的牦牛、藏系绵羊、绒山羊、藏鸡、藏猪等特色畜种资源,为特色畜牧产业化发展提供了物质基础;加上古老而神秘的文化渊源以及无污染的生态环境,为创建西藏特色畜产品品牌提供了有利条件。

(三)西藏特色畜产品具有明显的市场竞争力和市场潜力

随着人们生活水平的逐步提高,膳食结构发生了较大改变,由过去的以猪肉为主的高脂肪动物性食品逐渐向以牛羊肉、奶类为主的高蛋白、低脂肪食品转变,营养、安全的绿色食品越来越受到人们的青睐。西藏特色畜产品不仅总量大,而且具有优质、安全等优势。特色畜产品中,牦牛肉产品蛋白质含量高、低脂肪、低胆固醇、氨基酸丰富;牦牛乳中干物质、乳脂、蛋白质总量高,含有丰富的矿物质和微量元素;山羊绒以纤维细著称。优良的畜产品品质显示出明显的西藏品牌优势,随着交通条件的不断改善、新技术的应用带来产品成本的逐渐降低,西藏特色畜产品在国内外市场上将具有巨大的市场竞争力和广阔的市场前景。

(四)科技进步为西藏特色畜牧产业发展提供了良好的技术支撑

随着近些年来畜牧科研条件逐步改善和科研力量逐步增强,在草地改良与保护,人工草地建设,优良牧草品种引进与利用,牦牛、绒山羊的本品选育与配套饲养管理技术,疫病综合防治等方面取得了多项成果并在生产中得到了较好的推广与应用,获得了较为显著的经济、社会、生态效益;同时,自治区有关部门和企业加强了与区内外科研院所、大专院校、生产企业紧密的联系与合作,在引进和开发畜产品现代加工技术、利用现代加工技术对传统技术进行改造、新产品研发、知识产权保护等方面取得了显著成绩。科研成果和先进技术的推广应用,促进了生产力的发展,为推动畜牧业产业化发展提供了技术保障。

三、指导思想与基本原则

(一)指导思想

以"三个代表"重要思想和科学发展观为指导,深入贯彻落实西部大开发战略、党的十六大以来的各项方针政策和中央第五次西藏工作座谈会为西藏确立的历史任务和全面建设小康社会的宏伟目标,根据国家及西藏自治区国民经济和社会发展五年计划及科技总体发展计划,按照优势资源、优势区域、优势产业优先发展的总体思路,以改善农牧区生产生活条件和增加农牧民收入为首要任务,以推进特色畜牧业产业化发展为重点,依靠科技提高质量,面向市场调整结构,精深加工增加效益,加强体系夯实基础,依法治牧强化管理,增加收入稳定局势,促进农牧民收入的增长和农牧区经济的持续快速发展。重点做好:一是巩固和稳定西藏草地畜牧业,调整特色家畜产业结构,以本地品种选育为突破口,提高生产性能和生产效率,以实现传统养殖向现代养殖的根本转变;二是加强草地生态保护建设,狠抓饲草饲料生产及加工,为家畜养殖业提供丰富的物质基础;三是立足西藏优势领域和特色产品,以优质原料基地建设和精深加工技术开发为重点,以生产加工各环节关键技术配套为目标,不断引进新设备、新工艺、新技术,研发新产品,逐步建立起以企业为龙头的特色畜产品产业化生产体系,提高企业的创新能力和核心竞争力,促进传统牧业向现代化牧业转变;四是树立科技兴牧思想,重视技术培训,推行科技入户示范工程,提高农牧民整体素质,加快畜牧业现代化进程。

(二)基本原则

1. 可持续发展原则。按照国家实施西部大开发战略和自治区坚持走可持续发展道路的原则,尊重自然规律与经济规律,以生态环境与特色畜种资源保护为基础,坚持以草定畜,调整结构,提高出栏,加快周转,注重经济、社会和生态效益的统一,确保特色畜牧业的可持续发展。

2. 因地制宜原则。充分发挥比较优势,坚持因地制宜、突出重点、以点带面、逐步发展;加大围栏草地、人工草地、良种选育、饲草饲料加工等畜牧业基础设施建设;以市场为导向,大力发展畜产品加工业,进行产业区域的合理规划和布局,延长产业链,提高附加值。

3. 科技先行原则。坚持科技进步与自主创新,提高农牧民综合素质,增加特色畜牧业产业化发展的科技含量,不断提高特色畜牧业经济效益。

4. 国家投入和社会投入相结合原则。畜牧业基础设施建设以国家投入为主体,采取有力措施,鼓励和支持生产企业、农牧民等社会资金的投入,形成多元化的促进产业化发展的资金来源渠道。

5. 特色和规模效益相结合原则。在产业化发展过程中,注重打造特色化品牌产品,形成规模效益,努力促进资源优势向经济优势转化。

6. 坚持产业结构调整,增加农牧民收入原则。加快农牧区产业结构优化和调整,培育支柱产业和新的经济增长点,以龙头企业为主体促进产业化发展,带动农牧民增收。

四、发展目标

当前及今后一段时期,西藏畜牧业产业化发展的总体目标是:根据特色畜种资源分布特点,以畜牧业结构调整为主线,以市场为导向,以科技为动力,以效益为中心,建立与产业化发展相适应的草原生态系统;做好牦牛与绒山羊本地品种选育,提高生产性能;大力发展饲草饲料生产与加工,满足牲畜不同生长阶段营养需要;建立牦牛产业带和绒山羊产业带,为产业化发展提供基地支撑;加快畜产品精深加工,建立健全畜产品加工体系,提高畜产品商品率;建立健全与产业化发展相配套的服务体系;制定和完善加快特色畜牧产业发展的政策措施;逐步建立起面向国内外的、具有一定规模的、以特色系列产品为主的畜产品生产加工及服务体系,使西藏特色畜牧业产值在国民经济中处于与资源优势相匹配的地位。

五、对策建议

(一)建立健全工作机构,加强组织领导和协调管理

鉴于特色优势产业发展本身就是西部开发的重点建设任务之一,建议进一步明确由自治区西部开发领导小组统筹兼顾促进自治区特色优势产业发展的职能,重点推进已规划产业的发展;或由自治区人民政府成立专门的特色优势产业发展领导小组,协调西藏特色优势产业发展事宜。无论采取哪种组织领导方式,建议由自治区西部开发办、发改委、财政厅、国资委、农牧厅、科技厅、招商局等有关部门共同参与组成促进特色畜牧业产业化发展工作机构,明确职责,以落实规划的具体实施,推动产业化进程。项目区地、县政府也应建立相应的工作机构。管理上,实行项目目标管理责任制,逐级签订合同,并严格执行项目建设规范,加强项目审批、执行、检查、监督、评估验收等主要环节的管理,强化约束机制,确保工作的进度和质量;实行项目法人负责制,加强项目资金的管理,严格按照国家财经制度和审计制度,做到专款专用,确保投资效益。

(二)加强政策导向与政策扶持

1.加强对特色畜牧业产业化发展的科技指导。建立健全特色畜牧业生产、加工等科研平台,加强科研能力和创新能力建设,组建西藏特色畜牧业产业化研究与发展中心,组建以国内畜产知名专家为主要成员的西藏特色畜牧业产业化科技专家咨询组,负责咨询特色畜牧业生产到畜产品加工及其科技发展的重大政策、计划和措施,指导实施从养殖到畜产品加工科技及产业化攻关项目,统筹协调特色畜牧业养殖、加工及其科技攻关计划和项目的组织实施。

2.推进畜产品加工业发展各项政策措施的贯彻落实。要制定西藏特色畜牧业产业化发展的优惠政策和鼓励措施,吸引国有和民营企业、外国企业集团的投资,多方位筹集资金,以特色畜牧业产业化基地建设为契机,全面建设西藏牧区小康社会。同时在发展特色畜牧业中制定相应的优惠政策,鼓励农牧民落实好草地有偿承包责任制,对在特色畜牧业产业化发展中做出突出贡献的企业、农牧民给予相应的奖励。在建设项目中要明确谁建设、谁管理、谁收益的原则,充分调动农牧民的积极性,建立长效的生产、经营机制。加强对畜产品加工的管理和监督、指导和协调,发挥信息的引导作用,积极推动畜产品加工业生产、技术、市场销售及食品质量安全监控网络和重大产业政策信息网络系统的建设,以有效指导畜产行业的健康发展。

3. 进一步贯彻执行相关的法律法规,规范生产经营。要认真贯彻落实《草原法》、《动物防疫法》、《科技进步法》等有关法律法规,进一步完善草地承包责任制,以全面落实草地承包责任制为中心,保护与建设草地资源,发挥优势,深挖特色畜牧业发展潜力,依靠科技大力发展特色畜牧业经济,努力走出传统畜牧生产方式和思想观念的束缚,走产业化、现代化发展之路。

结合西藏地处祖国西南边陲,家畜疫情复杂,防疫形势严峻的实际,要建立健全特色家畜疫病监测预警、预防控制、防疫监督、兽药质量与残留控制体系,加快建立重大家畜疫病长效预防和控制机制,切实加强重大家畜疫病防治工作,促进西藏畜牧业健康发展。

4. 扶持培育产业化龙头企业。积极扶持公司(企业、牧场)+中介组织+牧户型公司,强化特色家畜品种资源开发,增加产出,并使其增值,起到嫁接牧户与市场的桥梁作用。组建集团型企业,以企业资本为纽带,通过契约性制度把广大特色家畜生产农牧户纳入集团化企业,实行综合经营,使农牧民的特色畜产品的生产费用能够根据市场行情得到合理补偿,并有合理利润。同时充分发挥技术推广服务部门的作用,以科技承包、科技入户等形式为主,以科技示范户和示范村为基地,以国家项目建设资金为依托,由技术服务部门用契约形式联结农户,开拓市场,构建产、学、研三位一体的产业化发展模式。

积极引导产业化龙头企业加快规模经济发展的步伐,扶持培育一批牧工贸一体化、资本结构多元化、产品有较高科技含量、具有特色名牌产品的市场优势和已形成技术创新体系的大型企业及集团。通过对畜产品加工科技项目的重点资助,扶持专业性或综合性的畜产品深加工相关产业的科研机构,完善科研设施,改善科研手段,多方合作,针对畜产品深加工关键技术和设备进行科研攻关和开发,突出解决畜产品加工的技术瓶颈问题。

(三)更新思想,提高认识

特色畜牧业产业化实际上是特色畜种从生产到加工到销售一体化的系统工程,也是积极推进现代畜牧业的方向和目标,是特色畜产品商品化、社会化、市场化的必然要求。各级政府要从战略高度充分认识特色畜牧业产业化基地建设的必要性和重要意义,加快基础设施建设,营造特色畜牧业产业化的软、硬环境。各级行政主管部门要加大宣传力度,从政策上引导农牧民,调动他们的积极性、主动性和创造性,让农牧民自觉地参与到依靠科技进步发展特色畜牧业产业化这一实践中,以创造财富。要建立健全特色畜牧业产业化服务体系,充分满足服务对象的需要,实现服务的有偿化和企业化。

(四)依靠科技进步,促进产业化发展

1.强化科研在畜产品加工中的关键作用。重大科技攻关及产业化项目要以具有一定经济实力、技术力量和产业化能力的龙头企业为依托,国内外科研院所和大专院校作为技术支撑联合申报和实施。按照开放、流动、竞争、协作原则,整合不同部门和地区科技、人才、资金等资源优势,实现多学科多渠道的联合攻关。

2.提高畜产品的加工深度。进一步深化科技体系和创新机制的改革,加快新技术的研发、引进、消化,促进新产品、新品种的开发,不断提高畜产品的加工深度、精度和附加值,努力创建西藏特色畜产品品牌,增强市场竞争力。

3.引导畜产品加工及其科技发展方向。以市场需求、牧民需求、企业需求、产业化发展引导畜产品加工及其科技发展,确立攻关重点。优选一批科技含量高、市场前景广阔、能够扩大出口和提高西藏特色畜产品加工水平的重点工程项目,通过"科技＋龙头企业＋基地＋牧民＋市场"模式,使西藏特色畜产品尽快实现产业化。

4.加强科技队伍建设,为特色畜牧业产业化提供技术支撑。一是加大对高级专业技术及管理人员的培养与引进;二是加强基层科技人员生产技能培训;三是加大对农牧民实用技术人员培训和科技普及力度。

(五)加大资金投入,拓宽融资渠道

1.争取畜产品加工专项资金。相关政府部门要相互协调,形成持续支持畜产品加工及其科技发展的机制,加大对畜产品加工的财政扶持力度。制定畜产品加工科技发展计划,通过申请国家扶持、企业自筹等方式筹集专项资金。

2.合理分配畜产品加工及其研究开发资助资金。按照渠道不变、管理有序、目标统一、合理分工的原则,根据各项资金的性质和用途,按研究单位畜产品基地、牧民、龙头企业、产品流通渠道等产业链确定重点投资环节,合理分配,综合发展,向西藏确定的重点区域、重点领域、重点产业和重点产品倾斜,同时加强对资助项目的管理,实行择优委托或公开招标,把技术水平、牧民增收幅度和产业化水平作为衡量指标,进行择优资助和滚动支持。

第三节 特色饲草产业化发展战略

一、指导思想

根据国民经济和农牧区经济发展需要,从饲料工业实际出发,进一步完善西藏饲料工业体系,实施科教兴饲和可持续发展战略,积极推进饲料工业两个根本性转变,坚持提高与发展并重,数量与质量并举方针,全面提高饲料工业整体素质,加快饲料工业现代化进程,充分利用西藏丰富资源优势,研究开发和利用非常规饲草饲料资源。大力推广配合饲料、浓缩饲料和预混合饲料,提高饲料报酬率和配合饲料入户率。在抓好重点区域草地保护和建设利用的同时,积极发展饲草种植,引导农牧民引草入田,使粮食经济二元种植结构向粮食经济饲料三元种植结构转变。积极开发利用农作物秸秆资源,在西藏建设一批自治区级秸秆开发示范地、县,大力推广秸秆微贮、氨化等科学利用方法,提高饲草饲料业综合生产能力和经济效益,把饲料产业发展成为西藏的一个大产业,实现饲料业的可持续发展。

二、基本原则

1. 坚持统筹规划、分类指导的原则。根据畜牧业特色因地制宜,因害设防,统筹规划,分类建设,着眼于特色畜牧业发展方向。

2. 因地制宜,突出重点。根据自治区农牧业和特色产业的经营水平,优先发展饲草饲料行业,遵循发展特色畜牧业草业先行的原则。充分发挥资源优势,开发天然饲料和环保饲料添加剂。

3. 促进农牧产业结构调整,增加农牧民收入原则。农牧业的发展,尤其饲草饲料的发展,应始终坚持有利于促进农牧产业发展和农牧民增收的原则。

4. 以草定畜、草畜平衡的原则。草畜矛盾突出,草地建设、管理规划不当使草场退化严重,必须遵循以草定畜、草畜平衡的原则。

5. 以当地饲草饲料为主,广辟饲草饲料来源。一是多途径、多渠道开发饲草饲料资源,对大面积的天然草地进行合理利用、保护和建设。二是大力发展人工种草,建成一定规模的优质高产人工草地。应挖掘现有草地的饲料生产潜力,坚持以农养牧、以林护草、以牧促农、农林牧相互促进全面发展的方针。

6. 市场导向的比较优势原则。以市场为导向,发挥区域资源比较优势,区内和区外市场并重,优先满足和占领区内市场,瞄准区外市场和国际市场。

7. 科技支撑原则。以科技为先导,以技术创新为手段,注重科技的支撑作用,加强科技支撑的体系建设、人才培训、新技术的引进等工作,依靠科技进步推动和促进饲草饲料业的发展。

8. 生态环境保护原则。按照国家西部开发生态建设和环境保护的总体要求,饲草饲料生产与加工项目应注重经济效益、社会效益和生态效益的统一。

三、发展重点

1. 大力开发饲料资源。充分发掘饲料资源,增加其有效供给,提高现有饲料资源的有效利用程度。通过制油工艺技术改造提高饼粕质量及饲用价值,脱除有毒有害物质,提高核桃、菜子饼粕蛋白质利用率。大力开发轻工食品工业下脚料,有效利用各种糟渣及其发酵产品、玉米蛋白粉等,减少饲用粮的消耗。要制定相关的优惠政策,鼓励企业开展综合利用。加快秸秆饲料的利用,加速推广秸秆的氨化、微贮技术,大力发展秸秆饲养草食家畜。积极推进种植业结构调整,加快优质饲料粮基地建设,发展优质饲料原料。

2. 加速饲料添加剂工业的建设。饲料添加剂是配合饲料的核心,西藏的饲料添加剂工业基本处于空白,要将饲料添加剂工业的发展放在突出位置,在主要饲料添加剂品种的生产上有新的突破。重点扶持中草药、维生素、酶制剂开发与生产,提高饲料添加剂国产化水平,提升国产饲料添加剂的国际竞争力。

3. 加快饲料工业的结构调整。饲料工业结构调整要以市场为导向,以企业为主体,以技术进步为支撑,突出重点,有进有退,在转型升级换代上下工夫。一是抓大促小,通过兼并、联合、重组等形式,形成一批拥有知识产权、主题突出、竞争能力强的大公司和企业集团,提高产业集中度和产品开发潜力;二是同农业产业化相结合,总结推广以饲料企业为龙头,饲料、饲养、加工一体化的模式,带动农户进入市场,增加农民增收;三是继续调整饲料产品结构,大力发展添加剂预混合饲料、浓缩饲料,加快开拓农牧区饲料市场。

4. 加强饲料安全监管。饲料安全是畜产品安全和食品安全的基础。要把切实加强饲料安全放在突出位置,进一步完善法律、法规,加大执法力度,完善检测手段,抓好产品监督检测工作,规范饲料用药,严禁违禁使用药物,确保饲料安全。

四、对策建议

1. 继续推进企业改革。进一步深化国有饲料企业改革。大中型饲料企业应完成现代企业制度建设,健全法人治理结构。推进小型饲料企业通过改组、联合、兼并、租赁等形式进行产权制度和经营机制的转变。继续支持、鼓励和引导私营、个体饲料企业的发展。鼓励外商特别是跨国公司向饲料工业投资,参与国有饲料企业的改组、改造,投资高新技术产业和出口型企业。

2. 加强科技创新和技术进步,抓好科技攻关工作。集中力量,加快对饲料资源开发技术、新型饲料添加剂开发及利用技术、饲料加工成套设备生产技术、生物工程等高新技术的研究开发,加强技术集成,提高创新能力,提升产业技术水平。加强饲料工业技术推广服务体系的建设。发挥行业协会、大专院校、科研单位的作用,多形式、多层次开展技术培训和推广,继续实施丰收计划,加速科研成果的转化。大力推进饲料企业的技术改造。以市场为导向,围绕品种、质量、效益,运用先进的适用技术、设备,有计划地改造一批骨干企业,提高企业的竞争能力。

3. 增加饲料工业投入。加大对饲料工业的投入,重点加强饲料质量标准体系、监测体系、饲料科研开发、秸秆养畜示范项目和优质饲料粮基地建设,增强饲料工业自我发展能力。

4. 加强饲料市场建设。饲料粮、饲料添加剂流通是关系饲料加工生产的重要环节。要结合国家粮改政策,研究制定完善饲料粮流通方案和措施,鼓励饲料加工企业同农牧户建立稳定的供销关系。采取多种形式,培育和发展不同类型饲料市场,制定市场规则,规范市场行为,打破地区封锁和部门垄断,营造公平、公正、公开的市场竞争环境。

5. 加强执法队伍建设,提高执法人员素质。改善执法手段,提高执法水平,积极宣传、普及饲料行业法律、法规,增强执法主体和客体的法律观念和法律意识,增强执法的规范性,强化法律作用。认真实施绿色证书工程和跨世纪青年农牧民科技培训工程,对具有初、高中文化程度的农牧民进行产业化岗位培训和实用技术培训,培养一支掌握致富技术、能起示范带头作用的农牧民技术骨干队伍。要切实改善基层技术推广队伍工作和生活条件,鼓励科技人员到生产第一线服务,重视科技人员继续教育,不断提高他们的业务水平和服务能力。

第四节　牦牛改良发展战略

一、指导思想

以国家实施西部大开发战略为契机,深入贯彻落实党的十八大和中央第五次西藏工作座谈会精神,树立和落实以人为本、全面、协调、可持续科学发展观,紧紧围绕实现"十二五"计划目标,结合西藏畜牧业生产实际,以特色资源为基础,以依靠科技进步和增加投入为支撑,改造和提升传统畜牧业,培育区域主导优势产业,大幅度增加农牧民经济收入,以牦牛本品种选育技术为基础,整合技术、资金、人才资源,大力保护和开发利用天然草地和特色家畜种群资源,提高生产性能和生产效率,以实现传统生产方式向现代技术的根本转变,增加畜产品总量,大力提高西藏牦牛产业科学研究和科技开发的整体素质和竞争力,使特色经济发展在速度、规模、效益上迈出重大步伐。依托特色资源,大力发展牦牛产品深加工,延伸产业链,提高附加值,提高资源利用率,实现经济、社会、生态效益相统一,保持西藏特色畜牧业经济的可持续发展。

二、目标与布局

(一)目标

建设选育站,制定牦牛本品种选育方向及指标和高效饲养管理技术方案;提出优化畜群结构模式;使牦牛的繁殖成活率比原来提高10%左右;项目区优良牦牛群的比例提高40%左右;牦牛个体生产性能(以肉为主)比原来提高10%左右;牦牛生产性能退化程度下降到10%左右,为特色产业开发提供更好的优良畜种。将牦牛列为发展潜力型特色产业,其战略是控制数量,加大出栏,优化种群结构;以牦牛肉、奶、绒和副产品加工为主导,建成藏东北牦牛产业带。充分发挥藏东北牦牛资源优势,引进先进的科研成果及优良品种,进行牦牛本地品种选育改良,缩短出栏期,提高牦牛的生产性能和商品率,利用绿色无公害优势,力争使西藏牦牛产品打入区外市场,走向国际市场。

(二)总体布局

本着"西藏特色畜牧业产业发展"项目布局,统筹安排、因地制宜、发挥优势、改善牲畜品种,推动产业化的发展。主要以"三大优良类群"为主进行牦牛本地品种选育基地建设，以良种扩繁站和农户组成的牦牛产业带建设，服务于牦牛冻精和胚胎移植技术研究为主的牦牛生物技术研究与推广。

三、对策建议

1. 加强前期准备工作。全面落实目标责任制，制定项目实施细则和管理措施，抓紧乡（镇）级技术员和农牧民培训。

2. 抓紧项目建设资金落实。牦牛改良是一项功在当代、利在千秋的事业，涉及面广，技术难度高，需要的资金量大，改良成败直接关系到西藏地区国民经济和社会发展，关系到青藏高原牦牛产区农牧民生产力水平和生活质量的提高，因此，建议有关部门要优先考虑资金安排，保证按时落实建设项目设备物资采购、土建工程、畜种改良、选育等所需经费，保证按期投产运营。

3. 加强监督管理。牦牛改良涉及区域广、内容多，是一项功能齐全、开发任务繁重的系统工程，因此，要加强领导，增强宏观调控能力和统一认识，及时总结经验，分析可能出现的新情况，研究解决对策。

4. 加强乡级畜牧兽医技术人员和农牧民培训，提高畜牧业生产中的科技含量。特色畜种改良工程建设能否按规定的发展目标，挖掘开发潜力，实现农牧民增收，核心问题是开发人力资源。因此，必须坚持"科学技术是第一生产力"的指导思想，要加强对管理人员和技术人员的专业技术培训，让他们掌握专业技能和有关的市场经济理论和政策法规，及时准确地掌握市场信息，调整策略，拓宽生产领域，巩固市场。要把乡、镇级畜牧兽医人员作为二传手，培养扶持更多的新型农牧民，充分发挥整体优势，形成合力，积极推进畜牧业产业化进程。

5. 成立县、乡（镇）两级后续管理组织。要有坚强有力的领导班子和体制功能健全的管理机构。要加强管理，注重管理人员素质的提高，加强群众科学养畜思想的教育及实用技术培训。管理工作要充分依靠乡（镇）、村民委员会及广大人民群众，层层落实目标责任制，明确"建、管、用"和"责、权、利"的关系，使牦牛改良能够稳定、持久地发挥效益，成为项目区经济发展的新亮点。

第五节　特色畜产品加工业发展战略

一、指导思想

结合西藏畜牧业生产实际,以特色资源为基础,以依靠科技进步和增加投入为支撑,以大幅度增加农牧民经济收入为根本目标,改造和提升传统畜牧业,培育区域主导优势产业,整合技术、资金、人才资源,大力保护和开发利用天然特色种质资源,提高生产性能和生产效率,以实现传统生产方式向现代技术的根本转变,增加总量,使特色经济发展在速度、规模、效益上迈出重大步伐。依托特色资源,大力发展牦牛产品深加工,延伸产业链,提高附加值,提高资源利用率,实现经济、社会、生态效益相统一,保持西藏特色畜牧业经济的可持续发展。

二、发展定位

1. 特色畜产品加工要依靠科技进步与科技创新,努力提高畜产品综合加工利用能力,加快产品精深加工及其加工制品优质化,从根本上解决特色畜产可持续发展面临的"瓶颈"问题,使畜牧业向质量效益型转变,更好地符合畜牧业结构调整发展投资方向,符合国家发展"节粮型"畜牧业的农业产业化政策,促进农牧产业结构的战略性调整。

2. 合理开发利用畜产品资源,走"公司+基地+农户"的产业化经营道路。通过发展特色畜产品加工业,进一步优化畜牧业结构,加快特色畜牧业发展,增加农牧民收入,解决"三农"问题,全面建设小康社会,实现经济、社会和生态效益的最大化。

3. 实施特色畜产品加工建设项目,将重心逐步移向产品加工,尤其是转向优质、特色、安全畜产品的开发,大幅度提高特色畜种生产效益,改善其产品品质,提高其综合利用价值,以有力推动西藏特色畜种生产产业化进程和持续健康发展。

4. 以特色畜种产业化生产基地建设及生态牧业为基础,充分利用西藏污染少这一得天独厚的自然条件和高原特有资源,变资源优势为经济优势,将畜产品科技研究与现代加工技术的运用作为重点,大幅度提高当地特色畜产品加工的科技生产水平，生产优质、安全的畜产品。

三、对策建议

(一)加强政策导向与政策扶持

1. 加强对畜产品深加工及其科技发展的领导。整合力量成立领导机构，统筹协调畜产品加工及其科技攻关计划的组织实施。组建西藏畜产品加工及其科技发展咨询团，为畜产品加工及其科技发展的重大政策、计划、技术和措施提供咨询，指导实施畜产品加工科技及产业化攻关项目。

2. 扶持培育产业化龙头企业。积极引导产业化龙头企业加快规模经济发展的步伐，扶持培育一批牧工贸一体化、资本结构多元化、产品有较高科技含量和市场优势、已形成技术创新体系的大型企业及集团。通过对畜产品加工科技项目的重点资助，与国内外合作，针对畜产品精深加工关键技术和设备进行科研攻关和开发，突出解决畜产品加工发展的技术"瓶颈"问题。

3. 推进畜产品精深加工业发展各项政策措施的贯彻落实。继续贯彻执行推进畜产品深加工业发展的各项政策措施，确保重点龙头企业和优势企业充分享受有关优惠政策，促进其快速发展。引导企业逐步熟悉国际贸易所应遵循的法律、法规及规则，增强企业国际竞争力，促进与畜产品有关的地方法规及商品检验、动植物检疫和卫生检疫标准的修改、完善、制定和实施。加强对畜产品加工的管理和监督、指导和协调，充分发挥信息的引导作用，积极推动畜产品加工业生产、技术、市场销售及食品质量安全监控网络和重大产业政策信息网络系统的建立，以有效指导畜产行业的健康发展。

(二)通过优势集成加快产业化发展

1. 强化科研在畜产品加工发展中的关键作用，充分发挥科学技术是第一生产力的引领作用。重大科技攻关及产业化项目要求以具有一定经济实力、技术力量和产业化能力的龙头企业作为依托，以国内外科研院所和大专院校作为技术支撑组织申报和实施。按照开放、流动、竞争、协作原则，整合不同部门和地区科技、人才、资金等资源优势。鼓励并协调以产学研结合、区内外及国内外结合等多种形式进行技术研究和产品开发，实现多学科多渠道的联合攻关。

2. 大力实施特色畜种基地建设等产业化项目。特色畜产品加工项目应与西藏特色畜种基地建设等产业化项目紧密结合，形成种草—养畜—基地建设—加工—市场完善的产业链，以获得更大的经济、社会和生态效益。细化相关工作内容，加快前期准备工作，确保高效运行。

3.提高畜产品加工深度。加快新技术、新产品、新材料、新工艺研发、引进、消化、吸收、推广和应用,不断提高畜产品加工深度、精度和产品附加值。深化科技推广体系改革,创新推广机制和方式,面向优势特色畜产品研究、开发、生产、加工、销售全过程,有针对性地集成和推广一批成套技术,以努力构建和形成西藏畜产品精深加工业的核心竞争力。

4.引导畜产品加工及其科技发展方向。紧紧围绕市场需求、牧民需求、企业需求、产业化发展引导畜产品加工及其科技发展方向,确立攻关重点。优选一批畜产品加工重大项目和科技含量高、市场前景广阔、能够扩大出口和提高西藏特色畜产品加工水平的示范工程重点项目,通过科技＋龙头企业＋基地＋牧民＋市场的模式,集中力量、协调攻关、取得突破,实现产业化。

(三)多渠道筹集特色畜产加工专项资金

1.筹集畜产品加工专项资金。相关政府部门相互协调,形成持续支持畜产品加工及其科技发展的机制,加大对畜产品加工的财政扶持力度,通过申请国家资助、企业自筹、民间集资等方式筹集专项资金,定点切块用于畜产品加工科技研究与产业化开发。

2.对开发资金进行合理分配。按照渠道不变、管理有序、目标统一、合理分工的原则,根据各项资金的性质和用途,按产业链确定重点投资环节,合理分配,综合发展,向西藏确定的重点区域、重点领域、重点产业和重点产品倾斜,同时加强对资助项目的管理,实行择优委托或公开招标,把技术水平、牧民增收幅度和产业化水平作为衡量指标,进行择优资助和滚动支持。

3.促进建立多元化投入体系。促进建立政府投入为引导,企业投入为主体,金融和民间投入为补充的多元化投入体系。有关部门要加强协调配合,充分利用国家各项优惠政策,争取国家和自治区政策性投入。并在加大畜产品加工专项投入力度的同时,积极引导工商资金、民间资金投入,为进一步提升畜产品加工技术和促进畜产品加工业的发展提供资金保障。同时,在财政、金融、税收等方面给予重点扶持和倾斜,为畜产品加工的快速发展提供宽松的投资环境。

第九章

西藏农牧特色产业发展的对策建议

本章在前文分析的基础上,立足农牧特色产业发展已形成的理论成果及实践经验,农牧特色产业开发与科技投入的关系等,分析西藏农牧特色产业发展途径、重点领域,为加快西藏农牧特色产业发展提供必要的措施与对策,推动西藏农牧特色产业良性发展。本书作者认为,西藏促进农牧特色产业发展的政策取向应该是:着眼市场、着眼特色、着眼效益,坚持解放思想与体制创新并重,引进示范与研究开发并重,人才培养与基础建设并重,通过培植涉农龙头企业、高新技术企业,培植支柱产业,开发特色资源,推动农牧特色产业结构调整,带动区域经济发展,促进农牧民增收,加强信息化建设,推进农牧特色产业可持续发展。

第一节 立足优势调结构

一、立足地方实际

西藏地广人稀、区情特殊,为便于实施调控政策,实现农牧特色产业结构调整,根据农业产业化要求和不同经济区域的特殊性,将西藏划分为三类地区:一类是一江三河流域地区(雅鲁藏布江中部流域、拉萨河、年楚河、尼洋河),行政区划主要包括拉萨、山南、日喀则、林芝;另一类是藏西北草原地区,行政区划主要包括那曲地区和阿里地区;再一类是三江流域地区(澜沧江、怒江、金沙江),行政区划主要是指昌都地区。在此基础上,结合西藏农牧特色产业生产实际,提出调整农牧特色产业结构的基本思路是:

1. 种植业:坚持"稳粮调结构,增收奔小康",在确保粮食安全目标的前提下,以市场为导向,按照产量、质量、结构、效益相统一的指导思想,大力调整种植业生产结构,调整粮食品种结构。增加优质小麦、青稞播种面积,大力开展种子工程,提高种植业效益。调整种植业内部生产格局,逐步形成粮食作物、经济作物和饲料作物合理的三元生产结构。

一江三河流域地区应进一步巩固和加强农业基础地位,在稳定增加粮食生产总量的同时,压缩与市场需求不相适应的品种,提高科技含量,引导农牧民种植优质高产高效小麦和青稞,大力发展商品粮基地建设,形成种植业生产规模化、集约化、产业化产业带。藏西北草原地区大力推广农作物优良品种,加大科技含量,重点加大饲草、饲料作物种植面积,形成饲草饲料基地建设规模,增强农牧区防抗灾能力。三江流域地区积极引进和选育优良品种,扩大良种覆盖面,实现粮食基本自给,因地制宜地调整种植业生产结构,发展经济林木,提高种植业经济效益。

2.畜牧业:积极调整优化畜群、畜种结构,把畜牧业生产结构调整与落实草场承包经营责任制结合起来,草场利用与草场建设结合起来,自然放牧与围栏喂养结合起来,推进畜牧业的规模化、集约化、产业化经营,加快实现畜牧业现代化。一江三河流域地区要大力发展农区畜牧业,把粮食生产区建成畜产品生产区。藏西北草原地区大力开展草场建设、围栏建设和优质饲草基地建设,恢复草原植被,改善高原生态环境,增强防抗灾能力。合理调整畜种、畜群结构,提高牲畜出栏率、商品率,保持草畜平衡。三江流域地区发展农区畜牧业、养殖业,开展改良天然草场、人工草场建设,推广秸秆氨化、饲料青贮技术,发展饲草饲料种植、加工、存贮、流通一体化,提高畜牧业生产效益。

二、加快科技进步

围绕新时期"一加强、两促进"历史任务,面向经济建设主战场,以农牧业科技进步为基础,以引进、吸收和应用先进适用技术为重点,以推进结构调整、发展农牧特色产业为目标,以科技体制改革、扩大对外开放为动力,以培养和引进高素质人才、提高劳动者素质为保障,加快技术创新,加强科技机构建设,加大科技投入,使科技对经济增长的贡献率逐年提高。

1.种植业科技。开展新品种引进繁育、标准化生产、蔬菜无公害栽培、节水灌溉、病虫草害综合防治等实用新技术引进、示范、推广,促进粮食大面积增产、高产,使西藏的种植业彻底告别原始农业,走上科技兴农道路。

2.畜牧业科技。畜牧业方面,加大牦牛本品种选育、黄牛改良、绵山羊改良、优质牧草引进和培育、天然草场退化防治。继续引进推广畜产品深加工技术,推动农牧区乡镇企业快速发展。

3. 林业科技。加大城市绿地建设、沙漠化防治、自然保护区建设力度,提升城市绿化、沙漠化防治、自然保护区、野生动物保护的科技投入。

4. 建设一批农牧特色产业科技示范园区,带动当地经济发展和农牧民致富。进一步建设拉萨市城关区科技产业综合示范基地、白朗县农业科技综合示范园、西藏日喀则江当生态农业科技园、拉萨国家级农业科技示范园区,发挥龙头作用,加速结构调整,促进农牧民增收,促进高原农牧特色产业和绿色饮料业发展。

三、立足产业特色

1. 深化种植业结构调整。正确认识稳定粮食生产与调整农牧特色产业结构、增加农牧民收入的辩证关系,依靠科技进步,提高综合能力。按照优质、高产、高效、生态、安全的要求,优化布局,突出特色,注重效益,大力发展无公害食品、绿色食品和有机食品,推动农产品的优质化、区域化、规模化、专用化生产。

2. 壮大畜牧产业。加快发展农区畜牧业,大力发展城郊畜牧业,稳定发展草原畜牧业,调整优化畜牧业结构。农区和城镇郊区坚持农牧结合,利用河谷地带资源优势,发展节粮型畜牧业,提高规模化、集约化饲养水平,加快农区畜牧业发展。通过小额信贷、财政贴息等方式,引导农区发展养殖小区。牧区要加快推行围栏放牧、轮牧休牧,搞好饲草料基地建设,改良牲畜品种,加快发展白绒山羊、牦牛、藏系绵羊等特色畜牧优势产业,建立白绒山羊基地,牦牛集中育肥基地,藏系绵羊、肉羊生产基地,发展壮大畜牧产业,使畜牧业产值占农牧业总产值的比例不断提高。抓好牧区草原建设,实施退牧还草工程。合理开发、有效利用各种水资源,发展集约化水产养殖和休闲渔业,提高水产品质量和效益。

3. 加快发展乡镇企业。继续推进乡镇企业结构调整,重点发展农畜产品加工业、服务业,促进农畜产品加工转化增值。引导乡镇企业加快体制机制创新,鼓励有条件的乡镇企业建立现代企业制度。加快乡镇企业技术改造,鼓励并支持乡镇企业充当龙头企业,扩大规模、提高素质和吸纳富余劳动力。支持和引导工商资本、民营资本、国外资本投入农牧特色产业,放手支持农牧民自主创业。

四、培育龙头企业

1. 加大对龙头企业的政策、资金扶持。贯彻落实好自治区关于培育和发展农牧业产业化经营龙头企业的指示,加大对多种所有制、多种经营形式龙头企业的支持。鼓励龙头企业带动基地和农牧户发展。充分利用对口援藏,加大对龙头企业的支持力度,推动农牧特色产业化经营。

2. 完善农牧业产业化经营机制。按照"因地制宜、合理布局、规模经营、生产高效"的原则,加快特色农畜产品基地建设。把青稞、蔬菜、花卉、藏医药、饲料、牛羊肉乳、牛羊绒毛等确定为重点培育的主导产业和产品,加快发展。加大对内对外开放力度,加快联合经营、联合开发,大力支持发展"订单农业"、"合同农业",深化"公司＋基地＋农户"经营模式,使企业、基地与农牧户建立紧密型或半紧密型合作关系,形成利益共享、风险共担的经营机制,发挥龙头企业带动农牧民增收作用,加快培育各类农牧民专业协会组织。

第二节 加强营销促发展

一、加快市场建设

农牧民生产生活资料批发市场、农畜产品批发市场要纳入农牧特色产业重点扶持项目,加快以地市所在城镇、重点乡镇、传统农畜产品和生产生活资料集散地为依托的批发市场建设,充分发挥市场对结构调整的导向作用。各地市要加强农牧特色产品市场信息网络建设,及时、准确地向农牧民提供信息服务。自治区农口部门要开辟固定信息发布平台,加强对农牧特色产品生产、营销的指导。

二、培育营销主体

发展农牧特色产品经营大户和专业营销合作组织,培养农牧民经纪人和运销大户,鼓励个体、私营、龙头企业和中介服务组织进入农牧区流通领域,搞活农牧特色产品流通。举办好各类物资交流会,积极参与国内外商品交易会,扩大农牧特色产业合作。

三、扩大农牧区消费

引导农牧民群众建立现代文明的消费观念,围绕改善生产生活条件,扩大衣、食、住、行、娱、教、健康等消费,组织引导农牧民扩大农房改造和文化消费,着力改善消费环境,拓展农牧区消费领域,对启动消费、拓宽消费领域的农牧特色产业和项目要加大支持力度。

四、实施走出去战略

针对西藏农牧特色产业"走出去"缺乏宏观战略、指导,缺乏中长期规划,缺乏权威高效的组织机构的现状,西藏应成立一个实施农牧特色产业"走出去"的统一、权威、高效的领导机构。制定实施"走出去"的发展战略和中长期规划,制定农牧特色产业对外投资的政策、法规以及战略、规划,规范农牧特色企业行为,管理和协调农牧特色企业对外投资工作中的重大问题和重点项目的组织实施。而在走出去战略实施中,关键是加强商标策略和企业化运行。

(一)加强商标策略

西藏农牧特色产业要走出去,迫切需要法律保护,一个重要方面就是要推行商标策略。

1. 树立商标注册意识和创牌意识。西藏有许多有名气的农牧特色产业企业,他们把注意力更多地放在营销收益上,忽视了创品牌和保品牌,以致在农牧特色产业内出现了"难得一见是品牌"的现象。为此,让农牧特色产业企业树立商标注册意识和创牌意识,是当务之急。

2. 构建农牧特色产业品牌知识产权保护体系。农牧特色产业企业"走出去"急需构建农牧特色产业品牌知识产权保护体系。为此,必须制止商标侵权,防止恶意抢注商标;纠正商标使用不规范现象;支持农牧特色产业品牌专利保护,取消违反行政许可法的各类检查。

(二)加快企业化运作

1. 做足农牧特色产品宣传促销文章。农牧特色企业要"走出去",不能缺少宣传促销,做足宣传促销这篇大文章,是农牧特色产品走出去必不可少的营销谋略。西藏农牧特色产业有着深厚的文化底蕴,在宣传促销中不能忘了西藏的特色,要将农牧特色产业品牌和西藏文化结合起来,发掘、优化西藏农牧特色产业品牌内涵,给顾客留下深刻印象。

2. 实施产业链扩张是农牧特色产业"走出去"的发展趋势。第一,农牧特色产业"走出去",可采取项目化运作方式,从项目选择到论证和决策,从了解市场准入规则到完备进入市场的手续,从经营机制到项目管理,从市场营销到品牌确立,都可实行项目化运作,充分发挥名店、名品、名企三大优势资源,尽快实现农牧特色产品的产业化、多元化、国际化。第二,农牧特色产业"走出去",可采取产业化连锁经营的方式,发挥农牧特色产业品牌效应。

3. 培养农牧特色产业人才是农牧特色产业"走出去"的基础。西藏农牧特色产业要走向全国、走向世界,需要大量的人才,培养人才是走出去战略的基础条件。培养农牧特色产业人才,首先是要树立创新人才观念。其次是要以人为本,建立人才开发新机制。依托现有的普通教育和职业教育培训资源,以就业和再就业为导向,充分了解农牧特色产业用人需求,加强各类适用人才培训,组织和协调各地区各部门多渠道地为农牧特色产业"走出去"提供人才支持。

第三节 其他对策建议

一、重点领域求突破

发展西藏农牧特色产业发展,其重点是要抓住特色,围绕特色做文章。"走中国特色、西藏特点"的发展路子,是在中国特色社会主义理论框架内彰显西藏自身特色的具体实践,发展壮大农牧特色产业也需要做足特色文章。在农牧特色产业内做足特色至少包含以下含义:一是依托特色优势,大力发展农牧特色产业,一定要把特色做大、做强,形成具有强大竞争力的规模经济,强化产业支撑,增强发展后劲;二是发展农牧特色产业,必须坚持科学发展观,立足资源优势,选准选好特色,做大做强特色,打造一批具有较高知名度的高原农牧特色产业品牌,走出一条具有西藏特点的农牧特色产业发展新路子;三是发展农牧特色产业要突出重点,有所侧重,以点带面,整体推进。就目前而言,发展农牧特色产业应注重在以下几个领域实现突破:

1. 大力发展农牧特色绿色食(饮)品业。坚持高起点、高标准,特字当先,做好做大做强。在发展中要增强品牌意识和开发意识,加大品牌研发、培植和开发力度,振兴老品牌,打造新品牌,借用名品牌。通过整合、包装和推介,培育出若干在全国叫得响、影响大的知名品牌,通过主动对接、挂靠国内外知名企业和知名品牌,打破常规,整合资源,实行一个品牌、一套措施、一个拳头,提升绿色食(饮)品业的产业层次、品牌形象和竞争能力。

2. 积极发展特色藏医药业。采取传统加科技、集群式发展,解决好内地藏药挂名西藏商标而不原产于西藏的问题。强化自主创新能力,坚持传统与现代结合、科研与企业联手、藏医和藏药并举、生产和流通并重,研发一批具有自主知识产权的新型藏药,促进产业升级。

3. 突出发展农牧特色旅游业。旅游是西藏立足长远发展的重中之重,发展特色旅游,关键是如何充分利用西藏丰富独特的资源优势,拓思路、善谋划,全方位、多渠道,使旅游业发展既突出重点,形成规模,又遍地开花,提升效益,打破季节、气候、交通、服务等瓶颈,使之成为生机盎然的朝阳产业,成为西藏经济发展中重要的龙头产业、支柱产业。

二、建标立制发展

1. 充分认识推进农牧特色产业标准化工作的重大意义。从"提升一产"、"中国特色、西藏特点"的高度认识推进农牧特色产业标准化的重要意义。认清大力推进标准化生产,不仅是形势发展的需要,更是创高原品牌、兴西藏农牧业的现实选择,对西藏农牧业的长远发展意义重大。

2. 因地制宜,突出标准化工作的重点。近期的标准化工作重点应放在生产技术的标准化上。依据特色产业的项目布局和各地(市)的实际,确定由拉萨市负责制定青稞生产技术操作规程和标准;日喀则地区制定马铃薯、大蒜生产的技术操作规程和标准;山南地区制定油菜、藏鸡生产技术操作规程和标准;林芝地区制定藏猪、水稻生产的技术操作规程和标准;昌都地区制定香菇生产的技术操作规程和标准;那曲地区制定牦牛肉生产的技术操作规程和标准;阿里地区制定山羊绒生产的技术操作规程和标准。

3. 严把标准化制定的质量关。要注重做到"三个结合",即:参照内地经验与考虑西藏实际结合,重点考虑西藏实际;生产技术的标准与产地环境标准和生产投入品标准的制定结合,实现全程标准化;生产技术标准的制定与市场营销工作相结合,做到制定的标准得到市场的认可。

三、夯实基础保发展

1. 加强农牧业基础设施建设。以农田水利为重点的农牧业基础设施是现代农牧业的重要物质条件。要搞好规划、统筹安排、连片推进,加快中低产田改造,鼓励农民开展土壤改良,推广测土配方施肥,提高耕地质量。搞好农业综合开发,大幅度增加高产稳产农田比重。搞好水利基础设施建设,完善区地县三级农田水利建设规划,整体推进农田水利工程建设和管理。采取民办公助等形式,鼓励和支持农牧民广泛开展小型农田水利设施、小流域综合治理等项目。加快实施水利富民工程,兴建中小型抗旱水源工程。继续把大中型灌区续建和节水改造作为农牧业固定资产投资的重点,加快墨达、雅砻、江北及中小型灌区工程建设。全面开展病险水库除险加固,确保完成大中型、重点小型病险水库除险加固任务。加强农业物质技术装备,提高土地产出率、资源利用率和劳动生产率。改善农机装备,加强先进适用农机具的示范推广,提高农牧业机械化作业水平。

2. 进一步优化农牧业结构。以市场需求为导向、以普及实用科技为手段、以质量效益为目标,发展农牧业产业化经营,构建具有高原特色的现代农牧业产业体系。按照优势区域、优势资源、优势产业、优先发展的总体思路和区域集中、规模做大、质量提升、效益提高的目标要求,继续搞好农畜产品优势区域布局规划和建设,支持优质农畜产品生产和特色农牧业发展,形成优势突出和特色鲜明的藏西北绵山羊,藏东北牦牛,藏东南林下资源、藏药材、野生动物驯养繁育,藏中优质粮油,城郊无公害蔬菜、藏猪藏鸡开发和青藏铁路沿线畜牧业等优势产业带。大力发展农畜产品加工业,延伸产业链,提高附加值。加大农牧业综合开发力度,着力把"一江三河"流域打造成为现代农业示范区,集中发展青稞、小麦、油菜、马铃薯等大宗商品,推进蔬菜、水果、花卉等园艺产品集约化、设施化生产,因地制宜发展特色产业和一村一品。大力发展畜牧业,农区畜牧业要在增量提质上下工夫,坚持效益优先原则,加快发展奶牛、猪、禽养殖业,狠抓畜种改良,广泛开展种草养畜,加快标准化舍饲养殖小区建设,率先走产业化发展道路;草地畜牧业要在控存增出上做文章,坚持保护生态,强化牲畜出栏,加快畜种改良和畜群周转,构建草畜平衡机制,改变传统的饲养方式,大幅度提高牲畜出栏率和商品率。有条件的地方要加快发展水产养殖及捕捞业。发展林业产业,繁荣山区经济。

3. 强化农牧业科技服务。农牧业发展的根本出路在科技进步。要着眼于建设现代农牧业,坚持引创结合,加大农牧业科技的研发、转化、应用和普及力度。加大农牧业科技投入,支持农牧业基础性科学研究。按照明确职能、理顺体制、优化布局、加强建设、充实一线、创新机制的要求,推进农牧业科研和科技推广服务体系建设与改革。加强农牧业科技人才队伍建设,到 2010 年,每个行政村有 1 名农牧民专业科技人员。加快建立吸引科技人员扎根基层、服务"三农"的优惠政策体系,对长期在基层工作的农牧业科技人员的职称评定、工资待遇、子女上学等给予特殊照顾。有条件的地方要积极探索科技有偿服务，实行农牧业科技人员利益与科技成果挂钩的激励机制。加大资金整合力度，采取集中投入、规模经营的方式，在条件适宜的地方培育一批"提升一产"的示范县、示范乡镇，培养一批科学种植、科学养殖示范户。大力推进科技特派员工作，深入实施科技入户工程，强化科技指导直接到户、良种良法直接到田、技术要领直接到人的科技推广机制，鼓励和促进区内外农业院校、科研院所、科技企业和能人开展科技承包，使科技进步对农牧业增长的贡献率达到40％以上，科学技术普及率达到80％。加强农牧民技能技术培训，大力培养有知识、懂技术、会经营的新型农牧民。

4. 健全农牧业社会化服务体系。建设覆盖全程、综合配套、便捷高效的社会化服务体系，是在家庭经营基础上发展现代农牧业的必然要求。要加快构建以公共服务机构为依托，合作经济组织为基础，龙头企业为骨干，其他社会力量为补充，公益性服务和经营性服务相结合，专项服务和综合服务相协调的新型农牧业社会化服务体系。加强农牧业公共服务能力建设，创新管理体制，提高人员素质，五年内健全县乡（镇）或区域性农牧业技术推广、动植物疫病防控、农畜产品质量监管等公共服务机构。支持专业合作经济组织、行业协会、农牧民经纪人、龙头企业等提供多种形式的生产经营服务。推进农村流通现代化，健全农畜产品市场体系，完善农牧业信息收集和发布制度。

5. 加快发展农牧民专业合作组织。要按照服务农牧民、进退自由、权利平等、管理民主的要求，扶持农牧民专业合作社加快发展，使之成为带动农牧民持续稳定增收的现代农牧业经营组织，使千家万户的生产和千变万化的市场实现有效对接，提高农牧民进入市场的组织化程度。采取多种形式和渠道，培育农牧民新型合作组织，发展各种农牧业社会化服务组织，鼓励龙头企业与农牧民建立紧密型利益联结机制，加快发展农畜产品经营大户，培养壮大农牧民经纪人队伍和营销队伍。要加强对农牧民专业合作组织的领导和管理，充分发挥其在生产资料的购买和农畜产品的销售、加工、运输、贮藏以及与农牧业生产经营有关的技术、信息服务方面的作用。鼓励金融机构采取多种形式，为农牧民专业合作组织和农牧民经纪人提供服务。

6. 全面提高农畜产品质量安全水平。加强农牧业标准化和农畜产品质量安全工作，严格产地环境、投入品使用、生产过程、产品质量全程监控，切实落实农产品生产、收购、储运、加工、销售各环节的质量安全监管责任，杜绝不合格产品进入市场。加强植物疫病和外来物种入侵监控防治工作。加强动物防疫体系建设，实施重点区域动物疫病应急防治工程，加强动物疫病防控的基础工作。对重大动物疫病实施免费强制免疫，完善重大动物疫病扑杀补偿机制。加快实行法定检验和商业检验分开的制度,对法定检验要减少项目并给予财政补贴,对商业检验要控制收费标准并加强监管。

7. 毫不放松地抓好粮食生产。粮食尤其是青稞生产的安全任何时候都不能放松。要加快构建供给稳定、储备充足、调控有力、运转高效的粮食安全保障体系。继续实施提高粮油单产行动,稳定播种面积,优化品种结构,实行科学种田,切实保护粮食综合生产能力。实施粮食战略工程,加大对粮食主产县的扶持力度,通过制定奖励政策、集中力量加强水利等基础设施建设、推进农牧特色产业科技进步等措施,提高生产水平。

四、强化服务利发展

1. 产业化经营体系。(1)培育和壮大龙头企业。打破所有制、地域、行业界限,国家、集体、民营一起上。要鼓励支持城市工商企业参与农业开发,争当"龙头";引导以农副产品加工、经营为主的企业,联合组建规模大、实力强的龙头企业集团;采取合资、合作、独资等多种形式,引进区内外先进技术、设备、资金和企业,建设一批抢占市场、具有较强竞争力的龙头企业。(2)建立合理的利益联结机制。指导和鼓励龙头企业通过合同订购、向农户提供贷款担保、发放贴息贷款、赊销生产资料、实行保护价格收购等方式,与基地农户建立起利益共享、风险共担的联结机制,形成稳定的利益共同体,带动农民进入市场,实现互惠互利,达到"双赢"效果。积极探索利润返还、股份制、托管或租赁经营等形式,使龙头企业与农户建立更为紧密的利益关系,让农民得到更多的实惠。

2. 农业科技服务体系。按照"机构稳定、素质提高、经费增加、手段加强、机制创新"的要求,加强农技、农经、畜牧兽医三大服务体系建设,定期强化农技人员知识培训,提高农技人员的业务水平,加强"三下乡"服务工作,积极进行机制创新,大力开展技术承包和技物配套服务,兴办与产前、产中、产后服务相关的各类经济实体,壮大自身实力,增强服务功能。

3. 农业信息体系。围绕国家和自治区推进信息化建设要求,着力加强农业信息体系建设,建设区、市、县、乡、村五级农业信息体系,辐射农牧产品生产基地、农贸批发市场和龙头企业,形成完善的市场、科技信息收集、传递网络,为农牧业现代化建设提供强有力的信息服务。

4. 农业质量监测体系。加强农业质量监测建设,依法开展对农牧产品、农牧业投入品质量检测,以及对农业生产环境的监测工作。加强无公害农产品生产基地、农牧产品加工和农贸集市的农副产品质量监测,认真组织实施无公害食品国家、行业标准及其生产技术规程,加快制定高原地方特色农牧产品质量标准和生产技术规程。

5. 农产品市场体系。建成服务西藏的大型农牧产品贸易中心,在各产业基地相应建立一批无公害特色农牧产品配送中心,并完善有关交易和检测设施,不断健全服务功能,提高农产品市场化程度。

参考文献

[1]西藏自治区统计局.西藏统计年鉴·2007[R].北京:中国统计出版社,2010.8.

[2]西藏社会科学院.西藏经济蓝皮书·中国西藏发展报告(2010)[M].拉萨:西藏人民出版社,2010.8.

[3]白涛.西藏农牧区的改革[M].拉萨:西藏人民出版社,2005.8.

[4]牛治富,李宏,多布杰.西藏那曲地区传统畜牧业提升改造研究[M].北京:中共中央党校出版社,2008.3.

[5]杜莉,土多旺久,多布杰.西藏发展县域经济与农牧民增收问题的研究[M].拉萨:西藏人民出版社,2009.6.

[6]罗绒战堆.西藏农村经济发展研究[M].北京:中国藏学出版社,2006.1.

[7]狄方耀,张志恒.西藏经济学导论[M].拉萨:西藏人民出版社,2010.1.

[8]金世洵,牛治富.西藏县域经济发展战略研究[M].北京:中央民族大学出版社,2005.8.

[9]黄健英.西部民族地区大开发的新思维[M].北京:民族出版社,2003.6.

[10]冉光荣,李涛.西部开发中西藏及其他藏区特殊性研究[M].哈尔滨:黑龙江人民出版社,2003.8.

[11]洛桑·灵智多杰.青藏高原环境与发展概论[M].北京:中国藏学出版社,1996.5.

[12]周炜,孙勇.中国西藏农村安居工程报告(2006)[M].北京:中国藏学出版社,2008.3.

[13]吴英杰,多吉泽仁,白玛朗杰.中国西藏发展报告(2008)[M].拉萨:

西藏人民出版社,2009.4.

　　[14]孙久文.区域经济学教程[M].北京:中国人民大学出版社,2003.4.

　　[15]林毅夫.中国的奇迹:发展战略与经济改革[M].上海:上海人民出版社,2002.8.

后 记

《西藏农牧特色产业发展:事实与战略》是在中央第五次西藏工作会议后,顺应西藏自治区农牧特色产业发展的理论与实际需要而编写的。本书在借鉴国内外农牧业和农牧特色产业发展前沿成果基础上,通过回顾西藏农牧特色产业发展历程,使用比较优势理论研究了西藏农牧特色产业发展的特殊性,探索了西藏农牧特色产业发展战略,提出了促进西藏农牧特色产业发展的对策建议,为建立完善西藏农牧特色产业促进政策提供理论依据和技术支持。本书的研究直接服务于"中国特色、西藏特点"的西藏经济发展之路以及"提升一产、壮大二产、做强三产"的发展战略,直接服务于"改善农牧民生产生活条件、增加农牧民收入"这一首要任务,对于建设小康西藏、平安西藏、和谐西藏、生态西藏具有现实意义。

本书的写作得到西藏民族学院、厦门大学以及西藏自治区相关部门的大力支持,在此一并表示感谢。本书由杨西平同志负责总体设计,张志恒同志对终稿进行了审定、统稿。参与写作的同志分工如下(以承担撰写任务的章节先后为序):导论,张志恒;第一章,张志恒;第二章,杨西平、任富强;第三章,张志恒、尹雯;第四章,汪朋、张志恒;第五章,杨西平;第六章,张志恒;第七章,张志恒、尹雯;第八章,杨西平、任富强;第九章,杨西平、张志恒。

由于西藏农牧特色产业发展的许多问题还在探索之中,加之作者知识水平和能力有限,再加上所掌握资料限制,本书难免存在不足和疏漏之处,敬请提出宝贵的修改意见与建议,为进一步完善和修改奠定基础。

杨西平

2013 年 3 月 30 日

图书在版编目(CIP)数据

西藏农牧特色产业发展:事实与战略/杨西平,张志恒等著.—厦门:厦门大学出版社,2013.12
(西藏民族学院经管学术文库)
ISBN 978-7-5615-4841-7

Ⅰ.①西… Ⅱ.①杨… ②张… Ⅲ.①农业产业－产业发展－研究－西藏 ②畜牧业经济－产业发展－研究－西藏 Ⅳ.①F327.75②F326.377.5

中国版本图书馆 CIP 数据核字(2013)第 279187 号

厦门大学出版社出版发行
(地址:厦门市软件园二期望海路 39 号　邮编:361008)
http://www.xmupress.com
xmup @ xmupress.com

厦门集大印刷厂印刷

2013 年 12 月第 1 版　2013 年 12 月第 1 次印刷
开本:720×1000　1/16　印张:13.25　插页:2
字数:230 千字
定价:30.00 元

本书如有印装质量问题请寄承印厂调换